독자의 **1초**를 아껴주는 정성!

세상이 아무리 바쁘게 돌아가더라도

책까지 아무렇게나 빨리 만들 수는 없습니다.

인스턴트 식품 같은 책보다는

오래 익힌 술이나 장맛이 밴 책을 만들고 싶습니다.

길벗이지톡은 독자여러분이 우리를 믿는다고 할 때 가장 행복합니다.

나를 아껴주는 어학도서, 길벗이지톡의 책을 만나보십시오.

독자의 1초를 아껴주는 정성을 만나보십시오.

미리 책을 읽고 따라해본 2만 베타테스터 여러분과 무따기 체험단, 길벗스쿨 엄마 2% 기획단,

시나공 평가단, 토익 배틀, 대학생 기자단까지!

믿을 수 있는 책을 함께 만들어주신 독자 여러분께 감사드립니다.

홈페이지의 '독자마당'에 오시면 책을 함께 만들 수 있습니다.

(주)도서출판 길벗 www.gilbut.co.kr

길벗 이지톡 www.eztok.co.kr

길벗 스쿨 www.gilbutschool.co.kr

KB022378

500만 독자의 선택 무작정 따라하기 영어 시리즈

	말하기 & 듣기	읽기 & 쓰기	발음 & 단어

첫걸음

초급

비즈니스

: QR 코드로 음성 자료 듣는 법 :

1

스마트 폰에서 'QR 코드 스캔' 애플리케이션을 다운 받아 실행합니다.
[앱스토어나 구글 플레이 스토어에서 'QR 코드'로 검색하세요]

2

애플리케이션의 화면과 도서 각 unit 시작 페이지에 있는 QR 코드를 맞춰 스캔합니다.

3

스캔이 되면 '음성 강의 듣기', '예문 mp3 듣기' 선택 화면이 뜹니다.

4

원하는 음성 자료를 터치해서 학습을 시작합니다.

: 길벗이지톡 홈페이지에서 자료 받는 법 :

1

길벗이지톡 홈페이지(www.eztok.co.kr) 검색창에서 《영어 프레젠테이션 무작정 따라하기》를 검색합니다.
[자료에 따라 로그인이 필요할 수 있습니다]

2

검색 후 나오는 화면에서 해당 도서를 클릭합니다.

3

해당 도서 페이지에서 '부록/학습자료'를 클릭합니다.

4

다운로드 아이콘을 클릭해 자료를 받습니다.

학 습 스 케 줄

〈영어 프레젠테이션 무작정 따라하기〉는 학습자가 하루 1시간을 집중하여 공부하는 것을 기준으로 구성했습니다. 하루에 한 Unit씩 60일을 공부하면 알맞습니다. '스스로 진단'에는 학습을 마치고 어려웠던 점이나 궁금한 점을 적어두세요. 성공적인 프레젠테이션을 위해 더 보강해야 할 점을 한눈에 파악할 수 있습니다.

학습일차	Day 01	Day 02	Day 03	Day 04	Day 05	Day 06
과정	01 GX International 부서 회의에 오신 것을 환영합니다.	02 이미 아시는 분들도 계시겠지만 저는 마케팅부 수잔 김입니다.	03 오늘 프레젠테이션의 주제는 국제 경기 안정에 있어서 IMF의 역할입니다.	04 구조조정 계획에 대한 대안을 제시하는 것이 오늘 발표의 목적입니다.	05 몇 가지 질문을 드리며 프레젠테이션을 시작해 보지요.	06 제 프레젠테이션에서 다룰 세 가지 주요 사항은 다음과 같습니다.
페이지	047-051	052-055	056-059	060-063	069-072	073-077

학습일차	Day 07	Day 08	Day 09	Day 10	Day 11	Day 12
과정	07 제 프레젠테이션은 30분 정도 걸릴 것입니다.	08 여러분은 우리의 신제품을 어떻게 홍보하시겠습니까?	09 이 프레젠테이션은 고객 관계를 개선하고 싶은 분들에게 유익합니다.	10 지난번 프로젝트가 실패한 이유에 대해 생각해 보셨습니까?	11 첫 번째로 저희 투자 계획의 현황에 대해 말씀드리겠습니다.	12 지난 분기 이전에 본사 수익은 연간 20% 성장했습니다.
페이지	078-083	088-092	093-097	098-101	106-112	113-117

학습일차	Day 13	Day 14	Day 15	Day 16	Day 17	Day 18
과정	13 잠시 본론에서 벗어나 융통성 있는 정책이 무엇인지 설명하고자 합니다.	14 저희 상품은 경쟁사의 상품과 많은 점에서 다릅니다.	15 올해 국내 경기는 침체되었지만 저희는 연 15% 성장률을 유지했습니다.	16 제가 강조하고 싶은 것은 식스시그마 시행 후 매출이 늘었다는 것입니다.	17 여러분께 보여 드릴 슬라이드가 있습니다.	18 이 시점부터 계속 매출이 꾸준히 늘고 있습니다.
페이지	118-122	127-132	133-136	137-142	146-151	152-157

학습일차	Day 19	Day 20	Day 21	Day 22	Day 23	Day 24
과정	19 우리 회사의 연간 소득은 거의 4억 달러입니다.	20 저는 저희 신상품이 시장에서 굉장히 매력적일 거라고 확신합니다.	21 최근 시장조사에 따르면 우리는 절차를 바꿔야 합니다.	22 저는 저희의 마케팅 전략이 성공하기를 진심으로 바랍니다.	23 주안점을 다시 요약해 드리겠습니다.	24 이것으로 프레젠테이션을 마치겠습니다.
페이지	158-162	168-172	173-176	177-182	186-189	190-197

학습일차	Day 25	Day 26	Day 27	Day 28	Day 29	Day 30
과정	25 질문사항이 있으시면 기꺼이 답변해 드리겠습니다.	26 인사하기 & 감사하기	27 자기소개 하기	28 프레젠테이션 주제 소개하기	29 프레젠테이션 목적 밝히기	30 프레젠테이션 개요 설명하기
페이지	198-206	213-214	215-216	218-219	220-221	222-224

학습일차	Day 31	Day 32	Day 33	Day 34	Day 35	Day 36
과정	31 공지사항 알리기	32 본론 시작하기	33 순차적으로 설명하기	34 청중의 관심 유도하기	35 시각자료 활용하기	36 수치 증가 설명하기
페이지	225-226	228-229	230-231	232-233	234-235	236-237

학습일차	Day 37	Day 38	Day 39	Day 40	Day 41	Day 42
과정	37 수치 감소 설명하기	38 분석하며 설득하기	39 자사의 성과 어필하기	40 중요 내용 강조하기	41 원인과 결과 규명하기	42 문제 규정하기 & 해결책 제시하기
페이지	238	239-240	241	243	244	245-246

학습일차	Day 43	Day 44	Day 45	Day 46	Day 47	Day 48
과정	43 요점 정리하기 & 바꿔서 설명하기	44 비교해서 설명하기	45 대조해서 설명하기	46 다른 점·유사한 점 규명하기	47 근거 제시하기	48 의견 제시하기
페이지	247	248	249	250-251	252-253	254-255

학습일차	Day 49	Day 50	Day 51	Day 52	Day 53	Day 54
과정	49 부연 설명하기	50 소주제 설명 마무리하기	51 요약하며 마무리하기	52 강조하기 & 당부하기	53 결론짓기 & 제안하기	54 인용구·일화 인용하기
페이지	256-257	258	260-261	262-263	264	265

학습일차	Day 55	Day 56	Day 57	Day 58	Day 59	Day 60
과정	55 프레젠테이션 끝마치기	56 질문 받기	57 질문 확인하기	58 좋은 질문을 받았을 때	59 까다로운 질문을 받았을 때	60 질의응답 종료하기
페이지	266	268-269	270-271	272	273-274	275

영어
프레젠테이션
무작정
따라하기

이지윤 지음

영어 프레젠테이션 무작정 따라하기

The Cakewalk Series : English Presentation

초판 1쇄 발행 · 2016년 6월 10일
초판 5쇄 발행 · 2021년 8월 20일

지은이 · 이지윤
발행인 · 이종원
발행처 · (주)도서출판 길벗
브랜드 · 길벗이지톡
출판사 등록일 · 1990년 12월 24일
주소 · 서울시 마포구 월드컵로 10길 56 (서교동)
대표 전화 · 02)332-0931 | **팩스** · 02)323-0586
홈페이지 · www.gilbut.co.kr | **이메일** · eztok@gilbut.co.kr

기획 및 책임편집 · 최지은 | **표지 디자인** · 박수연 | **본문 디자인** · 박수연
제작 · 이준호, 손일순 | **영업마케팅** · 김학흥, 장봉석 | **웹마케팅** · 이수미, 최소영
영업관리 · 김명자, 심선숙 | **독자지원** · 송혜란

편집집행 및 교정교열 · 김현정 | **표지 일러스트** · 삼식이 | **전산편집** · 엘림
CTP 출력 및 인쇄 · 예림인쇄 | **제본** · 예림바인딩 | **녹음 및 편집** · 영레코드

ISBN 979-11-5924-038-6 03740 (길벗 도서번호 000865)
정가 14,000원

이 도서의 국립중앙도서관 출판예정도서목록(CIP)은 서지정보유통지원시스템 홈페이지(http://seoji.nl.go.kr)와 국가자료공동목록
시스템(http://www.nl.go.kr/kolisnet)에서 이용하실 수 있습니다.(CIP제어번호: CIP2016009928)

독자의 1초까지 아껴주는 정성 길벗출판사

(주)도서출판 길벗 | IT실용서, IT/일반 수험서, IT전문서, 경제경영서, 취미실용서, 건강실용서, 자녀교육서
더퀘스트 | 인문교양서, 비즈니스서
길벗이지톡 | 어학단행본, 어학수험서
길벗스쿨 | 국어학습서, 수학학습서, 유아학습서, 어학학습서, 어린이교양서, 교과서

페이스북 · www.facebook.com/gilbuteztok
네이버 포스트 · http://post.naver.com/gilbuteztok
유튜브 · https://www.youtube.com/gilbuteztok

김남호 | 41, 교육콘텐츠 회사 대표

신입사원들에게 추천해주고 싶은 영어 필독서!

직원교육과 관련해 기업 임원이나 인사담당자를 만나면 요즘 신입사원들이 높은 어학 점수에 비해서 영어 실무능력은 실망스럽다는 이야기를 자주 듣습니다. 자기계발을 위해 영어공부를 하는 직장인이 많은데, 기본적인 비즈니스 영어나 매너는 취업 전에 미리 갖춰야 할 스펙입니다. 회사가 여러분에게 원하는 비즈니스 영어의 정수가 궁금하다면 이 책을 꼭 읽어보세요.

이상호 | 38, 외국계 회사

현장에서 통하는 리얼 비즈니스 영어!

외국계 회사에 다녀서 업무상 영어를 사용할 일이 적지 않습니다. 일반적인 의사소통에는 문제가 없지만 중요한 이메일을 작성하거나 프레젠테이션·출장을 앞둘 때는 긴장이 됩니다. 시중에 영어책은 많지만 정작 실무에서 쓰는 영어를 담은 책은 찾기 어려운데, 이 책은 커뮤니케이션 전문가가 쓴 책답게 100% 현장에서 통하는 영어가 담겨 있습니다. 영어로 의사소통을 해야 하는 모든 직장인에게 일독을 권합니다.

신혜선 | 32, 광고회사

급할 때 힘이 되는 비즈니스 영어 바이블!

학습서와 표현사전이 한 권으로 되어 있어서 요긴합니다. 첫째 마당에서는 유용한 비즈니스 표현과 Tip을 배울 수 있고, 표현사전인 둘째 마당은 책장에 꽂아두고 영어가 막히는 순간 필요한 표현을 바로 찾아볼 수 있어 편리합니다. 글로벌 커뮤니케이션 전문가인 저자의 강의도 들을 수 있어 더할 나위 없네요. 비즈니스맨들의 영어 바이블로 강력 추천합니다!

임거인 | 36, 해외 근무

공부할 시간도 부족한 직장인에게 딱!

사내 영어 공용화로 영어에 대한 부담이 큽니다. 영어 공부야 늘 마음먹지만, 바쁜 업무에 시달리다 보면 정작 실천은 어려웠죠. 이 책은 학습 분량이 부담 없고 학습 스케줄도 있어서 매일 체계적으로 진도를 나갈 수 있습니다. 예문과 저자 강의가 수록된 mp3 파일과 휴대용 책자도 있어서 출퇴근 시간을 요긴히 활용할 수 있어 좋습니다. 저처럼 시간 제약이 많은 직장인을 위한 맞춤형 비즈니스 영어책입니다.

베타테스트에 참여해주신 모든 분께 감사드립니다.
이 책을 만드는 동안 베타테스터 활동을 해주시고 아낌없는 조언과
소중한 의견을 주셨던 박은희, 김소연, 박혜진, 김경진 님께 감사드립니다.

어디서든 기죽지 않는
영어 프레젠테이션 성공 노트

연봉이 높아지는 영어 커뮤니케이션의 바로미터, 프레젠테이션!

취업을 준비하는 대학생이나 승진을 앞둔 직장인에게 자신의 영어 실력을 증명하는 유일하고 절대적인 잣대는 토익이나 오픽 같은 영어 시험이라고 생각할지도 모르겠습니다. 그러나 토익 고득점과 실무에서 사용하는 영어 능력은 별개라는 인식이 점차 확산되면서 공인 영어 시험 점수만으로는 더 이상 신뢰를 받지 못하게 되었죠. 그에 따라 많은 기업체에서는 토익, 오픽 점수보다는 영어 면접이나 프레젠테이션, 토론 등으로 실무영어 커뮤니케이션 실력을 평가하여 글로벌 인재를 뽑겠다는 의지를 밝히고 있습니다. 토익점수가 아무리 높아도 정작 실무에서 꿀 먹은 벙어리가 되고 마는 영어는 나 자신에게나 회사에게나 무용지물일 뿐이니까요.

회사에 들어가고 업무를 처리하고 연봉을 올려가는 일련의 과정에서 가장 유용하고 쓸모 있는 능력 하나를 대라면 여러분은 뭐라고 대답하시겠습니까? 저는 '영어'라고 생각합니다. 정확히 말해 단지 '영어 실력'이 아니라 '커뮤니케이션 실력'을 의미합니다. 따라서 저는 여러분에게 쓸모 있는 영어, 회사에서 인정받는 영어, 내 연봉을 올려 줄 수 있는 영어 커뮤니케이션 능력을 배우라고 말씀드리고 싶습니다. 이런 커뮤니케이션 능력의 정확한 바로미터가 바로 영어 프레젠테이션입니다.

글로벌 비즈니스 전문가가 알려주는 활용도 100% 표현과 특급 노하우!

영어 프레젠테이션이란 쉽게 말해서 사람들 앞에서 어떤 주제에 관해 발표하는 것을 의미합니다. 우리가 흔히 하는 발표와 다른 점이 있다면 영어로 진행된다는 것이죠. 그러나 대다수의 토익 고득점자들조차도 영어로 말하는 것에 익숙하지 않은 나머지 영어 프레젠테이션에 대해 공포에 가까운 두려움마저 느끼고 있습니다. 영어만 잘하면 프레젠테이션은 그냥 되는 것 아니냐고요? 아닙니다. 대부분의 영어 프레젠테이션은 청중에게 자신의 발표 내용을 설명 혹은 설득하는 것이 목적이므로 영어 실력뿐만 아니라 노련한 프레젠테이션 운용 기술도 필요하기 때문입니다.

《영어 프레젠테이션 무작정 따라하기》에는 제가 지난 십수 년 간 기업 프레젠테이션 대행, 강연과 코칭을 통해 다양한 현장에서 접한 수많은 프레젠테이션 자료뿐만 아니라, 실무 영어 학습자를 가르치면서 모으고 정리한 노하우가 모두 들어 있습니다. 따라서 단순히 프레젠테이션에 쓰이는 영어 표현을 알려 주는 것에 그치지 않고 프레젠테이션을 진행하면서 겪는 실수나 오류까지 바로잡아 줄 수 있도록 만들었습니다. 영어 프레젠테이션에 필요한 대부분의 패턴 표현은 물론, 전반적인 발표에 도움이 되는 비언어적 의사소통인 제스처, 목소리, 태도, 시각자료 사용법에 대한 실용적인 팁도 포함합니다. 쓰임새별로 영어 패턴을 정리하되 그 패턴들이 모여 책 전체가 하나의 큰 프레젠테이션 구조를 이루도록 한 것도 책을 읽어 나가면서 프레젠테이션의 구성과 흐름을 자연스럽게 익힐 수 있도록 하기 위해서입니다.

노련한 PT 기술과 고급스러운 영어 표현으로 청중의 마음을 사로잡는다!

이제 더 이상 영어 프레젠테이션이라고 겁내지 마세요. 일단 프레젠테이션의 주제가 정해졌으면 자료를 준비한 다음 이 책을 펼쳐 놓고 하나씩 따라해 보세요. 서론, 본론, 결론을 만들어 가세요. 첫째 마당에서 여러분의 프레젠테이션에 필요한 표현들을 찾아 문장을 만들고, 둘째 마당의 다양한 표현을 참고하여 여러분이 직접 해야 할 프레젠테이션을 만들어 보세요. 부록에서는 실제 프레젠테이션 전문을 통해 발표 흐름과 표현을 함께 정리할 수 있습니다. 책에 포함되어 있는 음성 파일도 함께 들으며 발음과 인토네이션을 익히고, 꼭 알고 넘어가야 할 프레젠테이션 팁들을 함께 정리해 둔다면 여러분의 프레젠테이션은 기대와 자신감으로 가득 찰 것입니다.

Go for it!

영어 커뮤니케이션 전문가 이지윤 Jules Lee

500만 명의 독자가 선택한 〈무작정 따라하기〉 시리즈는 모든 원고를 독자의 눈에 맞춰 자세하고 친절한 해설로 풀어냈습니다. 또한 저자 음성강의, 예문 mp3 파일 무료 다운로드, '무작정 따라하기' 애플리케이션, 길벗 독자지원팀 운영 등 더 편하고 쉽게 공부할 수 있도록 아낌없는 서비스를 제공합니다.

1 음성강의

첫째 마당에 저자 음성 강의를 넣었습니다. QR 코드를 스캔해 핵심 내용을 먼저 들어보세요.

2 본 책

쉽고 편하게 배울 수 있도록 단계별로 구성했으며 자세하고 친절한 설명으로 풀어냈습니다.

3 예문 mp3

홈페이지에서 mp3 파일을 무료로 다운 받을 수 있습니다. 듣고 따라하다 보면 저절로 말을 할 수 있게 됩니다.

7 동영상 강의

효과적인 학습을 돕는 동영상 강의도 준비했습니다. 혼자서 공부하기 힘들면 동영상 강의를 이용해 보세요.
(유료 서비스 예정)

4 소책자

출퇴근 시간에 지하철이나 버스에서 편하게 공부할 수 있도록 훈련용 소책자를 준비했습니다.

6 홈페이지

공부를 하다가 궁금한 점이 생기면 언제든지 홈페이지에 질문을 올리세요. 저자와 길벗 AS팀이 신속하게 답변해 드립니다.

5 어플리케이션

〈무작정 따라하기〉 시리즈의 모든 자료를 담았습니다. 어디서나 쉽게 저자 음성강의와 예문, 텍스트 파일까지 볼 수 있어요. (추후 서비스 예정)

책을 펼치긴 했는데 어떻게 공부를 시작해야 할지 막막하다고요? 그래서 준비했습니다. 무료로 들을 수 있는 저자의 음성 강의와 베테랑 원어민 성우가 녹음한 예문 mp3 파일이 있으면 혼자 공부해도 어렵지 않습니다.

음성강의 / 예문 mp3 파일 활용법

첫째 마당의 모든 Unit에는 저자의 친절한 음성강의와 원어민의 예문 mp3 파일이 수록되어 있습니다. 각 Unit에서 배울 내용 전반을 음성강의를 통해 확인하고, 예문 mp3 파일을 귀로 듣고 입으로 따라 말하면서 학습 효과를 극대화해 보세요. 음성강의와 예문 mp3 파일은 본 책의 QR 코드를 찍거나 홈페이지에서 다운로드하여 들을 수 있습니다.

❶ QR코드로 확인하기

스마트폰에 QR코드 스캐너 어플을 설치한 후, 각 과 상단의 QR코드를 스캔해주세요. 저자의 음성강의와 mp3 파일을 골라서 바로 들을 수 있습니다.

❷ 홈페이지에서 다운로드 받기

음성강의와 예문 mp3 파일을 가지고 다니며 듣고 싶다면 홈페이지에서 파일을 다운로드 받으세요. 이지톡 홈페이지(www.eztok.co.kr)에 접속한 후, 자료실에 '영어 프레젠테이션 무작정 따라하기'를 검색하세요.

예문 mp3 파일 두 배로 활용하기

1단계 오디오 파일만 듣기

글자보다 먼저 소리에 친숙해져야 합니다. mp3 파일을 들으면서 해당 Unit에서 배울 내용에 집중해 보세요. 모르는 단어나 표현은 그냥 넘어가도 좋습니다. 주어진 상황만으로 어떤 프레젠테이션이 진행되는지 충분히 짐작할 수 있을 거예요.

2단계 책을 보면서 따라 하기

이번에는 책을 보면서 들으세요. 안 들렸던 부분이나 몰랐던 부분은 펜으로 표시해 두세요. 그런 다음 해설을 꼼꼼히 읽으며 프레젠테이션 내용을 완벽하게 이해하세요. 펜으로 표시해 둔 부분은 책을 펼 때마다 복습해야 완전한 내 것이 됩니다.

3단계 따라 말하기

이제 자연스럽게 말하는 연습을 할 차례입니다. mp3 파일을 들으며 원어민의 억양과 발음을 그대로 따라 하도록 노력해 보세요. 처음에는 더듬거리거나 자연스럽게 말이 안 나올 수도 있어요. 하지만 계속 반복하다보면 영어가 자연스럽게 입에 붙게 됩니다.

전체
마당

준비마당에서 영어 프레젠테이션의 성공 기술을 익혔다면, 첫째 마당과 둘째 마당에서는 프레젠테이션을 구성하는 핵심 패턴과 필수 표현을 학습해 봅니다. 저자 강의와 함께 원어민 mp3 파일을 활용해 생동감 넘치는 프레젠테이션을 준비해 보세요!

저자 강의 듣기
본격 학습에 들어가기 전 저자의 강의를 들어보세요. 내용을 보다 효과적으로 이해할 수 있습니다.

준비단계 패턴 미리보기
해당 Unit에서 학습할 주요 패턴을 미리 학습합니다. 눈에 익히며 학습할 포인트를 점검해 봅니다.

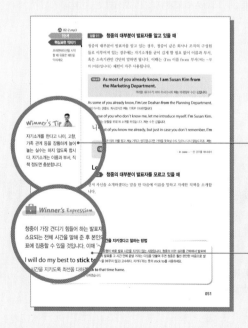

1단계 핵심표현 익히기
프레젠테이션을 진행할 때 유용한 패턴을 정리해두었습니다.

Winner's Tip
실제 프레젠테이션을 진행할 때 기억해두면 좋은 팁들을 정리해두었습니다. 프레젠테이션 내용 구성을 비롯하여, 발표 매너, 영어 패턴을 효율적으로 익힐 수 있도록 정리했습니다.

Winner's Expression
앞에서 배운 패턴 외에 활용할 수 있는 표현들을 정리했습니다. 같은 상황이라도 좀 더 색다른 표현을 구사하고 싶다면 참고해 보세요.

이 책은 총 3개 마당, 60 Unit으로 이루어져 있습니다. 〈패턴 미리보기→ 핵심표현 익히기→ 문장 만들기→ 실전에 응용하기〉의 체계적인 4단계 훈련법으로 당당하고 자신감 넘치는 프레젠테이션을 구성할 수 있습니다.

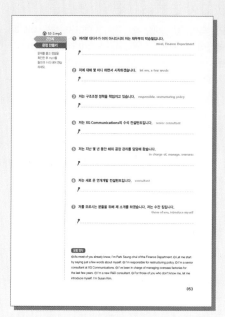

2단계 문장 만들기

앞에서 학습한 프레젠테이션 주요 문장을 손으로 쓰며 정리해 봅니다. 문제를 풀고 정답을 확인한 후 mp3 파일을 들으며 소리 내어 연습하세요.

모범 영작
하단에서 모범 답안을 바로 확인하세요.

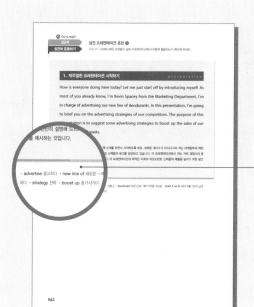

3단계 실전에 응용하기

실전 프레젠테이션을 훈련해 봅니다. 앞에서 배운 표현들이 실제 프레젠테이션에서 어떻게 활용되는지 한눈에 확인해 볼 수 있습니다.

표현 정리
프레젠테이션에서 쓰이는 주요 표현들을 한 번 더 확인해 볼 수 있도록 하단에 정리했습니다.

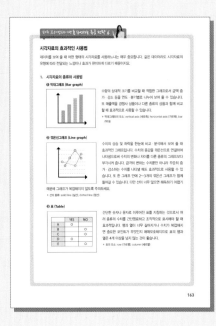

파워 프레젠테이션을 완성하는 특급 전략

프레젠테이션을 준비할 때는 정확한 영어 표현뿐만 아니라 프레젠테이션 자체를 이끌어가는 능력이 매우 중요합니다. 커뮤니케이션 전문가가 제안하는 프레젠테이션 핵심 전략 7가지를 제공합니다.

훈련용 소책자 :

실제 현장에서 활용된 프레젠테이션 전체 문장을 실었습니다. 처음부터 끝까지 프레젠테이션이 어떻게 이루어지는지 한눈에 파악할 수 있습니다.

본책에서 영어 프레젠테이션을 위한 필수 패턴과 표현을 익혔다면, 소책자에서는 실제 프레젠테이션 전체 문장을 살펴봅니다. 사무실 책상에 꽂아두고 틈틈이 읽고 살펴보며, 프레젠테이션 감각을 익혀보세요. mp3 파일을 통해 원어민 억양과 발음 등을 학습할 수 있습니다.

영어 문장을 읽고 잘 이해되지 않는 부분은 하단의 해석 부분을 참고합니다. 주요 어휘를 따로 정리하여 학습의 효율성을 높였습니다.

준비마당　：　**성공적인 영어 프레젠테이션을 위한 준비 전략 8**

첫째마당　：　**성공적인 영어 프레젠테이션을 위한 핵심 패턴**

첫째마디　•　**프레젠테이션 시작하기**

둘째마디　•　**프레젠테이션 개요와 공지사항 소개하기**

성공적인 영어 프레젠테이션을 위한 준비 전략 8

01 프레젠테이션의 목적을 설정하라

프레젠테이션을 준비할 때는 제일 먼저 프레젠테이션의 목적이 무엇인지부터 분명히 해야 합니다. 그에 따라 프레젠테이션의 전체 구성 방법과 분위기가 달라지기 때문이지요. 프레젠테이션은 그 목적에 따라 다음과 같이 크게 세 가지로 나눌 수 있습니다.

1. 설명이 목적인 프레젠테이션

신제품 발표나 예산 보고, 학술 관련 세미나가 여기에 해당합니다. 청중에게 새로운 정보를 제공해서 쉽게 이해시키는 것이 목적이기 때문에 내용을 상세하고 정확하게 전달하는 것이 가장 중요합니다. 그렇다고 너무 욕심을 부려서 해당 주제에 관련된 모든 지식을 쏟아 부어서는 곤란하겠지요. 청중이 알고 싶어 하는 사실이 무엇인지, 청중이 무엇을 원하는지를 잘 파악해서 거기에 필요한 정보를 효과적으로 제공할 수 있어야 합니다.

2. 설득이 목적인 프레젠테이션

청중을 설득시켜 특정한 사안에 대해 결정하도록 만드는 것이 목적이기 때문에 듣는 사람이 발표자의 말에 동의할 수 있게 의견이나 주장을 강하게 어필해야 합니다. 그러기 위해서는 관련 정보와 배경 지식을 폭넓게 연구하고 청중의 성격에 대해서도 면밀하게 분석해 두어야 합니다. 참고로 설득이 목적인 프레젠테이션은 고객이나 외부 거래처만을 대상으로 이루어지는 것은 아닙니다. 예를 들어 회사 내 신제품 기획회의 같은 곳에서 경영진을 설득시키기 위해 하는 경우도 많습니다.

3. 엔터테인먼트 프레젠테이션

기념 파티, 신상품 론칭 행사, 오찬회, 회식, 결혼식 등에서 하는 프레젠테이션으로서 참가자들에게 기분 좋은 여운을 남길 수 있는 말을 하면서 20~30분 정도 진행하는 것이 가장 적당합니다. 이 프레젠테이션을 준비할 때는 해당 행사가 참가자들에게 웃음을 줄 것인지, 감동을 줄 것인지, 아니면 기분 전환을 위한 것인지 등을 염두에 두고 그에 맞게 구성해 나가야 합니다.

02 청중을 분석하라

냉장고 한 대를 팔 때도 상대방이 독신인지, 4인 가족인지, 젊은 여자인지, 외국인 남자인지를 먼저 알아야 하죠? 프레젠테이션을 준비할 때도 마찬가지입니다. 프레젠테이션의 목적을 정했으면 다음에 생각해야 할 것은 '누구'에게 프레젠테이션을 하는가입니다. 사전에 청중의 문화적인 배경이나 전문 분야, 직종 등 전반적인 성격을 분석하는 것은 대단히 중요합니다. 청중이 어떤 사람들인지 알아야 거기에 맞춰 프레젠테이션의 방향과 수준을 결정할 수 있기 때문입니다.

1. 청중 분석 점검 사항

❶ 이 프레젠테이션이 설득하거나 정보를 제공하고자 하는 대상이 누구인가?

❷ 청중은 이 프레젠테이션에서 무엇을 기대하고 있는가?

❸ 청중이 이미 알고 있는 사실은 무엇이고 모르고 있는 사실은 무엇인가?

❹ 청중은 어떤 스타일의 프레젠테이션을 원하는가?

❺ 이 프레젠테이션은 청중에게 무엇을 알리고 일깨워 주려고 하는가?

2. 청중 분석의 유형

속성 측면	연령층, 성별
	소속(회사 및 단체: 업종, 직원 수, 주력 사업, 거점, 비전, 이념, 최근 화제 등)
	참석자 수
	직종, 지위, 경력
지식 측면	주제에 대한 지식 및 관심(전문 용어가 통용될지 판단)
	금기 사항(기밀 내용, 사용해서는 안 되는 말 등을 판단)
자세&태도 측면	프레젠테이션에 참가하는 목적과 이유
	프레젠테이션의 내용과 관련된 의사 결정권자인지 여부
	프레젠테이션의 결과 예상되는 문제는 무엇인가
	무엇에 흥미를 가지고 있는가
	판단 기준이나 가치관은 어떠한가
	프레젠테이션이 그들에게 직간접적인 이익을 주는가

03 3·3·3 법칙을 기억하라

영어 프레젠테이션을 준비할 때 가장 많이 하는 실수는 정리되지 않은 내용을 단순히 나열하여 보여주는 것입니다. 짧은 영어 실력을 감추기 위해 양으로 승부를 보려고 하면 프레젠테이션 시간만 부족해질 뿐입니다. 또한 청중과의 교감 없이 '정보 퍼나르기'에 그치는 지루한 프레젠테이션이 되기 쉽습니다. 프레젠테이션을 어떻게 진행해야 할지 막막하다면 기초 구조를 설정하는 것에 집중하세요. 바로 3·3·3 법칙을 활용하는 것입니다.

숫자 3은 2 또는 4보다 훨씬 안정된 느낌을 줍니다. 2개로 구성된 유닛은 하나가 빠진 듯하고 4개 구성은 좀 넘치는 느낌을 주죠. 따라서 3개의 구조, 즉 〈서론(Introduction)–본론(Body)–결론(Conclusion)〉을 활용하면 탄탄한 짜임의 프레젠테이션을 구성할 수 있습니다. 또 서론, 본론, 결론을 각각 다시 3개의 요소로 구성하고, 본론의 발표 내용 또한 3가지로 정리합니다. 이것이 바로 가장 효율적으로 정보를 전달할 수 있는 3·3·3 법칙의 골격입니다.

앞으로는 프레젠테이션을 구성할 때 의도적으로 3개의 단위로 묶어서 정리하고 설명하는 연습을 해보세요. 영어 실력이 다소 부족할지라도 구조가 탄탄한 프레젠테이션은 유창한 영어일지라도 두서없는 프레젠테이션보다 훨씬 더 청중을 잘 이해시킬 수 있습니다.

1. 서론의 3요소

❶ Topic sentence(주제문): 프레젠테이션의 주제를 알려줍니다.

> **What I am going to talk about today is** the politics of oil.
> 제가 오늘 말씀드리고자 하는 것은 석유 정치입니다.
>
> **So the topic of my talk is** fuel efficiency.
> 자, 제 발표의 주제는 연비 효율성입니다.
>
> **So what's the topic?** Organizational learning.
> 주제가 무엇이냐고요? 조직 학습입니다.
>
> **I'm here to talk about** the recent earthquake patterns.
> 저는 최근 지진 패턴에 관해 이야기하려고 이 자리에 나왔습니다.

❷ **Details**(세부사항): 주제를 어떻게 설명할 것인지, 청중은 무엇을 얻어갈 것인지 설명합니다.

> **I am going to share some stories of** those victims of child abuse.
> 저는 이런 아동학대 피해자들의 **이야기를 나누려고 합니다.**
>
> **You will learn about** new perspectives on international politics **today.**
> 여러분은 오늘 국제정치에 관한 새로운 관점을 **배우게 될 겁니다.**
>
> **Let me introduce** three principles of Oxfam.
> Oxfam의 3가지 철칙을 **소개해 드리지요.**

❸ **Concluding remark**(마무리): 본론으로 들어가기 전에 다시 한 번 프레젠테이션의 결론 및 유용성을 짚어줍니다.

> **I hope this talk will provide you with** some basic knowledge in NGO activities.
> 이 발표가 여러분께 NGO활동에 대한 기본 지식을 **제공해 드리기를 바랍니다.**
>
> **So what I am pointing out here is that** we need individual care for those children.
> 그래서 제가 여기서 **강조하는 것은** 그 아이들을 위해 개별적인 관심이 필요하다는 **것입니다.**

2. 본론의 3요소

❶ **Topic sentence**(주제문): 각 해당 사항의 주제문을 넣습니다.

> **What I am going to talk about first is** the causes of inequity.
> 제가 먼저 말씀드리고자 하는 것은 불평등의 **원인입니다.**
>
> **So first things first,** family cars should be energy efficient.
> 자, 중요한 것을 먼저 **말씀드리자면,** 가족용 자동차는 연료 효율이 좋아야 합니다.
>
> **My first point is on** technical features.
> 제 첫 번째 사항은 기술적 특징에 관한 것입니다.

❷ **Supporting details**(부연 설명): 주제문에 대한 증거자료, 부연 설명, 데이터, 예시 등을 제공합니다.

> **As you see in these statistics,** most victims of child abuse are girls.
> 이 통계에서 보시는 것처럼 대부분의 아동학대 피해자는 소녀들입니다.

Let me explain further what I mean by inequity.
불평등이 무엇을 의미하는 것인지 더 자세히 설명해 드리도록 하지요.

According to the European Automobile Association, the future automobile concept is green technology.
유럽 자동차 연맹에 **따르면** 미래의 자동차 콘셉트는 녹색 기술입니다.

❸ **Concluding remark**(마무리): 다음 내용으로 넘어가기 전에 지금까지 언급한 내용의 포인트를 짚어주며 마무리합니다.

This means that more investment will be made in green technology.
이것이 **의미하는** 것은 녹색 기술에 더 많은 투자가 이루어질 거라는 **점입니다.**

Before moving to my second point, I'd like to emphasize that green technology can save money and save the earth.
두 번째 사항으로 넘어가기 전에 녹색 기술이 비용을 절감하고 지구를 살릴 수 있다는 것을 **강조하고 싶습니다.**

The thing is it is not that difficult to help those victims of child abuse.
중요한 점은 이런 아동학대 피해자들을 돕는 것은 그렇게 어렵지 않다는 **것이죠.**

3. 결론의 3요소

❶ **Summary**(요약): 본론 내용을 요약합니다.

Let me run over the key points again.
핵심사항을 다시 정리해 드리지요.

I will briefly summarize the key points again.
핵심사항을 다시 간단하게 요약해 드리겠습니다.

❷ **Emphasize**(강조): 특별히 강조하거나 언급하고 싶은 사항을 전합니다.

I would suggest that we prioritize economic policies.
경제 정책에 우선순위를 두어야 한다고 **제안합니다.**

Before I finish, let me stress again how you can help those victims of child abuse.
마치기 전에 이런 아동학대 피해자들을 어떻게 도울 수 있는지 **다시 강조하고자** 합니다.

• prioritize 우선순위를 두다

❸ **Concluding remark**(마무리): 인용구, 에피소드 등으로 프레젠테이션 내용을 최종적으로 마무리합니다.

> **Let me close now with a story that summarizes my talk.**
> 제 발표를 요약해 주는 이야기로 마무리하겠습니다.
>
> **I'd like to leave you with the following thought.**
> 발표를 마치면서 여러분께서 다음과 같은 생각을 해보셨으면 합니다.

프레젠테이션의 내용이 창의적인 경우에는 이런 규칙을 무시하고 조금 더 다양하게 구성할 수도 있습니다. 하지만 '창의력'보다는 '보고'나 '정리'의 목적이 큰 일반 프레젠테이션에서는 정보를 효율적으로 전달하는 것이 가장 중요하다는 것을 기억하세요.

청중의 호감을 사는 서론을 준비하라

첫인상이 만들어지는 데 걸리는 시간은 고작 30초 미만이라고 합니다. 프레젠테이션의 성공 여부도 시작하자마자 몇 분 이내에 결정됩니다. 따라서 프레젠테이션의 첫인상을 좋게 만들려면 서론 부분에 공을 들여야 합니다. 이번에는 영어 프레젠테이션에서 보편적으로 많이 사용되는 서론 작성법에 대해 살펴보도록 하겠습니다.

앞 과에서 살펴보았듯이 영어 프레젠테이션은 핵심 포인트를 먼저 제시하고 그것을 부연설명하는 구조로 짜야 합니다. 서론 파트에서 청중이 이 프레젠테이션을 통해 얻게 되는 결과를 먼저 제시한 후 본론에서 부연 설명을 합니다. 효과적인 첫인상을 남기기 위해서 서론에는 청중의 관심을 끌 만한 '인사이트(insight 통찰)'가 제시되어야 합니다.

서론을 구조화하려면 먼저 프레젠테이션의 성격을 결정하고 청중의 니즈를 고려해야 합니다. 청중의 니즈에 따라 프레젠테이션의 서론은 분석적·사실 전달형, 스토리텔링형, 핵심 주제의 반복 고조형, 주제의 새로운 정의형 등 4가지 방식으로 나눌 수 있습니다.

1. 분석적 · 사실 전달형 구조 (일반적인 서론)

기업에서 내부 보고 시 가장 흔하게 사용되는 구조로서 보수적인 집단에서 사실을 중심으로 정보를 전달할 때 많이 사용됩니다. 새로운 사실, 정보, 발견사항을 전달하는 보편적인 비즈니스 프레젠테이션에서 자주 활용됩니다.

모든 청중이 이런 구조의 서론을 선호하는 것은 아닙니다. 하지만 군더더기 없이 사실을 중심으로 상세한 정보를 얻고자 하는 전문가 집단, 프레젠테이션의 기존 형식을 중요시 여기는 기업 간부나 임원들, 흥미나 재미 위주의 프레젠테이션을 평가절하하는 경향이 있는 학계 담당자나 결정권자들이 청중인 경우 이 서론 구조가 효과적입니다.

청중의 예상을 뛰어넘는 내용을 서론의 인사이트로 삼기보다는 기본 프레젠테이션 형식에 꼭 포함되어야 할 사항을 논리적인 구조로 설명합니다. 비즈니스 프레젠테이션, 논문 발표, 이론 및 결과를 보고하는 학계 프레젠테이션의 경우 가장 안전하고 보편적으로 사용하는 구조입니다. 이 경우 프레젠테이션의 서론은 다음과 같은 순서로 진행됩니다.

- greetings 인사
- self-introduction 자기소개
- hook: topic & purpose 관심거리: 주제와 목적
- overview & announcement 개요 및 공지사항

서론의 예를 살펴봅시다.

Hi! My name is Seung-chul Kim. I am from Korea. I work for IBT Korea. I have been working for IBT for 13 years. I have a lot of management experience so far. I am very happy to meet you. Let me start my presentation.

안녕하세요! 저는 김성철입니다. 저는 한국에서 왔어요. 저는 IBT코리아에서 근무합니다. IBT코리아에서 13년간 일했습니다. 저는 지금까지 많은 관리 경력을 가지고 있지요. 만나서 반갑습니다. 제 프레젠테이션을 시작합니다.

아주 좋아 보인다고요? 이것은 분석적 · 사실 중심적 정보를 요구하는 청중에게 인사이트를 주며 관심을 끌기에는 아주 부족한 서론입니다. 먼저 인사법에 문제가 있습니다. Hi!라는 인사법은 너무 가벼워서 청중에 따라서는 무례하게 들릴 수도 있습니다. 따라서 서론을 시작할 때는 적절한 인사법으로 상대와의 공감대를 형성하고, 업무와 관련된 자기소개를 통해 전문가라는 이미지를 심어 주어야 합니다.

Thank you for coming. Let me start off by briefly introducing who I am first. I am Seung-chul Kim of the Marketing Department at IBT Korea. I've been working in the field of market research for the last 10 years. The topic of today's presentation is recent trends in market research. I hope this talk will be helpful in clarifying some market research tools we can adopt. I will talk about three aspects of recent market research trends: first, corporate profiling; second, data collection tools; and last, marketing statistics. Feel free to interrupt me if you have any questions. I plan to be brief.

와 주셔서 감사합니다. 먼저 제가 누구인지 간단히 소개해 드리면서 시작하지요. 저는 IBT코리아 마케팅부 김성철입니다. 지난 10년간 시장조사 분야에서 일해 왔습니다. 오늘 발표의 주제는 시장조사의 최근 경향입니다. 이 프레젠테이션을 통해 우리가 채택할 수 있는 시장조사 도구를 확실하게 하는 데 도움이 되기를 바랍니다. 저는 최근의 시장조사 경향의 세 가지 측면에 대해 발표할 것입니다. 첫째는 기업 프로파일링, 둘째는 자료수집 도구, 그리고 마지막으로 마케팅 통계입니다. 질문이 있으시면 주저 말고 해 주세요. 발표는 간단히 하겠습니다.

2. 스토리텔링형 구조 (인사이트형 서론)

아이디어 및 지식 교류를 목적으로 하는 프레젠테이션에서는 사실 위주의 분석적인 서론은 다소 진부하게 여겨지는 추세입니다. 사실 중심의 분석적인 서론 구조가 일반 비즈니스 프레젠테이션에서 효율적이라면, 스토리텔링형 구조는 TED처럼 정보를 나누고 토론하는 목적의 프레젠테이션, 다른 시각에서 청중에게 감동을 전하는 것이 목적인 설득형 프레젠테이션에서 유용합니다.

스토리텔링형 구조의 서론은 인사, 자기소개, 프레젠테이션의 주제와 목적 등을 순차적으로 설명하는 것이 아니라 주제에 관련된 '이야깃거리'로 시작합니다. 따라서 이 구조는 감성적으로 다가가야 하는 설득형 프레젠테이션이나 재미 위주의 프레젠테이션에 효과적입니다. 또한 한 분야의 전문가에 국한되지 않고 여러 연령대의 다양한 배경을 가진 청중을 대상으로 할 때 효과적입니다.

다음 프레젠테이션은 장애인을 위한 기술 및 상품을 안내하는 것이 목적입니다. 프레젠테이션의 구조를 분석적으로 하기보다는 다양한 배경의 청중에게 감성적으로 다가가기 위해 장애인들의 예화를 공유하며 프레젠테이션의 주제를 언급하고 있습니다.

I'm going to start out today by sharing with you a few stories of people with disabilities who are able to access information resources thanks to adaptive technology. You'll meet them in the video we'll view shortly.

저는 오늘 응용기술 덕분에 정보자원에 접근할 수 있게 된 장애인들에 관한 몇 가지 이야기를 여러분과 나누면서 시작하겠습니다. 잠깐 동영상을 보면서 그들을 만나 보시죠.

스토리텔링형의 프레젠테이션은 시연이나 시청각 자료와 함께할 때 효과가 배가됩니다. 프레젠테이션에서 청중은 내가 말하는 모든 것이 사실일 거라고 믿지는 않습니다. 청중의 관심을 끌고 믿음을 얻으려면 청중의 눈앞에서 직접 시연해 보는 방법이 효과적입니다. 그 장소에서 시연이 불가능하다면 동영상이나 사진 등을 통해 눈으로 직접 볼 수 있도록 만들어 주세요. 단순히 분석 자료나 글만 보여주기보다는 동영상이나 이미지를 통해 현장에서 일어나는 일들을 직접 보여주는 것이 훨씬 효과적입니다.

3. 핵심주제의 반복 고조형 구조

청중을 강하게 설득하는 것을 목적으로 하는 프레젠테이션에 효과적인 구조입니다. 지금 이야기하고 있는 주제가 다른 방법이나 대안보다 훌륭하다는 것을 적극적으로 '홍보' 하는 데 적합합니다. 마치 청중에게 마법을 걸 듯 중요한 내용을 반복하고 규칙적으로 열거하며 다른 어떤 것보다 지금 이 발표의 대상이 중요하다는 것을 고조시키기 때문에 연설문에서 많이 볼 수 있는 구조이지요. 발표자나 주제에 대해 어느 정도 호감을 가지고 있는 청중이라면 효과가 뛰어납니다. 발표자가 강조하는 사항을 청중은 사실로 믿고 쉽게 설득되기 때문이지요.

프레젠테이션의 대가로 알려진 스티브 잡스가 많이 사용했던 서론 구조이기도 합니다. 잡스는 그의 keynote speech(기조연설)에서 매번 신상품을 소개했는데, 당시 초대된 청중은 대부분 애플 관계자, 애플 신봉자 등 애플에 호의적인 견해를 가지고 있는 이들이었습니다. 따라서 핵심주제(상품의 우월함 등)를 반복하며 지금까지는 없던 새로운 것임을 강조하는 구조는 발표 전부터 호감을 갖고 있던 청중을 완전히 믿고 따르도록 만들기에 효과적이었지요.

4. 주제의 새로운 정의형 구조

보편적인 주제로 프레젠테이션을 해야 하는 경우, 어떠한 현상에 관해 본인의 견해를 강하게 제시하며 설득해야 하는 경우, 혹은 기존에 많이 보급된 제품에 관해 설명해야 하는 경우라면, 해당 주제에 관해 새로운 정의를 제시하고 다른 각도에서 해석할 것을 암시하는 서론 구조가 효과적입니다.

이 구조에서는 프레젠테이션의 주제나 핵심 단어에 대해 기존의 정의를 언급하거나 잘못 알고 있던 점을 지적한 후 발표자가 새로운 정의를 제시합니다. 이를 통해 발표 내용과 성향을 암시하여 도입 부분부터 청중을 흡입할 수 있는 구조입니다.

05

청중을 몰입시키는 본론을 구상하라

프레젠테이션의 콘텐츠가 포함되어 있는 곳이 바로 본론 부분입니다. 새로운 정보나 핵심내용이 포함되는 부분인데, 두서 없이 나열하는 구조를 사용할 경우 청중을 혼란스럽게 만들 수 있습니다. 보고서 형식으로 정리한 정보를 슬라이드에 빼곡히 옮겨 놓고, 그 내용을 그대로 읽어가며 프레젠테이션을 하는 오류를 범하고 있지는 않나요? 프레젠테이션은 보고서나 논문처럼 글로 읽는 것이 아니라 발표자가 구두로 다시 정리해 주는 것이기 때문에 문서화된 것을 그대로 읽으면서 진행하면 핵심내용을 제대로 전달하기가 힘듭니다. 문서나 데이터 등을 프레젠테이션 본론에서 제대로 전달할 수 있는 도구를 살펴봅시다.

프레젠테이션의 전반적인 구조는 물론 〈서론-본론-결론〉입니다. 이 중 본론은 핵심 내용이 포함되는 곳인데 단순히 사실(fact)만을 나열하는 것이 아니라 구조적으로 전달하여 청중을 설득시킬 수 있어야 합니다. 그래서 본론의 구조는 다시 〈서론-본론-결론〉으로 나뉩니다.

본론 (Body)

> **서론: 주장, 내용 소개**
> **본론: 근거 제시, 결과 및 이유 설명**
> **결론: 반복, 정리, 마무리**

'본론 안의 서론'에서 전달하고자 하는 사항을 제시한 후 '본론 안의 본론'에서 왜 그런지 근거를 제시하며 설명합니다. 마지막으로 '본론 안의 결론'에서는 지금까지 본론에서 언급한 사항을 다시 한 번 정리하고 다음 사항으로 넘어가거나 프레젠테이션의 결론으로 마무리 짓습니다.

본론에서 전달하는 내용의 종류에 따라 구조설정을 위한 콘셉트 툴은 다음과 같습니다.

1. PREP 구조 (기술 · 이론 전달용)

PREP는 Position-Reason-Evidence-Position의 약자로서, 기술이나 이론 등을 이해하기 쉽게 전달하기 위한 전개 방법입니다. 즉, 신규이론이나 실험결과, 연구 등을 기반으로 정보를 전달하거나 주장할 때 효과적인 구조이지요.

첫 번째 Position(입장) 파트는 서론의 역할을 하는 부분으로 전달하고자 하는 내용을 먼저 제시하는 부분입니다. 본론의 역할을 하는 Reason(이유)과 Evidence(근거) 파트에서는 주장하는 내용에 대한 타당한 이유를 대고 내용을 보충해 주는 근거 자료를 제시합니다. 마지막으로 결론의 역할을 하는 Position(입장) 파트에서는 결론을 맺으며 주장하는 내용을 다시 한 번 강조합니다.

다음은 국제적인 전략제휴를 위해 문화적인 이해가 중요하다는 것을 강조하는 프레젠테이션의 본론 부분입니다. 국제적인 전략제휴에 있어서 문화적인 이해가 중요하다는 전제 아래 이유와 근거자료로 부연 설명하는 구조로서 PREP가 적절한 구조라는 것을 보여줍니다.

〈PREP 구조 예〉

(Position) Global strategic alliances may end in failure when different cultures collide. (Reason) Two different cultures and company norms cannot be easily merged. Many case studies prove this argument. (Evidence) For example, AT&T and Olivette's joint venture ended since neither company conducted a thorough needs analysis to fully understand the other side's primary agenda, and the companies never quite clarified their mutual expectations with each other. (Position) Therefore, I think cultural understanding should precede any joint venture efforts.

(Position) 국제적인 전략제휴는 다른 문화들이 충돌할 때 실패할 수 있습니다. (Reason) 두 개의 다른 문화와 회사의 규범은 통합되기가 쉽지 않습니다. 많은 케이스 스터디가 이런 주장을 증명해 줍니다. (Evidence) 예를 들어 AT&T와 올리베트의 공동사업은 끝이 났습니다. 왜냐하면 이 두 회사들은 상대방의 주요 안건을 충분히 이해하기 위한 상세한 니즈 분석을 하지 않았고 서로에 관한 상호간의 기대를 전혀 명확하게 하지 않았습니다. (Position) 따라서 문화적인 이해는 어떠한 합작 노력보다 선행되어야 한다고 봅니다.

2. SRR 구조 (주관적인 견해 전달용)

SRR은 Statement-Reason-Restatement의 약자로서, 객관적인 사실을 증명하는 경우가 아니라 주관적인 견해를 전달하는 경우에 유용한 구조입니다. Statement(진술)에서 본인의 의견을 주장하고, Reason(이유)에서 이유를 들어 의견을 뒷받침한 후, Restatement(재진술)에서 다시 한 번 의견을 정리하며 마무리 짓는 구조입니다.

〈SRR 구조 예〉

(Statement) Executive managers should join the negotiating table of Global Alliances. (Reason 1) First, it provides them with an opportunity to learn. (Reason 2) Second, it provides continuity of the negotiations. (Reason 3) Third, they can help in the structuring of a workable contract. (Reason 4) Finally, they can become more committed and responsible. (Restatement) Therefore, the inclusion of key members offers benefits to the negotiation process.

(Statement) 관리자들은 국제적 제휴의 협상 자리에 참석해야 합니다. (Reason 1) 첫째, 그것은 관리자들에게 배움의 기회를 제공합니다. (Reason 2) 둘째, 협상의 지속성을 제공해 줍니다. (Reason 3) 셋째, 그들은 실현 가능한 계약을 설정하는 것을 도울 수 있습니다. (Reason 4) 마지막으로 관리자들은 더욱 헌신적이고 책임감 있게 행동하게 됩니다. (Restatement) 따라서 핵심멤버를 포함시키는 것은 협상단계에서 이점을 제공합니다.

3. SAR 구조 (상황 설명용)

SAR은 Situation-Action-Result의 약자로서, 역사적인 사실이나 케이스 스터디처럼 상황을 설명하기 위한 본문 구조로 적절합니다. Situation(상황) 파트에서 에피소드나 케이스 스터디의 상황을 설명하고, Action(행동) 파트에서는 당사자들의 행동을 '언제, 어디서, 누가, 무엇을, 어떻게, 왜'의 육하원칙에 맞춰 설명합니다. 그리고 Result(결과) 파트에서는 이 행위의 결과가 어땠는지를 설명하면서 마무리 짓습니다.

〈SAR 구조 예〉

(Situation) Semiconductor 300 is a global strategic alliance in Germany established by Siemens AG and Motorola. (Action) In 1995, Siemens and Motorola signed an MOU to form a $1.5 billion venture to establish a plant for building semiconductors in White Oak, Virginia. (Result) Siemens and Motorola's successes in past cooperative relationships aided this new partnership. They have created a valuable resource synergy.

(Situation) Semiconductor 300은 독일에서 시멘즈 AG와 모토롤라에 의해 설정된 국제적인 전략제휴입니다. (Action) 1995년 시멘즈와 모토롤라는 버지니아 화이트오크에 반도체를 생산하는 공장을 세우기 위해 15억 달러 상당의 공동사업을 형성하기 위한 양해각서에 서명하였습니다. (Result) 시멘즈와 모토롤라의 과거 협력관계에서의 성공이 이 새로운 제휴를 도왔습니다. 그들은 가치 있는 자원 시너지를 만들어 냈습니다.

4. What-How-Why 구조 (보편적인 구조)

정보나 데이터의 종류와 상관없이 가장 보편적으로 사용하는 본론 구조로 〈What-How-Why〉 구조가 있습니다. 먼저 전달하고자 하는 포인트를 What(무엇)에서 제시한 후, How(어떻게)에서 근거를 이용해 부연 설명을 하고, Why(왜)에서 주장의 이유에 대해 정리하는 구조입니다. 서론에서는 청중의 관심을 끌기 위해 Why를 먼저 제시하는 〈Why-How-What〉 구조를 주로 사용한다면, 본론에서는 이성적 · 분석적 · 현실적으로 본론의 내용을 전달하는 것이 주된 목적이므로 이성적인 사항을 먼저 전달하는 〈What-How-Why〉 구조가 바람직합니다. 내용의 종류와 상관없이 보편적으로 사용할 수 있는 본문 구성 방법입니다.

〈**What-How-Why 구조 예**〉

(What) We are now going through an amazing and unprecedented moment where the power dynamics between men and women are shifting very rapidly. Women, for the first time this year, became the majority of the American workforce. (How) The global economy is becoming a place where women are more successful than men, believe it or not. In places where you wouldn't think such as South Korea, India and China, the very strict patriarchal societies are starting to break down a little, and families no longer strongly prefer first-born sons. (Why) Why is this happening? The economy has changed a lot. As it happens, women have been much better at acquiring new sets of skills than men have been in this new economy.

(What) 우리는 남녀 사이의 힘의 역학이 굉장히 빠른 속도로 바뀌고 있는 놀랍고 전례 없는 시기를 겪고 있습니다. 올해 처음으로 여성이 미국 인력의 과반수가 되었습니다. (How) 믿기 힘드시겠지만 국제 경제는 여성이 남성보다 더 성공하는 곳으로 바뀌고 있습니다. 여러분이 생각지도 못한 한국, 인도, 중국과 같은 곳에서 대단히 엄격한 가부장적인 사회가 조금씩 무너지고 있습니다. 가족들은 더 이상 장남을 선호하고 있지 않아요. (Why) 이러한 현상은 왜 일어나고 있을까요? 경제가 많이 바뀌었기 때문입니다. 이 새로운 경제체제에서 새로운 기술들을 습득하는 것을 여성이 남성보다 훨씬 더 잘하기 때문입니다.

• patriarchal 가부장적인

06

마음을 움직이는 결론을 만들어라

본문 설명의 고비도 넘겼겠다, 청중들도 지칠 대로 지친 것 같아 은근슬쩍 That's it.(이게 다입니다.) 혹은 I finish now.(이제 끝납니다.) 하면서 프레젠테이션을 대충 끝낸 적은 없는지요? 시작이 좋았다면 끝도 좋아야 하고, 만일 시작부터 삐걱거렸다고 해도 마지막까지 충실한 모습을 보여줘야 합니다. 기본적으로 프레젠테이션을 종료할 때는 다음과 같은 사항을 기억하세요.

- ☐ 결론에 도달했음을 암시하는 표현을 건넨다.
- ☐ 지금까지 언급한 내용에 대해 간단히 정리 및 요약을 한다.
- ☐ 결론뿐만 아니라 가능하다면 제안을 하거나 문제의 해결 방안 등을 제시한다.
- ☐ 질문을 받고 답변을 하면서 토론을 시작한다.

내용 전달을 넘어서 감동을 선사하려면 지금까지 언급했던 내용의 핵심을 명확하게 강조하고 청중의 마음을 움직일 수 있는 코드로 여운을 남기는 것이 좋습니다.

프레젠테이션의 결론 구조는 다음 두 가지로 나눌 수 있습니다.

1. Standard 구조

학술발표, 비즈니스 프레젠테이션, 업무 보고 등 개인적인 색깔을 배제한 일반적인 프레젠테이션의 결론에서는 먼저 프레젠테이션의 종료를 알린 후에 본문에서 소개된 핵심내용 중 가장 중요한 부분을 정리해 줍니다. 그리고 제안, 대안, 해결방법 등을 언급한 후 질의응답으로 프레젠테이션을 종료합니다. 감동적으로 청중을 제압하기보다는 지금까지 언급한 내용을 정리하고 마무리하는 형식으로서 객관적인 정보를 제공하는 프레젠테이션에 적절합니다.

〈**Standard** 형식 예〉

That brings me to the end of my presentation. Let me wrap up the main points of today's talk on why it's necessary for our company to be green. Please bear in mind that we have limited natural resources. We have witnessed a wasteful use of resources which has created massive environmental damage. In short, switching to a green business also enables cost savings. I would like to suggest that a green business is cost-efficient and environment-friendly. It is the only solution for a resource-scare industry like ours. Thank you for your time. I'd be happy to stay and answer any questions you may have.

이제 발표의 마지막 부분이 되겠습니다. 우리 회사가 친환경 사업을 해야 하는 이유를 설명해 드린 오늘 발표의 주요 사항을 정리하면서 마무리 짓겠습니다. 저희는 한정된 천연 자원을 가지고 있음을 기억해 주세요. 자원을 낭비했고 그로 인해 심각한 환경 파괴를 야기했지요. 요약해 말씀드리면 친환경사업으로 전환하면 비용 절감도 가능합니다. 친환경 사업은 비용 면에서 효과적이며 친환경적이라는 것을 제안해 드리고자 합니다. 저희와 같은 자원이 부족한 산업에서의 유일한 해결책이지요. 시간 내 주셔서 감사합니다. 질문 있으시면 남아서 받도록 하겠습니다.

2. Call to Action 구조

최근 연설이나 프레젠테이션을 보면 정형화된 Standard 형식보다는 감정에 호소하며 뭔가를 행동으로 보여주어 변화를 요구하는 Call to Action형 결론을 많이 사용합니다. Call to Action이란 생각이나 이론을 행동으로 보여주는 캠페인 같은 것을 의미합니다. 상품 프레젠테이션, 기조연설, TED와 같은 지식 교류형 프레젠테이션에서 자주 사용되는 결말 구조로서, 단순히 요약하고 끝마치는 것이 아니라 기억에 남을 만한 감동을 선사하고 청중의 변화를 이끌어 내는 데 적합합니다. Call To Action형 결론에는 다음과 같이 다양한 방법이 있습니다.

❶ 중요한 점을 부각시키며 마무리하기

Standard 구조와 비슷한 형태로 중요한 점을 강조하며 마무리 짓는 구조입니다. 마지막으로 전하고 싶은 핵심 내용을 강조하여 청중에게 인상 깊게 전달할 수 있습니다.

❷ 전문가 견해를 주장하며 감정에 호소하기

전문가 프레젠테이션의 경우 발표자의 개인적인 견해나 주장으로 프레젠테이션에서 전달하려는 주제를 다시 강조하며 감정에 호소할 수 있습니다.

❸ 일반인의 일화로 감정에 호소하기

청중에게 행동과 변화를 요구하는 Call to Action형 결론에서는 발표자 자신의 경험이나 주장 뿐만 아니라 다른 사람의 이야기나 에피소드로 마무리하며 감정에 호소할 수도 있습니다. 이런 형식은 오바마나 링컨의 연설에서도 자주 찾아볼 수 있습니다.

❹ 인용구나 에피소드로 마무리하기

프레젠테이션의 내용이 함축된 인용구나 짧은 에피소드를 활용하여 마무리하는 방법입니다. 프레젠테이션 주제에 관련된 짧으면서도 강력한 슬로건과 같은 인용구일수록 효과적입니다.

07

결정타를 날릴 순간을 결정하라

"당신이 훌륭한 아이디어를 갖고 있어도 그 아이디어를 이해시킬 수 없다면 그것은 아무짝에도 쓸모없다"

– 리 아이아코카 (크라이슬러 전 회장)

흔히 "우리말은 끝까지 들어봐야 한다"고 말합니다. 한국식 언어 표현에서는 반전에 반전을 더하는 구조를 선호하는 경향이 있고, 중요한 점은 아껴 두었다가 뒤에 가서 꺼내는 경우가 많기 때문이지요. 하지만 결론을 뒤에 말하거나 두서없이 빙빙 돌려서 말하는 것은 이야기의 초점을 흐리고 청중의 집중력을 방해합니다.

영어로 스피치를 할 때 이렇게 정리가 안 된 구조는 이상한 발음이나 틀린 문법보다 청중을 더 피로하게 만듭니다. 먼저 서론에서 이야기를 시작하고 본론에서 내용을 정리한 뒤 결과를 맨 나중에 결론에서 말하는 구조는 아주 익숙할 겁니다. 하지만 이런 〈서론−본론−결론〉의 구조에서 발표의 핵심내용을 맨 마지막 결론에 넣는다면 청중을 발표 끝까지 집중시키기에 어려움이 있습니다.

첫인상을 만드는 데는 30초도 걸리지 않는다고 합니다. 무대 위에서 발표하는 발표자도 마찬가지입니다. 초반에 기선제압을 하지 않으면 청중은 그리 호락호락 하지 않기 때문에 끝까지 잘 들어 주지 않습니다. 수동적인 자세로 듣거나 건성으로 듣게 되지요. 별 관심 없는 주제라면 심지어 대놓고 잠을 자는 청중도 있습니다. 청중이 '어라, 이 사람 말하는 게 뭔가 재미있겠는걸', '내가 알고 싶었던 거네, 잘 들어 봐야겠다'라고 생각하는 것은 발표자가 무대에 선 후 1분 이내에 결정됩니다. 우리가 영화나 책의 앞부분에서 내용을 어느 정도 파악한 후 끝까지 볼지 그만 볼지를 결정하는 것처럼요.

따라서 영어 스피치의 경우 가장 중요한 핵심 포인트는 반드시 서론 부분에 넣어야 합니다. 아껴 두었다가 결론에서 말하려 하지 말고, 초반에 핵심 포인트를 먼저 터트려 준 후에 본론에서 차근차근 설명하며 청중을 이해 및 설득하는 것이 효과적입니다.

이러한 생각의 구조를 연역법(deductive method)이라고 합니다. 결론을 먼저 제시한 후 보충설명을 하면서 결론을 뒷받침하는 구조입니다. 10분 이상 소요되는 프레젠테이션은 모두 연역법으로 진행하는 것이 좋습니다.

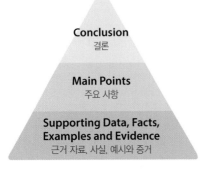

왼쪽 그림에서처럼 연역법에서는 핵심이 될 만한 결론(conclusion)을 서론 부분에서 먼저 밝힙니다. 그런 다음 본론에서 주요 사항(main points)을 설명하며 결론을 뒷받침합니다. 이때 러서치를 통해 확보한 근거 자료, 사실, 예, 증거 등을 이용하여 보충해 줍니다.

이때 서론(Introduction)에서 제시하는 핵심 내용은 '진부한 결론'이 아니라 깜짝 놀랄 만한 인사이트(insight)를 주는 것일수록 청중에게 강한 첫인상을 남겨서 그들이 끝까지 관심을 갖고 듣게 합니다. 하지만 아무리 멋진 인사이트와 함께 전달했다고 해도 결론이 속 빈 강정과 같다면 청중들은 그렇게 호락호락 넘어오지 않습니다. 중요한 점은 이런 인사이트를 포함한 핵심사항을 서론에서 명확하게 건넨 뒤, 본론에서 그 결론을 정확하게 분석하고 증거자료를 제시하여 입증(proof)해야 하는 것이지요.

그럼 기존의 결론의 역할은 무엇이냐고요? 생략해도 되냐고요? 아니지요. 결론의 역할은 새로운 것을 터트리는 부분이 아니라 지금까지 언급하고 입증한 내용의 핵심사항을 재확신(reassurance)시키는 것입니다. 다시 한 번 반복하는 것만큼 쉽게 이해시키고 설득하는 방법은 없습니다. 핵심 포인트를 서론에서 터트리고 본론에서 입증한 다음 결론에서 다시 한 번 확인시켜 줄 때 청중은 여러분의 편에 서서 고개를 끄덕이게 됩니다.

1. Deductive Method (연역적 방법)

서양인의 대화방식 구조로서 대전제 결론이 먼저 나옵니다. 큰 구도를 먼저 전한 후 구체적인 내용으로 결론을 내리는 방법입니다. 예를 들어 It is D because A, B, C처럼 항상 주제가 먼저 나오지요. 연역법적 추론은 이미 알고 있는 내용이나 판단을 기반으로 새로운 판단이나 결과를 유도하는 기법입니다. 가설을 검증하기 위해 통계학이나 수학에서 많이 사용하는 구조이지요.

2. Inductive Method (귀납적 방법)

귀납적 방법은 동양인의 대화방식에서 주로 쓰이는 논리구조로서, 구체적인 사례나 근거 자료를 먼저 소개하고 대전제 결론이 나중에 나오는 구조입니다. 예를 들어 Because A, B, C, it is D.와 같은 구조로서 핵심을 마지막에 전달하므로 연역적 구조와는 반대가 됩니다. 귀납적 전달방식은 경험을 바탕으로 한 사실 중심의 논리를 강조합니다. 구체적인 사례를 모아 놓고 결론을 내리는 방법이지요. 다음 예를 통해 두 방법을 비교해 보세요.

Inductive Method 귀납적 방법 (동양인의 커뮤니케이션)	Deductive Method 연역적 방법 (서양인의 커뮤니케이션)
Our car received a five-star safety rating from the European Automobile Association. 저희 자동차는 유럽자동차연맹으로부터 별 다섯 개의 안전 등급을 받았어요. ➜ 귀납식 내용 전개에 익숙한 동양인들은 '무엇(What)'에 집착하여 세부 사항부터 전하는 경향이 있습니다. 아직 받아들일 준비가 안 되어 있는 청중에게 이런 도입은 관심을 끌 만한 요소가 부족합니다.	What do we look for in cars? Design? Gas mileage? Well, above all, it's safety. Our generation's definition of the best car is a safe and green car. 우리는 자동차에서 무엇을 중요시 여기나요? 디자인인가요? 연비인가요? 사실 무엇보다도 안전입니다. 우리 세대가 정의하는 최고의 차는 바로 안전한 친환경 자동차입니다. ➜ 자동차에 대한 구체적인 설명으로 바로 들어가는 것이 아니라 청중이 무엇을 원하는지 답(결론)을 먼저 제공합니다. 핵심 주제가 소개되기 때문에 청중은 집중하게 됩니다. 핵심 주제는 바로 '소비자(청중)는 안전한 친환경 자동차를 원한다'라는 것입니다.

TGV is safe and beautifully designed. We have spent years inventing safe and environmentally-friendly automobile technology.

TGV는 안전하고 아름답게 디자인됐습니다. 저희는 안전하고 친환경적인 자동차 기술을 개발하는 데 수년이 걸렸습니다.

➜ 본론에서는 서론에서의 나열식 구조대로 TGV 자동차에 관한 구체적인 설명이 들어갑니다.

TGV is safe and beautifully designed. We have spent years inventing safe and environmentally-friendly automobile technology. TGV received a five-star safety rating from the European Automobile Association.

TGV는 안전하고 아름답게 디자인됐습니다. 저희는 안전하고 친환경적인 자동차 기술을 개발하는 데 수년이 걸렸습니다. TGV는 유럽자동차연맹으로부터 별 다섯 개의 안전 등급을 받았습니다.

➜ 자동차에 대한 구체적인 설명을 합니다. 서론에서 밝힌 주제, 즉 TGV가 안전한 친환경 자동차라는 사실을 입증하는 것이 목표입니다. 청중은 미리 답을 알고 듣는 것이기 때문에 이해하고 동요하기 쉽습니다.

Our car is the best option available in the market. You should buy it.

저희 자동차는 시장에서 고를 수 있는 옵션 중 최고입니다. 저희 자동차를 사세요.

➜ 청중에게 자동차 구매를 권유하는 발표의 핵심을 맨 마지막에 터트리고 있는데 문서화된 커뮤니케이션이 아닌 스피치에서 이런 구조로는 청중을 쉽게 설득시킬 수 없습니다.

If you're looking for a safe hybrid car, TGV is the answer.

안전한 하이브리드 자동차를 찾고 계신다면 TGV가 정답입니다.

➜ 결론에서는 새로운 정보를 제공하지 않고 미리 입증한 내용을 다시 한 번 재확인하며 깔끔하게 마무리합니다. 청중이 이 차를 사고 싶게 만드는 구조입니다.

귀납적 방법을 조금 더 포괄적으로 이해하면 다음과 같이 정의해 볼 수 있습니다. 일반적으로 발표를 시작하거나 새로운 화제로 대화를 시작할 때 대부분 〈What-How-Why〉의 순서로 논리를 전개합니다. What 부분에서 무엇인지에 관한 구체적인 설명이 먼저 들어가기 때문에 위에 설명된 동양식 대화법, 즉 연역법 구조로 전개되기 쉽지요. 이런 구조를 저는 Onion Ring Concept라고 부릅니다. 하지만 이제는 생각의 구조를 뒤집어 〈Why-How-What〉의 구조로 전개하는 연습을 해야 합니다. 가장 가운데의 핵심 구조인 Why를 먼저 밝히면서 겉껍질인 How와 What을 벗겨가는 과정이지요. 겉부터 하나씩 벗겨가며 핵심을 밝히는 〈What-How-Why〉 구조와는 다르게 핵심 축의 내용을 먼저 전달하는 구조입니다.

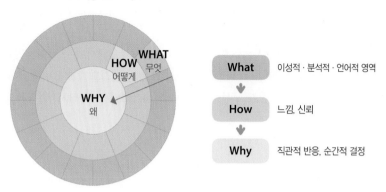

Onion Ring Concept

What	이성적 · 분석적 · 언어적 영역
How	느낌, 신뢰
Why	직관적 반응, 순간적 결정

도대체 왜 이런 구조로 발표를 준비해야 하는지 이해가 안 가는 분들을 위해 다음과 같은 간단한 예를 보여 드리죠.

흔히 저지르는 실수 예 1)

We make great computers. (What)
우리는 대단한 컴퓨터를 만들지요.

They are beautifully designed, easy to use and affordable. (How)
저희 컴퓨터는 디자인이 예쁘고, 사용하기 쉽고 가격도 적당합니다.

So you should buy our computers. (Why)
여러분은 저희 컴퓨터를 구매하셔야 합니다.

흔히 저지르는 실수 예 2)

We are an international law firm. (What)
저희는 국제 법률 사무소입니다.

We have great lawyers. (How)
저희는 훌륭한 변호사들을 보유하고 있습니다.

So do business with us. (Why)
그러니 저희와 함께 사업을 하십시오.

아주 흔히 볼 수 있는 구조로 대부분의 경우 우리는 이런 식으로 생각을 전달하고 설득하려고 합니다. 이런 구조가 발표자에게 득보다 독이 되는 이유는 다음과 같습니다.

인간의 뇌 구조는 단순한 것 같지만 굉장히 계산적이지요. 흔히 사용하는 스피치 구조인 〈What-How-Why〉 구조로 내용을 전달할 때 받아들이는 사람은 거부반응을 보이기 쉬운데 그 이유는 다음과 같습니다. What 부분에서 무엇인지의 대상을 이해하려는 구조는 인간의 뇌 기능 중 이성적 · 분석적이고 언어적인 영역에서 처리합니다. 발표의 첫인상을 남기는 서론 부분에서 너무 What에 집착하여 분석적인 정보나 사실에 접근하다 보면 청중은 쉽게 마음을 열지 못합니다.

스피치의 중간 부분에 세부 설명으로 들어가는 How 부분에서 청중은 앞서 받아들인 정보를 감정적으로 다루며 이 정보를 신뢰할 수 있는지 테스트하게 됩니다. 따라서 어떤 프레젠테이션 구조이건 중간 부분, 즉 본론에서는 상대를 설득할 수 있도록 정보나 내용을 중심으로 접근해야 합니다. How 부분에서 발표자는 사실을 기반으로 설득력 있게 전달하여 핵심 내용을 보충 설명해야 합니다.

목적이나 이유를 설명하는 Why 부분은 인간의 뇌 구조에서 직관적인 반응과 순간적인 결정을 내리는 부분에 속합니다. 무엇을 꼭 해야 하는 것이라고 결정하는 순간, 어떤 물건이 꼭 필요할 것만 같아 즉흥적으로 구매하는 것, 그리고 누군가에게 호감을 느껴 마음을 여는 것 등이 모두 Why에 속한 영역입니다.

문제는 〈What-How-Why〉 구조에서는 직감적·본능적 생각을 좌우하여 결정을 내리게 하는 Why 부분이 분석적이며 사실 기반인 What 부분에 가려져서 그 효능이 반감된다는 것이지요. 생각의 틀을 〈Why-How-What〉 구조로 전환하면 청중은 즉흥적·직관적인 결정을 내리게 되고 발표자의 말에 쉽게 동요됩니다. 즉, 발표자는 발표의 초반부터 청중의 마음을 움직일 수 있게 되는 것이죠.

〈What-How-Why〉 구조에서 〈Why-How-What〉 구조로 전환한 예를 살펴보죠.

〈What-How-Why〉 구조		〈Why-How-What〉 구조
We have great technology.	→	We offer solutions in business which are both efficient and eco-friendly. Save the cost and save the earth.
This system will improve efficiency, reduce production costs, and save the earth.	→	Our technology will improve your energy efficiency, reduce costs, and save the earth.
Adopt this technology.	→	Our Green Technology is the solution for your business.

프레젠테이션 무대 매너를 학습하라

프레젠테이션 무대에 섰을 때 청중에게 어떤 인상을 심어 주느냐는 발표 능력이나 내용 못지 않게 프레젠테이션의 성과에 많은 영향을 미칩니다. 발표자의 사소한 손 동작 하나, 눈맞춤 한 번에 따라 청중은 발표자의 말에 공감하고 호응하게 됩니다. 명품은 디테일로 승부한다는 사실, 알고 계시죠? 멋지게 보이는 것이 아니라 눈에 거슬리지 않는 자세와 태도가 중요하다고 할 수 있습니다. 프레젠테이션을 할 때 발표자가 갖춰야 할 가장 중요한 덕목은 바로 자신감 있는 태도인데요. 자신감이란 바로 이렇게 사소하지만 기본적인 몸가짐과 태도에서 비롯됩니다.

1. 발표 자세 연습

❶ 서 있는 자세: 평상시 사람들과 이야기할 때 양쪽 발을 어깨 넓이보다 약간 좁게 벌리고 균형 있는 자세로 똑바로 서 있는 연습을 합니다.

❷ 손 동작과 얼굴 표정: 거울 앞에 서서 말할 때의 표정과 손 동작을 연습합니다.

❸ 시선 맞추기: 집에 있는 가구들을 청중 한 사람 한 사람이라고 생각하고 눈을 맞추어 가며 말하는 연습을 합니다.

❹ 무대 활용: 내 방 안에 있는 가구들은 청중, 내가 서 있는 자리는 무대라고 생각하고 무대에서 이동하면서 말하는 연습을 합니다.

2. 의상

발표자는 그 분야의 전문가라는 인상을 줘야 하므로 가능하면 깔끔한 정장 차림이 좋습니다. 주제가 다소 가벼운 분야라면 세미 정장도 괜찮습니다. 남자는 짙은 색 양복이 가장 무난하고, 흰색 와이셔츠에 밝은 톤의 넥타이를 착용합니다. 이때 너무 현란한 색깔이거나 특이한 무늬가 있는 넥타이는 피하세요. 청중의 시선과 생각이 발표자의 옷차림에 쏠려 주의가 산만해질 수 있으니까요. 구두는 끈이 달린 검은색 정장용 구두를 신고 양말도 같은 검은색으로 통일시켜 주는 것이 가장 일반적인 스타일입니다.

남자에 비해 여자의 옷차림은 약간 까다로운 편인데요. 일반적으로 재킷과 치마를 입어야 정장이라고 생각하는데 꼭 그렇지는 않습니다. 정장 색깔은 남자에 비해 선택의 폭이 넓어서 짙은 색 외에 밝은 톤의 정장도 차분한 무늬라면 무난합니다. 구두는 뒤꿈치가 막힌 것이 정장용입니다. 그리고 특히 장신구 사용에 주의하세요. 화려한 금속 팔찌는 청중의 시선을 분산시킬 수 있으므로 피하는 것이 좋습니다. 장신구를 전혀 사용하지 않아도 지루하고 고리타분한 느낌을 줄 수 있으므로 포인트를 주는 작은 브로치를 하는 것은 괜찮습니다.

3. 제스처

프레젠테이션을 하기 위해 무대에 섰을 때 발표자들이 가장 어려워하지만 가장 중요한 기술이 두 가지 있습니다. 바로 손 동작과 시선 맞추기입니다. 우리나라 사람들은 대부분 말을 하면서 그에 어울리는 손 동작을 하는 것에 익숙하지 않지요. 그래서 많은 발표자들이 손을 어디에 두어야 할지 몰라서 손을 산만하게 움직이는데, 이는 경솔하고 가벼워 보일 수 있으므로 천천히 움직이는 습관을 길러야 합니다. 손 동작을 하는 범위는 너무 작거나 커서는 안 되며 중간 정도로 하는 것이 제일 좋습니다. 손가락을 바짝 모으거나 쫙 펼치는 것은 긴장한 것처럼 보이거나 어눌해 보일 수 있으므로 피하도록 합니다. 손가락을 적당히 펴지 않고 주먹을 꽉 쥔 상태로 발표하는 것도 보기 좋지 않습니다.

4. 시선 처리

❶ 몸은 시선을 주는 사람을 향하게 하고 그 사람 쪽으로 시선 맞추기를 하는 동시에 설명하면서 이동합니다.

❷ 한 사람에게 시선을 주는 시간이 너무 짧거나 길지 않게 합니다. 한 줄 정도의 문장 길이를 말하는 시간이 적당합니다.

❸ 반드시 말하면서 시선을 맞춰야 합니다.

5. 무대 활용

발표는 show라고 생각하세요. 발표자가 움직이지 않고 한 자리에만 가만히 서 있으면 보는 사람이 지루할 수 있습니다. 그래서 무대를 효율적으로 활용하는 것이 좋습니다. 이때 무대를 골고루 이용하되 적당한 보폭으로 천천히 이동하세요. 방향을 바꾸어 움직일 때는 반드시 몸의 방향을 그쪽으로 먼저 돌린 다음 이동해야 합니다. 청중 쪽으로 이동한 뒤 다시 무대 쪽으로 돌아오는 경우에는 청중에게 등을 돌린 채 걷지 말고 천천히 옆으로 걸으면서 자연스럽게 이동하는 것이 좋습니다.

성공적인 영어 프레젠테이션을 위한 핵심 패턴

비즈니스 실무 현장에서 직접 사용한 프레젠테이션 자료를 바탕으로 필수 패턴을 선별했습니다. 핵심 패턴을 잘 익혀두면 간단히 변형하여 하고 싶은 말을 쉽게 구사할 수 있습니다. 성공적인 비즈니스를 위한 영어 프레젠테이션을 목표로 본격적인 학습을 시작해 봅시다.

프레젠테이션
시작하기

시작이 반이고, 경기의 시작이 승패를 가린다고 했습니다. 프레젠테이션 역시 시작이 중요합니다. 본론 설명만 잘한다고 해서 성공적인 프레젠테이션으로 평가 받는 것은 아닙니다. 청중이 발표자에 대해 신뢰감을 갖고 발표 내용에 충분히 집중할 수 있게 하려면 프레젠테이션을 시작할 때 그만큼의 공을 들여야 합니다. 초반에 청중을 사로잡는 발표자만이 연단에서 내려올 때 웃을 수 있다는 사실을 잊지 마세요. 프레젠테이션 서두에 다음 4가지 사항을 꼭 포함시키도록 합니다.

01 인사하기

▼

02 자기소개 하기

▼

03 프레젠테이션 주제 소개하기

▼

04 프레젠테이션 목적 알리기

01 인사하기

GX International 부서 회의에 오신 것을 환영합니다.

강의 및 예문듣기

웃으면 복이 온다는 말 아시죠? 프레젠테이션을 시작할 때 꼭 당부하고 싶은 첫 번째 사항은 밝게 인사하라는 것입니다. 환한 표정과 밝은 미소는 긴장되고 어색한 분위기를 부드럽게 풀어 주어 청중이 긍정적인 자세로 프레젠테이션에 귀 기울일 수 있게 해줍니다. 딱딱하게 굳은 표정과 태도는 청중을 긴장시켜 마음과 귀를 닫게 한다는 사실을 잊지 마세요. 자, 그럼 성공적인 프레젠테이션을 위한 인사말을 배워볼까요?

🎧 01-1.mp3

준비 단계
패턴 미리보기

인사하기 대표 패턴

* **GX International 부서 회의에 오신 것을 환영합니다.**
  Welcome to the department meeting of GX International.

* **안녕하십니까?**
  How are you all?

* **오늘 여러분과 이 자리에 함께할 수 있어서 기쁩니다.**
  I'm glad to be here with you today.

* **오늘 이 자리에 참석하게 되어 기쁩니다.**
  It's my pleasure to be here today.

* **제 프레젠테이션에 참석해 주셔서 감사합니다.**
  Thank you for attending my presentation.

프레젠테이션을 시작
할 때 유용한 패턴을
익히세요.

상황 01 **가장 기본적인 인사말**

다음은 프레젠테이션을 시작할 때 가장 많이 쓰이는 인사말입니다. 상황에 맞는 가벼운 인사와 간단한 환영의 말로 시작해 주세요.

대표표현 Hello, ladies and gentlemen. 신사 숙녀 여러분, 안녕하세요?

Good morning/afternoon/evening. 안녕하십니까? (시간에 따라 적절히 사용하세요.)

Welcome to the department meeting of GX International.
GX International 부서 회의에 오신 것을 **환영합니다.**

• Welcome to 장소 · 행사 ~에 오신 것을 환영합니다

상황 02 **가까운 사람들에게 편하게 인사할 때**

동료 또는 상사와 함께하는 사내 프레젠테이션이나 업무상 자주 만나는 사람들을 대상으로 하는 편안한 분위기의 프레젠테이션에서는 How are you?나 I'm glad~ 등을 사용해도 좋습니다.

대표표현 How are you all? 다들 안녕하십니까?

How are you **doing** today? 오늘 다들 안녕하십니까?

How is everyone **doing** here today? 여기 계신 모든 분들 안녕하시죠?

How have you **been?** 그간 잘 지내셨습니까?
❗ 이미 안면이 있는 청중들과 오랜만에 만났을 경우에 사용하세요.

대표표현 I'm glad to be here with you today.
오늘 여러분과 이 자리에 함께할 수 있어서 **기쁩니다.**

I'm glad to be able to speak in front of you today.
오늘 여러분 앞에서 말할 수 있게 되어 **기쁩니다.**

I'm glad to be invited to today's talk.
오늘 발표에 초대 받아 **기쁩니다.**

I'm happy to be here.
이 자리에 서게 되어 **기분이 좋습니다.**

외부 인사나 고위 간부가 참석한 프레젠테이션에서는 좀 더 정중하고 격식 있는
인사말을 사용하는 것이 좋습니다.

> **대표표현** **It's my pleasure to be here today.**
>
> 오늘 이 자리에 참석하게 되어 기쁩니다.

It's my pleasure to give this presentation today.
오늘 이 프레젠테이션을 하게 되어 기쁩니다.

It's my pleasure to be able to speak in front of you all.
여러분들 앞에서 이야기할 수 있게 되어 기쁩니다.

It's my honor to be here with you.
여러분과 함께하게 되어 영광입니다.

* give a presentation 프레젠테이션을 하다

> **대표표현** **How nice to be here with you all!**
>
> 여러분 모두와 이 자리에 함께하게 되어 정말 기쁩니다!

How great to see you all!
여러분 모두 뵙게 되어 정말 기쁩니다!

What a great chance to meet you all!
여러분 모두를 만날 좋은 기회를 갖게 되어 기쁩니다!

What a wonderful opportunity to give a presentation today!
오늘 프레젠테이션을 할 기회를 갖게 되어 정말 기쁩니다!

> **대표표현** **Thank you for giving me this opportunity** to present
> **this issue.** 이 안건을 발표할 이런 기회를 주셔서 감사합니다.

Thank you for granting me this presentation opportunity.
이 프레젠테이션 기회를 허락해 주셔서 감사합니다.

Thank you all for letting me talk here tonight.
오늘밤 저에게 이 자리에서 발표할 기회를 주셔서 모두 감사드립니다.

* grant (주로 공식적 · 법적으로) 승인하다, 허락하다

Thank you for participating in this meeting today.

오늘 이 회의에 **참석해 주셔서 감사합니다.**

Thank you for taking part in this presentation today.

오늘 이 프레젠테이션에 **참석해 주셔서 감사합니다.**

• participate in ~에 참석하다 • take part in ~에 참석하다

 **Winner's Expression** 기타 색다른 인사법

I appreciate your attendance.

참석해 주셔서 감사합니다.

I see many familiar faces here.

이 자리에 낯이 익은 얼굴들이 많이 보이네요.

I hope this presentation doesn't make you doze off.

이 프레젠테이션을 듣고 졸지 않길 바랍니다.

Hope most of you are well today.

오늘 모두 안녕하시죠?

🎧 01-3.mp3

2단계

문장 만들기

문제를 풀고 정답을
확인한 후 mp3를
들으며 소리 내어 연습
하세요.

❶ 이 프레젠테이션의 기회를 주셔서 감사합니다.　give, opportunity

🎤 ....

❷ 여러분과 이 자리에 함께하게 되어 영광입니다.　honor, here

🎤 ....

❸ 저희의 새로운 법인 구조에 관한 이 프레젠테이션에 참석하신 것을 환영합니다.
welcome, corporate structure

🎤 ....

❹ 저와 함께 이 발표에 참석해 주셔서 감사합니다.　participate, talk

🎤 ....

❺ 여러분 모두와 이 자리에 함께하게 되어 정말 기쁩니다!　how nice, here

🎤 ....

❻ 이 제안을 발표할 수 있는 이런 기회를 주셔서 감사합니다.
opportunity, present, proposal

🎤 ....

❼ 여러분 모두 앞에서 제 의견을 말할 수 있게 되어 기쁩니다.
pleasure, state my opinion

🎤 ....

모범 영작

❶ Thank you for giving me this presentation opportunity. ❷ It's my honor to be here with you.
❸ Welcome to this presentation about our new corporate structure. ❹ Thank you for participating in this talk with me. ❺ How nice to be here with you all! ❻ Thank you for giving me this opportunity to present this proposal. ❼ It's my pleasure to be able to state my opinion in front of you all.

02 자기소개 하기

이미 아시는 분들도 계시겠지만 저는 마케팅부 수잔 김입니다.

강의 및 예문듣기

청중에게 인사를 했다면 이제는 자신이 누구이며 어느 부서 소속인지를 밝히는 것이 순서입니다. 프레젠테이션에 참석한 청중이 자신을 잘 아는 부서 동료나 회사 관계자로 구성되었다 하더라도 이는 마찬가지입니다. 명확한 자기소개는 청중으로 하여금 발표자에 대한 신뢰감을 심어 주고 발표가 책임자에 의해 진행되고 있다는 안도감을 줍니다.

🎧 02-1.mp3

준비 단계

패턴 미리보기

자기소개 대표 패턴 🤝

＊ **여러분 대다수가 이미 아시다시피** 저는 마케팅부 수잔 김입니다.
As most of you already know, **I am** Susan Kim **from** the Marketing Department.

＊ 제 소개를 하면서 시작하겠습니다.
Let me start by introducing myself.

＊ 먼저 제가 누구인지 말씀드리죠.
Let me tell you who I am first.

＊ 저는 새로 온 프로젝트 매니저입니다.
I'm a new project manager.

＊ 저는 X 프로젝트를 담당하고 있습니다.
I'm in charge of the X Project.

1단계

핵심표현 익히기

프레젠테이션을 시작
할 때 유용한 패턴을
익히세요.

상황 01 **청중의 대부분이 발표자를 알고 있을 때**

청중의 대부분이 발표자를 알고 있는 경우, 청중이 같은 회사나 조직의 구성원
들로 이루어져 있는 경우에는 자기소개를 굳이 길게 할 필요 없이 이름과 부서,
혹은 소속기관만 간단히 말하면 됩니다. 이때는 〈I'm 이름 from 부서(저는 ~부
의 (이름)입니다)〉 패턴이 자주 사용됩니다.

대표표현 **As most of you already know, I am Susan Kim from the Marketing Department.**

여러분 대다수가 이미 아시다시피 **저는** 마케팅부 수잔 김**입니다.**

As some of you already know, **I'm** Lee Deahan **from** the Planning Department.
이미 아시는 분들도 계시겠지만 **저는** 기획부 이대한**입니다.**

For those of you who don't know me, let me introduce myself. **I'm** Susan Kim.
저를 모르시는 분들을 위해 제 소개를 하겠습니다. **저는** 수잔 김**입니다.**

I think most of you know me already, but just in case you don't remember, **I'm**
Susan Kim.
여러분들 대다수가 이미 저를 알고 계실 거라고 생각합니다만 기억을 못하실 수도 있으니 다시 말씀드리죠. **저는**
수잔 김**입니다.**

* in case ~ ~할 경우를 대비해서

상황 02 **청중의 대부분이 발표자를 모르고 있을 때**

먼저 자신을 소개하겠다는 말을 한 다음에 이름을 말하고 자세한 직책을 소개합
니다.

대표표현 **Let me start by** introducing myself.   먼저 제 소개를 드리겠습니다.

Let me start by saying just a few words about myself.
저에 대해 몇 마디 하**면서 시작하겠습니다.**

Let me just start off by introducing myself.
제 소개를 하**면서 시작하겠습니다.**

Let me tell you who I am **first.**
먼저 제가 누구인지 **말씀드리죠.**

Wimmer's Tip

자기소개를 한다고 나이, 고향,
가족 관계 등을 장황하게 늘어
놓는 실수는 하지 않도록 합시
다. 자기소개는 이름과 부서, 직
책 정도면 충분합니다.

자신의 직책을 소개할 때

직책을 소개할 때는 본인의 소속부서 및 직함과 함께 담당하고 있는 업무나 프로젝트를 포함시켜도 좋습니다.

대표표현 **I'm a new project manager.**   저는 새로 온 프로젝트 매니저**입니다.**

I'm an R&D consultant.   저는 연구개발 컨설턴트**입니다.**

I'm a senior engineer.   저는 수석 엔지니어**입니다.**

상황 04 **자신의 담당 업무를 소개할 때**

Winner's Tip

회사 이름과 담당 업무를 동시에 말할 때는 자신의 담당 업무 뒤에 〈at + 회사 이름〉을 넣어주면 됩니다.

I'm in charge of promotion at Sussex Insurance Company. 저는 서섹스 보험회사에서 홍보를 담당하고 있습니다.

담당 업무는 I'm in charge of ~(저는 ~을 맡고 있습니다)나 I'm responsible for ~(저는 ~을 책임지고 있습니다)를 이용해서 설명하면 됩니다.

대표표현 **I'm in charge of the X Project.**   저는 X 프로젝트를 담당하고 있습니다.

I'm in charge of running this project.
제가 이 프로젝트 운영을 **담당하고** 있습니다.

I'm responsible for corporate finance at our firm.
저는 저희 회사의 자금 업무를 **책임지고** 있습니다.

 Winner's Expression   **기타 자기소개를 하는 방법**

I'm in public relations. 저는 홍보부에서 근무합니다.

I'm sure most of you already know me. 여러분 대부분이 이미 저를 아실 거라고 믿습니다.

Thanks Mr. Park for introducing me. As he said, I'm an assistant manager of the HR department.
저를 소개해 주신 박 과장님께 감사드립니다. 말씀하신 것처럼 저는 인사부 대리입니다.

I have been in charge of this project for the last few months.
지난 몇 달간 저는 이 프로젝트를 담당해 왔습니다.

It's needless to mention who I am, right? 제가 누구인지 말 안 해도 다 아시죠?

❗ 조금 건방지게 들릴 수도 있으므로 잘 아는 사람들을 대상으로 하는 캐주얼한 발표에서만 사용합니다.

🎧 02-3.mp3

2단계

문장 만들기

문제를 풀고 정답을
확인한 후 mp3를
들으며 소리 내어 연습
하세요.

① 여러분 대다수가 이미 아시다시피 저는 재무부의 박승철입니다.

most, Finance Department

🎤 ....

② 저에 대해 몇 마디 하면서 시작하겠습니다.   let me, a few words

🎤 ....

③ 저는 구조조정 정책을 책임지고 있습니다.   responsible, restructuring policy

🎤 ....

④ 저는 XG Communications의 수석 컨설턴트입니다.   senior consultant

🎤 ....

⑤ 저는 지난 몇 년 동안 해외 공장 관리를 담당해 왔습니다.

in charge of, manage, overseas

🎤 ....

⑥ 저는 새로 온 연개개발 컨설턴트입니다.   consultant

🎤 ....

⑦ 저를 모르시는 분들을 위해 제 소개를 하겠습니다. 저는 수잔 김입니다.

those of you, introduce myself

🎤 ....

모범 영작

① As most of you already know, I'm Park Seung-chul of the Finance Department. **②** Let me start by saying just a few words about myself. **③** I'm responsible for restructuring policy. **④** I'm a senior consultant at XG Communications. **⑤** I've been in charge of managing overseas factories for the last few years. **⑥** I'm a new R&D consultant. **⑦** For those of you who don't know me, let me introduce myself. I'm Susan Kim.

03 프레젠테이션 주제 소개하기

오늘 프레젠테이션의 주제는 국제 경기 안정에 있어서 IMF의 역할입니다.

강의 및 예문듣기

인사와 자기소개가 끝났다면 이제 본격적으로 프레젠테이션을 시작할 차례입니다. 먼저 오늘 자신이 발표할 내용의 주제나 목적이 무엇인지 청중에게 소개해 주세요. 프레젠테이션 주제를 말할 때는 너무 장황하고 길게 설명할 필요가 없습니다. 발표할 내용이 무엇(what)에 관한 내용인지를 한 문장으로 요약해 주면 됩니다.

🎧 03-1.mp3

준비 단계
패턴 미리보기

주제 소개 대표 패턴 👤💬

* 오늘 프레젠테이션의 주제는 우리의 효율성을 어떻게 개선하느냐입니다.
The topic of today's presentation is how to improve our efficiency.

* 제 발표 주제는 그리스 금융위기의 원인에 관한 것입니다.
My presentation topic is on the causes of the financial crisis in Greece.

* 저희 신상품의 특징을 여러분께 소개하고 싶습니다.
I'd like to introduce you to some of the special features in our new product.

* 저희의 새로운 마케팅 전략을 알려 드리겠습니다.
I'm going to inform you of our new marketing strategies.

* 인플레이션을 제어하는 데 있어서 은행의 역할에 대해 간단히 설명해 드리지요.
Let me brief you on the role of banks in controlling inflation.

프레젠테이션을 시작
할 때 유용한 패턴을
익히세요.

상황 01 **공식적인 자리에서 주제를 말할 때**

장황한 표현보다는 핵심적인 단어나 구로 본문 내용을 요약해 주는 것이 효과적
입니다. 따라서 군더더기 표현을 빼고 간략하면서도 세련된 단어를 사용하도록
합니다. subject(주제), topic(주제), title(제목) 등을 이용해서 주제를 소개해 보
세요.

대표표현 **The topic of today's presentation is how to improve
our efficiency.**

오늘 프레젠테이션의 주제는 우리의 효율성을 어떻게 개선하느냐**입니다.**

The subject of my presentation is to give you a brief outline of our sales
strategies.
제 프레젠테이션의 주제는 저희 매출 전략의 간단한 개요를 보여 드리는 것**입니다.**

• give an outline of ~의 개요를 말하다

The title of today's presentation is the role of the IMF in international
economic stability.
오늘 프레젠테이션의 제목은 국제 경기 안정에 있어서 IMF의 역할**입니다.**

대표표현 **My presentation topic is on the causes of the financial
crisis in Greece.** 제 발표 주제는 그리스 금융위기의 원인에 **관한 것입니다.**

• financial crisis 금융위기

My talk is about the growing political tension in Iran.
제 발표는 이란의 정치적 갈등 고조에 **관한 것입니다.**

• growing 커지는, 증대하는 • political tension 정치적 갈등

My presentation will cover recent trends in infectious disease control.
제 발표는 전염병 통제에 관한 최근 경향을 **다룰 겁니다.**

• infectious disease 전염병

대표표현 **I'd like to introduce you to some of the special
features in our new product.**

저희 신상품의 특징을 여러분께 **소개하고 싶습니다.**

I'd like to explain the latest technology in the semiconductor industry.
반도체 산업의 최신 기술에 대해 **설명해 드리고자 합니다.**

• semiconductor 반도체

I'd like to present you with some astonishing findings.
여러분께 몇 가지 깜짝 놀랄 만한 결과를 **발표해 드리고 싶습니다.**

• astonishing 놀라운, 깜짝 놀랄 만한 • finding 조사 결과, 발견

❗ I'd like to는 I would like to(~하고 싶습니다)의 축약형으로서 want to보다 격식 있는 표현입니다.

비공식적인 회의나 부서회의에서 주제를 말할 때

주어를 the purpose/topic/subject of this presentation으로 잡으면 딱딱하고 공식적인 느낌을 주므로, 잘 아는 동료나 상사들과의 격의 없는 회의 자리에서 주제를 말할 때는 I'm going to나 I'm gonna로 시작하는 것이 좋습니다.

Winner's Tip

will과 be going to
미리 세워진 계획이나 의도를 설명할 때는 be going to를, 말하는 순간에 즉흥적으로 결정한 것을 말할 때는 will을 사용합니다. 따라서 미리 준비된 프레젠테이션을 발표할 때는 be going to를 사용하는 것이 적합합니다.

대표표현 **I'm going to inform you of our new marketing strategies.** 저희의 새로운 마케팅 전략을 **알려 드리겠습니다.**

I'm going to compare the product range in our retail outlets.
저희 소매점의 제품군을 **비교해 드리겠습니다.**

• product range 제품군, 품목 • retail outlet 소매점

I'm going to summarize our business objectives.
저희의 사업 목표를 **요약해 드리겠습니다.**

대표표현 **Let me introduce briefly** the MRI-based accupuncture method. MRI를 기본으로 한 침술방법에 대해 **간략하게 소개해 드리지요.**

• accupuncture 침술

Let me brief you on the role of banks in controlling inflation.
인플레이션을 제어하는 데 있어서 은행의 역할에 대해 **간단히 설명해 드리지요.**

• brief A on B A에게 B를 간단히 설명하다 • inflation 인플레이션

Let me tell you why we need stand-up meetings every morning.
우리가 왜 매일 아침 서서 하는 회의를 진행할 필요가 있는지 **말씀을 드리지요.**

 **Winner's Expression**   **기타 프레젠테이션 주제를 소개하는 방법**

The important message I would like to deliver throughout this presentation is that in international negotiations, cultural differences must be taken into account.
이 프레젠테이션을 통해 제가 전달하고자 하는 중요한 메시지는 국제 교섭을 할 때 문화 차이를 고려해야 한다는 것입니다.

I would like to be heard on the following points that I make.
제가 말씀드리는 다음 사항을 잘 들어 주셨으면 합니다.

The crux of this presentation is to emphasize the application of new programs we adopted a few months ago. 이 프레젠테이션의 핵심은 몇 달 전 도입한 새로운 프로그램의 적용을 강조하는 것입니다.

• crux (문제나 쟁점의) 가장 중요한 부분

문제를 풀고 정답을
확인한 후 mp3를
들으며 소리 내어 연습
하세요.

① 오늘 프레젠테이션의 주제는 식스 시그마 경영의 문제점을 설명해 드리는 것입니다.

topic, problem, Six Sigma management

🎤 ....

② 저희의 주 유통경로에 관해 말씀드리겠습니다.   talk, distribution channel

🎤 ....

③ 생화학 제품의 최신 기술에 대해 설명해 드리고 싶습니다.   biochemical product

🎤 ....

④ 저희의 새로운 마케팅 전략을 알려 드리겠습니다.   inform, marketing strategy

🎤 ....

⑤ 저희 상품 라인의 제품군을 비교해 드리겠습니다.   product range, product line

🎤 ....

⑥ 오늘 프레젠테이션의 제목은 주택에 유비쿼터스 기술을 적용하는 것입니다.

application, ubiquitous technology, housing

🎤 ....

⑦ 여러분께 놀라운 결과를 발표해 드리고 싶습니다.   present, suprising findings

🎤 ....

모범 영작

❶ The topic of today's presentation is to explain the problems of Six Sigma management.
❷ I'm going to talk about our major distribution channels. ❸ I'd like to explain the latest
technology in biochemical products. ❹ I'm going to inform you of our new marketing strategies.
❺ I'm going to compare the product range of our product lines. ❻ The title of today's presentation
is the application of ubiquitous technology in housing. ❼ I'd like to present you with some
surprising findings.

04 프레젠테이션 목적 알리기

구조조정 계획에 대한 대안을 제시하는 것이 오늘 발표의 목적입니다.

강의 및 예문듣기

프레젠테이션의 주제를 청중에게 요약해 주었다면 이제 프레젠테이션의 목적을 이야기할 차례입니다. 프레젠테이션의 주제와 목적은 같은 것 아니냐고요? 천만의 말씀입니다. 프레젠테이션의 주제는 프레젠테이션이 무엇(what)에 관한 것이냐이고, 프레젠테이션의 목적은 왜(why) 프레젠테이션을 하느냐에 관한 것이죠. 따라서 청중에게 이 프레젠테이션을 통해 궁극적으로 다루고자 하는 목적이 무엇인지 분명히 제시해 줘야 합니다. 이를 통해 청중은 프레젠테이션을 좀 더 경청하게 됩니다.

🎧 04-1.mp3

준비 단계
패턴 미리보기

목적 소개 대표 패턴 👤💬

* 본 프레젠테이션의 목적은 저희의 새로운 고용 정책의 몇 가지 사항을 명확히 하는 것입니다.
  The goal of this presentation is to clarify some issues in our new employment policy.

* 제가 오늘 전달하고 싶은 주요 메시지는 '멘토링의 중요성'입니다.
  The key message I would like to deliver today is "the importance of mentoring."

* 이 발표는 그 임대 계약의 세금 부분을 강조하기 위해 마련되었습니다.
  This talk is designed to emphasize the tax angle of the leasing arrangement.

프레젠테이션을 시작
할 때 유용한 패턴을
익히세요.

상황 01 명사를 이용해서 목적을 알릴 때

발표의 주제만 전달해서는 청중이 발표를 '왜' 들어야 하는지에 대한 답변이 불충분한 경우가 많습니다. 그래서 발표의 목적을 시작 부분에서 명확하게 알려주는 것이 좋습니다. '목표'라는 뜻을 가진 명사 aim, purpose, goal을 이용하거나 key message(주요 메시지)나 key objective(주 목적)를 이용해서 목적을 분명히 전달해 주세요.

> **대표표현** **The goal of this presentation is to clarify some issues in our new employment policy.**
> **본 프레젠테이션의 목적은** 저희의 새로운 고용 정책의 몇 가지 사항을 명확히 하는 것**입니다.**

The aim of this presentation is to update you on our latest international deals.
저희의 최근 국제 거래에 관한 최신 정보를 알려 드리는 것이 **이 프레젠테이션의 목적입니다.**

> • update A on~ A에게 ~에 대한 최신 정보를 제공하다

The purpose of this presentation is to suggest some alternatives to our restructuring plans.
저희 구조조정 계획에 대한 대안을 제시하는 것이 **본 프레젠테이션의 목적입니다.**

> • alternative 대안 • restructuring 구조조정

The bottom line of this presentation is to suggest some ways to raise the competitiveness of our latest products.
이 프레젠테이션에서 가장 중요한 사항은 저희 신제품의 경쟁력을 올리는 몇 가지 방법을 제시하는 것**입니다.**

> • bottom line 가장 중요한 사항, 핵심 • competitiveness 경쟁력

> **대표표현** **The key message I would like to deliver today is "the importance of mentoring."**
> 제가 오늘 전하고 싶은 주요 메시지는 '멘토링의 중요성'**입니다.**

The key message of today's presentation is sharing your talent.
오늘 프레젠테이션의 주요 메시지는 당신의 재능을 나누는 것**입니다.**

> • talent 재능

The key objective of this talk is how to build trust with your employees.
이 발표의 주 목적은 직원들과 어떻게 신뢰를 쌓을 것이냐**입니다.**

동사를 이용해서 목적을 알릴 때

be designed to(~하기 위해 마련되다), be prepared to(~하기 위해 준비되다), be organized to(~하기 위해 마련되다) 등의 동사구를 이용하여 간접적으로 목적을 나타낼 수도 있습니다.

대표표현 **This talk is designed to emphasize the tax angle of the leasing arrangement.**

이 발표는 그 임대 계약의 세금 부분을 강조하기 위해 마련되었습니다.

• **tax angle** 세금 부분 • **lease** 임대차 (계약) • **arrangement** 협정, 조정

This presentation was prepared to update our current status in the domestic steel market.

이 프레젠테이션은 국내 철강시장에서 저희의 최근 현황을 알려 드리기 위해 준비되었습니다.

• **status** 상태 • **domestic** 국내의

This presentation is organized to give you a brief outline of our new business.

이 프레젠테이션은 저희 신규 사업에 대해 간단한 개요를 말씀드리고자 마련되었습니다.

• **organize** 조직하다, 편성하다

문제를 풀고 정답을
확인한 후 mp3를
들으며 소리 내어 연습
하세요.

❶ 이 프레젠테이션의 목적은 매출을 올리기 위한 정책을 제안하는 것입니다.

purpose, come up with

🎤 ....

❷ 이 발표는 저희 회사의 이미지를 새롭게 하기 위한 신규 로고 제작의 중요성을 강조 하기 위해 마련되었습니다. organized, emphasize, importance, logo, refreshen

🎤 ....

❸ 이 프레젠테이션에서 가장 중요한 것은 저희의 신제품의 품질을 향상시키기 위해 실 행계획을 제시하는 것입니다. bottom line, suggest, action plan, latest

🎤 ....

❹ 본 발표는 공장 관리의 중요성을 강조하기 위해 마련되었습니다.

designed, emphasize, topic, management

🎤 ....

❺ 저희의 경영 철학을 알리는 것이 이 프레젠테이션의 목적입니다.

aim, publicize, management philosophy

🎤 ....

❻ 이 프레젠테이션은 국내 LCD시장에서 저희의 경쟁력을 강화하기 위해 준비되었습니 다. consolidate, competitiveness, domestic

🎤 ....

모범 영작

❶ The purpose of this presentation is to come up with some policies to raise sales. ❷ This talk is organized to emphasize the importance of making a new logo to refreshen our company image. ❸ The bottom line of this presentation is to suggest some action plans to improve the quality of our latest products. ❹ This talk is designed to emphasize the importance of factory management. ❺ The aim of this presentation is to publicize our management philosophy. ❻ This presentation was prepared to consolidate our competitiveness in domestic LCD market.

3단계
실전에 응용하기

실전 프레젠테이션 훈련 ❶

Unit 01~04에서 배운 표현들이 실제 프레젠테이션에서 어떻게 활용되는지 확인해 보세요.

---

1. 캐주얼한 프레젠테이션 시작하기

p r e s e n t a t i o n

How is everyone doing here today? Let me just start off by introducing myself. As most of you already know, I'm kelly Spacey from the Marketing Department. I'm in charge of advertising our new line of deodorants. In this presentation, I'm going to brief you on the advertising strategies of our competitors. The purpose of this presentation is to suggest some advertising strategies to boost up the sales of our new line of deodorants.

여기 계신 모든 분들, 안녕하십니까? 제 소개를 하면서 시작하도록 하죠. 여러분 대다수가 아시다시피 저는 마케팅부의 켈리 스페이시입니다. 저는 우리의 데오도란트 신제품의 광고를 담당하고 있습니다. 이 프레젠테이션에서 저는 저희 경쟁사의 광고 전략을 간단히 설명해 드리려고 합니다. 이 프레젠테이션의 목적은 저희의 데오도란트 신제품의 매출을 높이기 위한 광고 전략을 제시하는 것입니다.

• **advertise** 광고하다 • **new line of** 새로운 ~제품군 • **deodorant** 데오도란트, 체취 억제용 화장품 • **brief A on B** A에게 B를 간단히 설명하다 • **strategy** 전략 • **boost up** 증가시키다

2. 공식적인 프레젠테이션 시작하기 · presentation

Good afternoon, ladies and gentlemen. Welcome to ABC Motors. It's my honor to be able to speak here in front of you all. Let me start by saying just a few words about myself. I'm Jason Lee, director of the Finance Department. Today, I'd like to summarize the financial report of the previous fiscal year. Today's presentation is designed to give you some valuable information on your investment plan for the following fiscal year.

신사 숙녀 여러분, 안녕하십니까? ABC Motors에 오신 것을 환영합니다. 여기 여러분 모두 앞에서 이야기할 수 있게 되어 영광입니다. 제 소개를 몇 마디 하면서 시작하겠습니다. 저는 재무부장 제이슨 리입니다. 오늘 저는 이전 회계연도의 재무 보고서를 요약해 드리고자 합니다. 오늘 프레젠테이션은 여러분의 다음 회계연도 투자 계획에 유용한 정보를 제공해 드리기 위해 구성되었습니다.

• director 이사, 부장 • summarize 요약하다 • financial report 재무 보고서 • previous 앞의, 이전의 • fiscal year 회계연도
• valuable 유용한 • investment plan 투자 계획 • following 그 다음의

프레젠테이션을 시작할 때 주의해야 할 5가지 포인트

1. **청중의 환심을 사라**

   프레젠테이션을 시작할 때는 자신감 있는 표정과 태도, 목소리로 청중의 환심을 사도록 하세요. 당신이 떨고 있거나 불안한 모습을 보인다면 청중은 그것을 단번에 알아보고 당신의 능력을 의심하게 됩니다. 손을 만지작거리거나 발을 떠는 등 무의식 중에 반복하는 행위나 정돈되지 않은 말투는 청중의 주의를 산만하게 해서 청중이 발표 내용에 충분히 집중할 수 없게 합니다. 청중을 위한 프레젠테이션이지만 주도권까지 청중에게 넘겨줘서는 안 됩니다. 특히 장비 및 프린트물 준비는 반드시 프레젠테이션 시작 전에 마치고 모든 청중이 착석한 후 발표를 시작하세요. 청중이 당신의 말을 들을 준비가 되었다고 생각될 때 발표를 시작해야 합니다.

2. **주제를 확실히 밝혀라**

   프레젠테이션은 숨은그림찾기나 반전게임이 아닙니다. 발표를 한참 듣고 나서야 무슨 내용인지 알아챌 수 있게 하는 서스펜스 드라마도 아니죠. 훌륭한 발표자는 발표 내내 청중이 프레젠테이션의 주제를 잊지 않고 기억하게 하는 사람입니다. 따라서 특별하게 청중을 놀라게 하거나 주제를 숨겨야 할 이유가 있지 않는 한(장담하건대 비즈니스 관계에서 이럴 이유는 절대 없습니다!) 프레젠테이션의 주제는 발표 시작 단계에서 명확히 밝혀 주세요.

3. **서론은 간단명료하게 끝내라**

   프레젠테이션 서두에서 불필요한 얘기로 시간을 낭비해서는 안 됩니다. 인사, 발표자 소개, 발표 주제와 목적을 설명하고 발표에 관한 기타 안내를 하는 것으로 충분하죠. 프레젠테이션과 직접적으로 관련이 없는 장황한 얘기로 시간을 흘려 보내는 실수를 범하지 않도록 주의하세요.

4. **청중과 나의 관계를 정확히 인식시켜라**

   발표자는 청중에게 자신의 위상을 정확히 인식시켜야 합니다. 발표자가 동료인지, 전문가(expert)인지, 부하 직원인지를 청중이 분명히 알 수 있어야 한다는 말입니다. 이것은 프레젠테이션을 진행함에 있어 표현의 수위 조절에 필요할 뿐만 아니라 발표자에 대한 청중의 태도에도 영향을 미칩니다. 그러기 위해서는 청중이 누구인지를 미리 알아둘 필요가 있지요. 전문가로서 정보를 제공해야 할 경우에는 청중이 신뢰할 수 있는 전문가로서의 이미지로, 상사 앞에서 보고서 내용을 발표할 경우에는 부하 직원으로서의 이미지를 갖춰야 하기 때문입니다. 그러나 어느 경우에든 발표 내용을 정확히 파악하고 있다는 인상을 주는 것이 가장 중요하다는 사실, 잊지 마세요.

066

5. 프린트물에 프레젠테이션의 내용을 다 적지 마라

많은 사람들이 발표 내용이 빠짐없이 기록된 프린트물을 배포하는 실수를 저지르곤 합니다. 부족한 영어 실력을 보완하는 하나의 방편이 되긴 하지만 가능하면 이것은 피하는 것이 좋습니다. 청중들이 프레젠테이션 내내 고개를 숙이고 프린트물만 읽고 있는 광경을 보고 싶지 않다면 말이죠. 프레젠테이션은 청중에게 정보를 이해하기 쉽게 전달하는 데 그 목적이 있습니다. 따라서 청중이 발표를 통해 내용을 쉽게 이해했을 때 비로소 성공적인 프레젠테이션이라고 할 수 있습니다. 프린트물은 가능하면 발표 전에 참석자에게 미리 전달하도록 하고 부득이하게 발표 현장에서 배포하는 경우에도 요점만 정리해서 프레젠테이션 동안 청중들이 발표자의 말에 좀 더 귀를 기울이도록 유도하세요.

프레젠테이션 개요와 공지사항 소개하기

자기소개를 하고 프레젠테이션의 주제와 목적을 밝혔다면 이제는 발표의 전체적인 흐름을 알려줘야 합니다. 본론에서 다루게 될 구체적인 내용을 미리 요약·정리해 주고, 발표가 어떤 방식으로 진행될 것인지를 사전에 알려 줌으로써 청중이 지도 없는 산행을 한다는 불안감을 느끼지 않게 해 주세요. 프레젠테이션은 서프라이즈 파티가 아니니까요. 프레젠테이션의 개요를 알릴 때는 다음 3가지 사항을 포함시키는 것이 좋습니다.

05 프레젠테이션 시작 알리기

▼

06 프레젠테이션 개요 소개하기

▼

07 공지사항 안내하기

05 프레젠테이션 시작 알리기

몇 가지 질문을 드리며 프레젠테이션을 시작해 보지요.

강의 및 예문듣기

프레젠테이션의 주제 및 목적을 제시한 다음에는 발표의 시작을 알리는 표현으로 프레젠테이션을 시작합니다. 이때 발표할 내용의 개요를 간단명료하게 전달하는 것이 좋습니다. 전반적인 내용을 일목요연하게 요약하고 수치자료나 그림, 음악, 동영상 등을 활용하는 것도 좋습니다. 하지만 처음부터 너무 과한 느낌을 주면 프레젠테이션에 지나친 기대를 심어 주어 오히려 역효과를 볼 수도 있으니 주의하세요.

🎧 05-1.mp3

준비 단계

패턴 미리보기

시작 알리기 대표 패턴

* **자, 몇 가지 질문을 드리며 프레젠테이션을 시작해 보지요.**
  Now, let's begin the presentation by asking you some questions.

* **저희의 현 상태를 간단히 살펴보면서 시작하지요.**
  Let me start off by outlining our current status.

* **이 판매 수치를 조금 살펴보면서 시작하겠습니다.**
  I will begin by looking at some of these sales figures.

* **여러분에게 질문을 하나 드리면서 시작하고 싶습니다.**
  I'd like to open up by asking you a question.

* **오늘 우리가 왜 이 자리에 모였는지 알고 계십니까?**
  Do you know why we are here today?

프레젠테이션의 개요와
공지사항을 소개할 때
유용한 패턴을 익히세요.

상황 01 **어떤 내용으로 시작할지 알려줄 때**

now는 '지금'이라는 뜻뿐만 아니라, 구어체에서 뭔가를 시작하면서 '자', '이제'라는 뜻으로도 자주 쓰입니다. '~하면서'는 by -ing 구문을 이용하면 편리합니다.

대표표현 Now, let's begin the presentation by asking you some questions. 자, 몇 가지 질문을 드리며 프레젠테이션을 시작해 보지요.

Now, let's begin the presentation by outlining our company policy.
자, 저희 회사 정책을 간단히 설명하며 프레젠테이션을 시작해 보지요.

• outline 개요를 설명하다

Now, let me begin the presentation by showing you some numbers.
자, 몇 가지 수치를 보여 드리는 것으로 프레젠테이션을 시작할까 합니다.

대표표현 Let me start off by outlining our current status.
저희의 현 상태를 살펴보면서 시작하지요.

• start off 착수하다

Let me start off by discussing these figures.
이 수치들에 대해 논의하면서 시작하지요.

• figure 숫자, 수

Let me start off by distributing this handout.
이 유인물을 나눠 드리면서 시작하겠습니다.

• handout 인쇄물, 유인물

대표표현 I will begin by looking at some of these sales figures.
이 판매 수치를 조금 살펴보면서 시작하겠습니다.

I will begin by introducing some of the issues dealt with in this presentation.
이 프레젠테이션에서 다룰 사항들을 소개하면서 시작하겠습니다.

I will begin by going over the main points of my presentation.
제 프레젠테이션의 주요 사항들을 살펴보면서 시작하겠습니다.

• go over 살펴보다, 검토하다

대표표현 I'd like to open up by asking you a question.
여러분에게 질문을 하나 드리면서 시작하고 싶습니다.

• open up (행동을) 시작하다

I'd like to open up by distributing a short summary of last year's sales figures.
작년 매출액에 관한 간단한 요약본을 나누어 드리면서 시작하고 싶습니다.

I'd like to open up by introducing a few observations.
몇 가지 소견을 말씀드리면서 시작하고 싶습니다.

• observation (관찰에 따른) 의견, 논평

상대방에게 답을 묻는 것이 아니라 발표자가 문제점을 역설하거나 강조하기 위해 사용하는 질문을 '수사 의문문'이라고 합니다. 이 질문법은 프레젠테이션의 시작을 알리면서 청중의 관심을 발표 내용으로 유도할 때 매우 효과적인 방법입니다. 다소 지루해질 수 있는 프레젠테이션에 양념 문장으로 활용하면 좋습니다.

대표표현 **Do you know** why we are here today?

오늘 우리가 왜 이 자리에 모였는지 **알고 계십니까?**

Does everyone know how it is to reform the existing policy?

기존 정책을 개정한다는 것이 어떤 것인지 **모두 알고 계십니까?**

• existing 기존의, 현행의

What is "globalization"? '세계화'란 **무엇일까요?**

• globalization 세계화

get the show on the road와 get the ball rolling은 '시작하다'는 뜻의 관용 표현이에요. get이 들어간 이 표현들을 이용하면 보다 동적인 느낌을 줍니다.

대표표현 **Let's get the show on the road.**

자, 슬슬 시작해 봅시다.

Let's get the show on the road with a few observations about R&D.

연구개발에 관한 몇 가지 의견**으로 발표를 시작하겠습니다.**

Let's get the ball rolling by giving you a brief outline.

간단한 개요를 말씀드리**면서 시작하겠습니다.**

Let's get cracking by explaining the latest findings.

최근 조사 결과를 설명해 드리**면서 바로 시작하겠습니다.**

• get cracking 서둘러 시작하다

 **Winner's Expression** **기타 프레젠테이션의 시작을 알리는 방법**

Without further delay, let me summarize our current sales strategies.

더 지체할 것 없이 저희의 현 판매 전략을 요약해 드리죠.

I'd like to outline my presentation before jumping into the background information.

배경 설명으로 들어가기 전에 제 프레젠테이션의 개요를 말씀드리고 싶습니다.

Let's begin by looking at the advantages of the new system.

새로운 시스템의 장점을 살펴보며 시작하죠.

문제를 풀고 정답을
확인한 후 mp3를
들으며 소리 내어 연습
하세요.

① 여러분에게 질문을 하나 드리면서 시작하고 싶습니다.   open up

🎤 _____

② 자, 슬슬 시작해 봅시다.   get, road

🎤 _____

③ 자, 합의 조건 몇 가지를 소개해 드리면서 프레젠테이션을 시작하겠습니다.
let, begin, introduce, term of agreement

🎤 _____

④ 여러분에게 제 발표의 간략한 개요를 말씀드리는 것으로 시작하죠.
start off, give a brief outline

🎤 _____

⑤ 제 제안의 배경을 설명하는 것으로 시작하겠습니다.
begin, introduce, background, proposal

🎤 _____

⑥ 오늘 우리가 이 자리에 왜 모였는지 알고 계십니까?   why, here

🎤 _____

⑦ 신상품 개발 배경을 설명해 드리면서 바로 시작하겠습니다.
get cracking, background, development

🎤 _____

모범 영작

❶ I'd like to open up by asking you a question. ❷ Let's get the show on the road. ❸ Now, let me begin the presentation by introducing some terms of agreement. ❹ Let me start off by giving you a brief outline of my talk. ❺ I will begin by introducing the background to my proposal. ❻ Do you know why we are here today? ❼ Let's get cracking by explaining the background of the latest product development.

06 프레젠테이션 개요 소개하기

제 프레젠테이션에서 다룰 세 가지 주요 사항은 다음과 같습니다.

강의 및 예문듣기

카르멘, 라 트라비아타, 리골레토 같은 고전 명작 오페라는 3막으로 구성되어 있습니다. 프레젠테이션의 대가인 스티브 잡스는 오페라에서 착안하여 프레젠테이션을 3막으로 구성해 큰 효과를 거두었습니다. 여러분도 짧은 시간에 청중의 관심과 기대감을 불러일으킬 수 있도록 프레젠테이션 오프닝에 3막의 테크닉을 활용해 보세요. 이 방법은 발표 내용을 세 가지로 요약·정리해 주는 것입니다.

🔊 06-1.mp3

준비 단계
패턴 미리보기

내용 요약 대표 패턴

* 제 프레젠테이션에서 다룰 주요 분야는 세 가지입니다. 첫째는 배경, 둘째는 현재 상황, 그리고 마지막으로 향후 전망입니다.
  There are three main areas dealt with in my presentation: first, the background, **second,** the current situation, **and lastly,** the future implications.

* 이 프레젠테이션에는 세 가지 중요 사항이 있습니다. 연구, 교육, 그리고 협력입니다.
  I have three important points in this presentation: research, education, **and** cooperation.

* 제 프레젠테이션의 서두에서는 저희 의류 상품의 몇 가지 모델을 보여 드리겠습니다.
  In the first part of my presentation, I'll show you several models of our clothing lines.

* 그 후에 당사와 주요 경쟁업체 간의 품질 비교를 발표하겠습니다.
  After that, I'd like to present a quality comparison between our company and our major competitor.

* 마지막으로 경쟁업체에 비해 저희가 갖고 있는 많은 강점들에 대해 말씀드리겠습니다.
  Finally, I'll talk about the many advantages we possess over our competitor.

🎧 06-2.mp3

1단계

핵심표현 익히기

프레젠테이션의 개요와
공지사항을 소개할 때
유용한 패턴을 익히세요.

상황 01 **발표 내용의 구조를 소개할 때**

본격적인 발표에 앞서 발표할 내용을 구분해서 설명해줄 때는 3~4개 부분으로
나누는 것이 좋습니다. 네 부분 이상이 되면 기억하기 힘들고 그만큼 청중의 집
중도도 떨어지게 되니까요.

> **대표표현** **Like** every great presentation, **I've divided my talk into** three subjects.
>
> 모든 훌륭한 프레젠테이션이 **그렇듯이** 저는 **제 발표를** 세 가지 주제로 **나눴습니다.**

Like every great classic story, **I've divided my presentation into** three acts.
(Steve Jobs)
모든 고전 명작이 **그러하듯이** 저는 **제 프레젠테이션을** 3막으로 **나눴습니다.**

Just like the topic of my presentation, 3-Step Information Lifecycle
Management, **the presentation itself is divided into** three phases.
제 프레젠테이션의 주제인 '3단계 정보 수명 관리'**처럼 제 프레젠테이션도** 3단계로 **나누어져 있습니다.**

상황 02 **발표 내용을 핵심 단어나 제목으로 요약할 때**

발표 내용이 서너 부분으로 나누어져 있다고 청중에게 말한 다음에는 나누어진
각 파트의 주제나 주요 내용을 한두 개의 핵심 단어로 제시해 주세요.

> **대표표현** **There are three main areas** dealt with in my
> presentation: **first**, the background, **second**, the
> current situation, **and lastly**, the future implications.
>
> 제 프레젠테이션에서 다룰 **주요 분야는 세 가지입니다. 첫째는** 배경, **둘째는** 현재 상황, 그리고
> **마지막으로** 향후 전망입니다.
>
> • implication 영향, (예상된) 결과

There are three main points I'll talk about regarding effective
communication: **first**, the need to understand what's being said; **second**, the
need to understand how people behave; **and third**, what we can do about it.
효율적인 커뮤니케이션에 관해 제가 말씀드리고자 하는 **주요 사항은 세 가지입니다. 첫째,** 대화 내용을 이해할
필요성, **둘째,** 사람들의 행동 방식을 이해할 필요성, **그리고 셋째로** 그에 대한 우리의 대책입니다.

There are three main components in the new system: **first**, customized
setup; **second**, guided bill paying software; **and third**, goal tracking and
reporting options.
새로운 시스템에는 **주요 구성 요소가 세 가지 있습니다. 첫째,** 사용자 중심의 설정, **둘째,** 청구서 납부 안내 소프
트웨어, **그리고 셋째,** 목표 추적 및 보고 선택사항입니다.

• component 구성 요소 • customized 사용자의 사정·요구에 맞춘

대표표현 I have three important points in this presentation: research, education, **and** cooperation.

이 프레젠테이션에는 세 가지 중요 사항이 있습니다. 연구, 교육, **그리고** 협력입니다.

I have three parts in my presentation as follows: brand loyalty, brand image, **and** pricing.

제 프레젠테이션에는 다음과 같이 세 가지 사항이 있습니다. 브랜드 충성도, 브랜드 이미지, **그리고** 가격 책정입니다.

• as follows 다음과 같이 • price 값을 매기다

I have three questions to discuss **during this presentation**: what happened, why did it happen, **and** what should we do about it?

이 프레젠테이션을 진행하면서 논의할 **질문이** 세 가지 있습니다. 무슨 일이 일어났으며, 그 일이 왜 일어났고, 우리가 어떻게 대처해야 할지입니다.

상황 03 발표 내용을 한 문장으로 요약할 때

핵심 단어나 제목만으로 감을 잡기 힘든 주제나 전문적인 내용의 경우 각 파트에서 다루게 될 내용을 한 문장으로 요약해서 설명하면 좋습니다. 단, 너무 자세하게 설명하여 본론으로 들어간 듯한 착각을 주지 않도록 짧게 요약하는 것 잊지 마세요.

대표표현 In the first part of my presentation, I'll show you several models of our clothing lines.

제 프레젠테이션의 서두에서는 저희 의류 상품의 몇 가지 모델을 보여 드리겠습니다.

Firstly, I'll give you a brief history of the project to date.

첫 번째로 지금까지 프로젝트의 진행 상황에 관해 간략히 말씀드리겠습니다.

• to date 지금까지

To begin, let me bring you up to date on the latest findings of this study.

먼저 이 연구의 최근 조사 결과를 알려 드리겠습니다.

• bring A up to date A에게 최신 정보를 제공하다

대표표현 After that, I'd like to present a quality comparison between our company and our major competitor.

그 후에 당사와 주요 경쟁업체 간의 품질 비교를 발표하겠습니다.

• competitor 경쟁업체

After comparing the two, **I'd like to** offer my opinion on why I believe indirect sales to be more effective than direct sales.

그 두 가지를 비교한 **후** 왜 간접 판매가 직접 판매보다 더 효과적이라고 믿는지 제 의견을 말씀드리고 **싶습니다**.

Following that, I will walk you through the current expense reporting procedure.

그 **후에** 현 지출 보고 절차에 관해 단계별로 알려 드리**겠습니다**.

· walk A through B (단계별로 차례차례) A에게 B를 보여주다

❗ After that이나 Following that 대신 두 번째 부분에 대한 설명임을 알리는 Second, Secondly라는 표현을 써도 좋습니다.

대표표현 **Then, I am going to** go over our financial report for the year 2015. 그런 다음 2015년도 재정 보고서를 살펴보도록 **하겠습니다**.

And then, I will focus my attention on the difficulties that we are likely to face in the future.

그리고 **나서** 향후 저희가 직면하게 될 어려움에 대해 집중적으로 살펴볼**까 합니다**.

Next, I'd like to review the twelve-month project plan and timeline.

그 **다음으로** 12개월 프로젝트 계획과 일정을 검토해 보고 **싶습니다**.

Then, I will address the question of whether or not we can get government funding.

그 **다음으로** 저희가 정부의 자금 지원을 받을 수 있을지 여부에 관한 질문을 드리**겠습니다**.

대표표현 **Finally, I'll talk about the many advantages we possess over our competitor.**

마지막으로 경쟁업체에 비해 저희가 갖고 있는 많은 강점들에 대해 말씀드리**겠습니다**.

Lastly, I'd like to propose some detailed strategies to increase next year's sales revenues.

마지막으로 내년 판매 수익을 늘리기 위한 몇 가지 세부 전략을 제안하**고 싶습니다**.

· sales revenue 판매 수익

❗ 요약 설명의 마지막 부분을 소개하는 것이므로 Finally나 Lastly를 사용하면 무난합니다.

And last but not least, I'll cover our corporate restructuring plan.

마지막으로 중요한 얘기인데, 저희 회사의 구조조정 계획에 대해서 다루**겠습니다**.

· last but not least 마지막에 말하기는 하지만 앞에 말했던 것들만큼 중요한 · cover 다루다

문제를 풀고 정답을
확인한 후 mp3를
들으며 소리 내어 연습
하세요.

❶ 첫 번째로 부동산 시장의 최근 호황에 대해 살펴보고 싶습니다.

take a look at, boom, real estate

🎤 ....

❷ 그 후에 저희 회사가 업계 선두가 되게 해주는 주요 측면들을 논의하고 싶습니다.

aspect, industry leader

🎤 ....

❸ 모든 회사의 발전 주기와 마찬가지로 제 프레젠테이션도 세 단계로 나뉘어져 있습니다. life cycle, phase

🎤 ....

❹ 그리고 마지막으로 중요한 얘기인데, 가장 적은 시간 내에 한 가지 작업을 완수하는 최선의 방법에 대해서 다루겠습니다.

method, perform, in the least amount of time

🎤 ....

❺ 첫 번째로 상세하고 시기적절한 정보에 쉽게 접근하는 방법에 대해 여러분께 말씀드리겠습니다. following, get easy access to, detailed, timely

🎤 ....

❻ 이 프레젠테이션에는 세 가지 중요 사항이 있습니다. 설문조사 결과, 평가, 그리고 실행 계획입니다. have, survey, evaluation, action plans

🎤 ....

모범 영작

❶ First, I'd like to take a look at the recent boom in the real estate market. ❷ After that, I'd like to discuss the key aspects that make our company an industry leader. ❸ Just like the life cycle of every company, my presentation is divided into three phases. ❹ And last but not least, I'll cover the best methods for performing a task in the least amount of time. ❺ Firstly, I will tell you how to get easy access to detailed and timely information. ❻ I have three important areas in this presentation: survey results, evaluation, and action plans.

07 공지사항 안내하기

제 프레젠테이션은 30분 정도 걸릴 것입니다.

강의 및 예문듣기

프레젠테이션이 한 시간이 걸릴지 두 시간이 걸릴지 모르는 상황에서는 청중의 마음이 콩밭에 가 있을 수도 있습니다. 시간이 어느 정도 소요될 것인지 확실히 전달해야 청중은 마음의 여유를 갖고 발표에 좀 더 집중할 수 있겠죠. 또한 질문을 발표 중간 중간에 받을 것인지 프레젠테이션이 끝나고 질의응답 시간을 가질 것인지 미리 알려 주는 것이 좋습니다. 한 시간 이상의 긴 프레젠테이션의 경우 중간에 쉬는 시간이나 다과 시간 등이 있다면 그것에 대한 공지도 잊지 마세요.

🔊 07-1.mp3

준비 단계
패턴 미리보기

공지사항 안내 대표 패턴 👤💬

* **제 프레젠테이션은 20분이면 끝납니다.**
  My presentation will take only 20 minutes of your time.

* **(프레젠테이션 도중) 언제라도 마음껏 질문해 주세요.**
  Please feel free to ask me any questions at any time.

* **질문은 프레젠테이션 후에 받겠습니다.**
  I will take questions **after the presentation**.

* **발표 후에 짧은 토론이 있겠습니다.**
  There will be a short discussion **after the talk**.

* **두 번째 프레젠테이션이 끝나고 30분 동안 휴식 시간을 갖겠습니다.**
  We'll take a coffee break for 30 minutes after the second presentation.

프레젠테이션의 개요와
공지사항을 소개할 때
유용한 패턴을 익히세요.

상황 01 **프레젠테이션의 시간을 알려 줄 때**

본격적인 설명에 들어가기 앞서 프레젠테이션에 얼마만큼의 시간이 걸릴지 미리 말해 주는 것이 바람직합니다.

> **대표표현** **My presentation will take** only 20 minutes of your time.
> 제 프레젠테이션은 20분이면 끝납니다.

This presentation will last about 30 minutes.
이 프레젠테이션은 30분 정도 걸릴 것입니다.

This presentation will take about one hour, but there will be a ten-minute break in the middle.
이 프레젠테이션은 한 시간 정도 걸릴 예정이나 중간에 10분간 휴식 시간이 있을 것입니다.

It will take about 30 minutes of your time. 30분 정도 소요될 것입니다.

This talk will be for the next 30 minutes.
이 발표는 다음 30분간 진행될 것입니다.

> **대표표현** **I've been allotted** half an hour **for this talk.**
> 이 발표에 30분을 할당 받았습니다.
> • allot (시간·돈·업무 등을) 할당하다

I've been allotted 20 minutes **for** this talk.
이 발표에 20분이 할당됐습니다.

I've been allotted enough time **for** discussion after the talk.
발표 후에 충분한 토론 시간을 할당 받았습니다.

 **Winner's Expression** **시간을 지키겠다고 말하는 방법**

청중이 가장 견디기 힘들어 하는 발표자 유형이 바로 발표 시간을 지키지 않는 사람입니다. 청중의 이런 심리를 간파해서 발표에 소요되는 전체 시간을 말해 준 후 본인의 발표를 그 시간 안에 끝낼 거라는 다짐을 덧붙여 주면 청중은 훨씬 편안한 마음으로 발표에 집중할 수 있을 것입니다. 이때 '~을 (바꾸지 않고) 고수하다, 지키다'라는 뜻의 stick to를 사용하세요.

I will do my best to **stick to** that time frame.
그 시간을 지키도록 최선을 다하겠습니다.

프레젠테이션 진행 중에 질문을 받을 때

청중이 잘 모를 만한 기술적인 정보가 포함되어 있거나 내용을 단계적으로 이해하고 넘어가야 하는 주제의 경우에는 각 파트별 설명이 끝날 때마다 질문을 받거나 발표가 진행되는 중간에 언제든 질문할 수 있도록 하는 것이 좋습니다.

> **대표표현** **Please feel free to ask me any questions at any time.**
> (프레젠테이션 도중) 언제라도 **마음껏** 질문해 **주세요.**

Please feel free to interrupt me, if you have any questions.
질문이 있으시면 **편하게** 말씀하**십시오.**

• interrupt (무엇을 잠깐) 중단시키다

Please feel free to ask questions as we go along.
진행 중에도 **자유롭게** 질문하세요.

If you have any questions about this topic, **feel free to** ask me.
이 주제에 대해 뭐든 질문이 있으면 **편하게** 질문하세요.

Please don't hesitate to stop me, if at any point in the presentation you have a question.
프레젠테이션 도중 언제라도 질문이 있으면 **주저하지 말고** 말씀해 **주세요.**

• do not hesitate to ~하는 데 주저하지 않다

프레젠테이션이 끝나고 질문을 받을 때

프레젠테이션의 끝 부분에 질의응답과 토의 시간을 따로 배정해 놓은 경우나 프레젠테이션을 시간 내에 꼭 마쳐야 하는 경우, 또는 질문으로 인해 발표의 맥이 끊어지면 안 되는 공식적인 프레젠테이션의 경우에는 질문을 나중에 받는다는 것을 발표에 앞서 분명히 고지해 줘야 합니다.

> **대표표현** **I will take questions after the presentation.**
> 질문은 **프레젠테이션 끝나고 받겠습니다.**

After my presentation, there will be time for a discussion and any questions that you may have.
제 프레젠테이션 후에 토론과 질문 시간을 갖도록 하겠습니다.

After my presentation, there will be time for questions, which will last 10 minutes.
제 프레젠테이션이 끝난 후에 10분 동안 질문 받는 시간을 갖겠습니다.

We will endeavor to answer all your questions **at the end of this presentation**.
본 프레젠테이션 끝부분에서 모든 질문에 답변해 드리도록 노력하겠습니다.

* endeavor 노력하다

I'd be glad to answer any questions **at the end of my presentation**.
제 프레젠테이션 끝부분에서 어떤 질문이라도 기꺼이 답해 드리겠습니다.

대표표현 **There will be a short discussion after the talk.**

발표 후에 짧은 토론이 **있겠습니다.**

There will be a heated debate **after my talk**.
제 **발표 후에** 열띤 토론이 **있겠습니다.**

There will be several panel talks **after this presentation**.
이 프레젠테이션 후에 패널 발표가 몇 개 **있겠습니다.**

상황 04 기타 공지사항을 전달할 때

발표 시간이 긴 경우 휴식 시간을 미리 알려 주고, 프린트물이 준비되어 있다면 발표 시작 전에 나누어 주세요.

대표표현 **We'll take a coffee break for 30 minutes after the second presentation.**

두 번째 프레젠테이션이 끝나고 30분 동안 **휴식 시간을 갖겠습니다.**

* coffee break (일을 잠깐 쉬며 커피를 마시는) 휴식 시간

We'll take a short break before the question-and-answer session.
질의응답 시간 **전에** 짧은 휴식 시간을 갖겠습니다.

* question-and-answer session 질의응답 시간

We'll take a ten-minute break after Mr. Kim presents his speech.
미스터 김의 **발표 후** 10분간 휴식 시간을 갖겠습니다.

Winner's Expression 휴식 후 발표자를 안내해 주는 방법

휴식 시간 후 다른 발표자에게 발언권을 넘겨야 하는 경우에는 휴식 시간에 대해 공고할 때 다음과 같이 안내해 주면 좋습니다.

We'll take a short break, followed by another presentation by Mr. Lee, team leader of Knowledge Management Team.
짧은 휴식을 가진 후, 지식관리팀의 책임자인 이 팀장님의 프레젠테이션이 있겠습니다.

> **대표표현** **Lunch will be provided after the presentation.**
>
> 프레젠테이션 후 오찬이 **제공될 것입니다.**

Refreshments **will be provided** for you during the break.
휴식 시간에 간단한 다과가 **제공될 것입니다.**

• refreshments 간단한 음식물, 다과

Some snacks and drinks **will be provided** during the break.
휴식 시간에 간단한 스낵과 음료가 **제공될 것입니다.**

The recently published books of the speaker **can be purchased** after the presentation.
프레젠테이션 후 발표자가 최근 출간한 책을 **구입하실 수 있습니다.**

> **대표표현** **Then, I will now distribute some information sheets.**
>
> 그럼 이제 자료를 나누어 **드리겠습니다.**

Then, I will now distribute the information packets.
그럼 이제 자료집을 **나누어 드리겠습니다.**

Then, I will now hand over some booklets for your information.
그럼 여러분이 참고하시라고 소책자를 **나누어 드리겠습니다.**

Wimmer's Tip

10명 이상이 참가하는 프레젠테이션에서는 자료나 책자를 발표 도중에 나누어 주는 것보다 각 참석자의 책상 위에 미리 올려 두는 것이 좋습니다. 부득이 발표 도중에 자료를 나눠 줘야 하는 경우에는 발표자가 직접 나서서 하기보다는 대신 자료를 나눠 줄 사람을 미리 확보해 맡기도록 하세요. 발표자는 발표 석상을 벗어나지 않는 것이 에티켓입니다.

🧳 Winner's Expression

1. **기타 소요 시간을 표현하는 방법**

   I plan to be brief and to the point. 간단명료하게 설명할 계획입니다.
   • to the point 간단명료한
   I will speak for about 10 minutes. 10분 정도 발표할 예정입니다.
   My intention is to present for about an hour. 한 시간 정도 발표할 예정입니다.

2. **기타 질의응답과 자료에 관해 안내하는 방법**

   If you have any questions, please save them until the end. 질문이 있으시면 끝날 때까지 기다려 주세요.

   I will be happy to answer any questions at the end of my talk.
   발표 말미에 어떤 질문이든지 기꺼이 대답해 드리겠습니다.

   This information packet contains additional data and information so that you may have a better understanding of the situation.
   이 자료집에는 여러분이 상황을 더 잘 이해하실 수 있도록 추가 자료와 정보가 담겨 있습니다.

🎧 07-3.mp3

2단계

문장 만들기

문제를 풀고 정답을
확인한 후 mp3를
들으며 소리 내어 연습
하세요.

① 이 발표는 다음 40분 동안 진행될 것입니다. talk, for

🎤 ....

② 휴식 시간 후 저희의 견본 상품이 테스트될 것입니다. sample product, test, break

🎤 ....

③ 각 파트가 발표된 후에 자유롭게 질문하세요. feel free to, each part, present

🎤 ....

④ 그럼 이제 저희 안건에 관한 유인물을 나누어 드리겠습니다.

distribute, handout, agenda

🎤 ....

⑤ 오후 2시 반에 짧은 휴식을 갖겠습니다. take, break

🎤 ....

⑥ 프레젠테이션 후에 질의응답 시간이 있겠습니다. question-and-answer session

🎤 ....

⑦ 이 프레젠테이션에 20분을 할당 받았습니다. allot, for

🎤 ....

모범 영작

① This talk will be for the next 40 minutes. ② Our sample products will be tested after the break.
③ Please feel free to ask questions after each part is presented. ④ Then, I will now distribute
some handouts on our agendas. ⑤ We'll take a short break at 2:30 p.m. ⑥ There will be a
question-and-answer session after the presentation. ⑦ I've been allotted 20 minutes for this
presentation.

083

실전 프레젠테이션 훈련 ❷

Unit 05~07에서 배운 표현들이 실제 프레젠테이션에서 어떻게 활용되는지 확인해 보세요.

1. 캐주얼한 프레젠테이션에서 개요 · 공지사항 소개하기   p r e s e n t a t i o n

Just like most great classical concerts, there are three parts in my presentation. There are three main points I'll talk about regarding effective communication in a team: first, the need to understand what's being said by the team leader and coworkers; second, the need to understand how people behave; and third, how you should be responsible for what you said. I plan to be brief. I've been allotted 15 minutes for this presentation, and will do my best to stick to that time frame. Please feel free to interrupt me, if you have any questions.

대부분의 훌륭한 고전음악회와 마찬가지로 제 프레젠테이션은 세 부분으로 되어 있습니다. 팀 내부의 효과적인 커뮤니케이션에 관해 제가 말씀드리고자 하는 세 가지 주요 사항이 있습니다. 첫째는 팀장과 직원들 간에 대화 내용을 이해할 필요성, 둘째는 사람들의 행동을 이해할 필요성, 그리고 셋째는 자신이 한 말에 대한 책임감입니다. 간단히 말씀드리겠습니다. 이 프레젠테이션에 주어진 시간이 15분이니 그 시간을 지키도록 최선을 다하겠습니다. 질문이 있으시면 언제라도 말씀하십시오.

• allot (시간 · 돈 · 업무 등을) 할당하다 • stick to ~을 (바꾸지 않고) 고수하다, 지키다 • time frame 시간의 틀 • interrupt (말 하는 도중에) 끼어들다

2. 공식적인 프레젠테이션에서 개요 · 공지사항 소개하기   presentation

I will begin by summarizing the contents of my presentation. Firstly, I'll give you a brief history of the project to date. Following that, I will walk you through the current expense reporting procedure. Then, I am going to go over our financial report for the year 2015. Lastly, I'd like to propose some detailed strategies to boost up next year's sales revenues. This presentation will take about one hour, but there will be a ten-minute break in the middle. Refreshments will be provided for you during the break. We will endeavor to answer all your questions at the end of this presentation. This information packet that is now being distributed to you contains additional data and information so that you may have a better understanding of the situation. Without further delay, let me move on to the first point.

제 프레젠테이션의 목차를 요약해 드리며 시작하겠습니다. 첫 번째로 지금까지 프로젝트의 진행 과정을 간단히 소개하고, 그 후에 현 지출 보고 절차에 관해 단계별로 알려 드리겠습니다. 그 다음에는 2015년도 재정 보고서를 살펴보도록 하겠습니다. 마지막으로 내년 총매출을 증대시키기 위한 세부 전략을 제안해 드리고 싶습니다. 제 발표는 한 시간 정도 걸릴 예정이며 중간에 10분간 휴식 시간이 있겠습니다. 휴식 시간에는 간단한 다과가 제공될 것입니다. 프레젠테이션 끝부분에서 모든 질문에 답변해 드리도록 노력하겠습니다. 지금 나누어 드리는 이 자료집에는 여러분이 상황에 대해 더 잘 이해하실 수 있도록 추가 자료와 정보가 담겨 있습니다. 그럼 더 이상 지체하지 않고 첫 번째 사항을 살펴보도록 하죠.

• contents 목차 • walk A through B (단계별로 차례차례) A에게 B를 보여주다 • go over 살펴보다 • boost up 증대시키다 • sales revenues 영업 수익 • refreshment 가벼운 음식물, 다과 • endeavor 노력하다 • information packet 자료집 • distribute 배포하다

오프닝을 장악하라

만남에서 첫인상이 중요하듯 프레젠테이션도 결국은 사람과 사람 사이의 커뮤니케이션인 만큼 첫인상이 중요한 역할을 합니다. 따라서 발표자는 프레젠테이션을 시작하는 오프닝 단계에서 청중에게 충분한 호감을 줄 수 있어야 합니다. 청중은 호감을 주는 사람의 말에 더 귀를 기울이고 마음을 열게 마련이니까요. 첫인상을 결정하는 데는 불과 30초 정도 밖에 걸리지 않는다고 합니다. 짧다면 짧고 길다면 긴 시간이죠. 똑같은 30초라도 철저히 준비한 사람과 무심히 흘려보내는 사람의 발표 결과는 사뭇 다를 수밖에 없습니다. 청중은 발표자에 대해 '느낌이 좋은 사람'이라는 인상을 받으면 발표자의 자신감과 열의 있는 태도를 호의적으로 받아들이는 반면, '느낌이 나쁘다'라는 인상을 받으면 모든 내용을 부정적으로 받아들이는 경향이 있습니다. 그렇다면 좋은 인상과 나쁜 인상은 어떻게 다를까요? 청중은 어떤 발표자에게 호감 또는 비호감을 느낄까요? 여러분은 프레젠테이션의 성과를 좌우할 수도 있는 첫 30초를 제대로 준비하는 발표자가 되시기 바랍니다.

좋은 인상을 주는 발표자는

* 자신이 소개될 때 단정한 자세로 자리에 앉아 기다린다.
* 호명되어 자리에서 일어날 때 느긋함을 잃지 않는다. 책상이나 의자를 짚고 힘겹게 일어나지 않는다.
* 상 받으러 나가는 사람처럼 활기찬 표정으로 연단에 나간다.
* 미소를 띠고 있어 프레젠테이션을 하게 된 것을 무척 즐거워하는 것처럼 보인다.
* 첫 이야기를 하기 전에 객석의 여기저기를 미소를 띠며 바라본다.
* 미리 준비된 아이디어로 오프닝을 시작한다.
* 적어도 오프닝 멘트를 하는 동안에는 슬라이드나 메모를 보지 않는다. (미리 암기를 해둔다. 다만 발표 시에는 암기한 듯 줄줄 외우지 말고 자연스럽게 말한다.)

나쁜 인상을 주는 발표자는

* 연단에 나가서 바지를 추켜올리거나 넥타이를 고쳐 맨다.
* 나갈 때 안절부절하며 바닥을 본다.
* 말하기 전에 헛기침을 하거나 안경을 닦는다.
* 머리를 쓸어 올린다.
* 큰 숨을 몰아쉰다.
* 어깨나 목을 움찔거린다.
* 눈을 심하게 깜박거린다.
* 청중의 눈을 보지 않고 메모나 슬라이드를 읽기 바쁘다.

발표자의 이런 행동은 준비가 안 되어 있거나 자신 없고 소극적인 사람으로 비춰질 수 있습니다. 청중은 무섭습니다. 오프닝에서 점수를 잃은 발표자에게는 기대를 걸지 않고 벌써 다른 생각을 하고 있을 수도 있습니다. 연단에서는 군더더기 없는 깔끔한 프로의 모습을 보여 주는 것, 잊지 마세요.

셋째 마디

•

청중의 관심 끌기

발표자의 팬클럽 모임이 아닌 이상 청중은 발표자의 말을 수용하고 받아들이려 하기보다는 수동적이고 방어적인 자세를 취하는 경향이 강합니다. 이런 냉정한 청중의 관심을 끌려면 먼저 발표자를 신뢰하게 만드는 전략이 필요합니다. 발표 주제를 청중의 입장에서 생각해 보면서 청중이 듣고 싶어 하고 궁금해 하는 점이 무엇인지 알아내야 합니다. 청중의 관심을 끄는 오프닝을 원한다면 다음 세 가지 사항을 기억하세요.

08 청중에게 질문 던지기

▼

09 프레젠테이션의 유용성 강조하기

▼

10 청중의 궁금증 유발하기

08

여러분은 우리의 신제품을 어떻게 홍보하시겠습니까?

강의 및 예문듣기

발표 내용에 있어서 발표자는 청중보다 전문가적인 입장에 서 있을 때가 많습니다. 전문가의 목표는 내가 얼마나 잘났는가를 과시하는 것이 아니라 청중의 입장에서 상대방이 필요한 정보를 발표에서 찾아내도록 유도하는 것입니다. 청중과의 상호친밀감을 가장 쉽게 유지하는 방법은 청중의 입장에서 공감할 수 있는 질문이나 주제를 던져 생각할 수 있게 하는 것입니다.

🎧 08-1.mp3

준비 단계
패턴 미리보기

청중을 내 편으로 만들기 대표 패턴

* **여러분은 우리의 신제품을 어떻게 홍보하시겠습니까?**
  How would you like to promote our new product?

* **이 문제를 해결하기 위해 우리가 할 수 있는 일이 무엇일까요?**
  What can we do to solve this problem?

* **여러분은 의사소통 능력을 어떻게 향상시키시겠습니까?**
  How would you go about improving your communication skills?

* **시간 관리에 관해 잠시 생각해 봅시다.**
  Let us think for a moment about time management.

* **급변하는 시장에 대해 생각해 보세요.**
  Give some thought to the rapidly changing market.

1단계
핵심표현 익히기

청중의 관심을 끌 때
유용한 패턴을 익히세요.

상황 01 청중에게 해결 방안을 물어볼 때

핵심 포인트를 말하기 전에 청중에게 질문을 던지면 보다 효과적으로 관심을 끌 수 있습니다. '여러분은 어떻게 하시겠습니까'와 같은 질문으로 청중이 한번 생각해 보게 하는 것도 효과적인 방법입니다.

대표표현 **How would you like to** promote our new product?

여러분은 우리의 신제품을 **어떻게 홍보하시겠습니까?**

How would you like to satisfy our new customers?

여러분은 우리의 신규 고객을 **어떻게 만족시키시겠습니까?**

How would you like to address the problem of the social gap between the poor and the rich?

여러분은 빈부의 사회적 격차 문제를 **어떻게 다루시겠습니까?**

• address (문제 · 상황 등에 대해) 고심하다, 다루다

대표표현 **What can we do to** solve this problem?

이 문제를 해결하기 위해 **우리가 할 수 있는 일이 무엇일까요?**

What can we do to motivate our employees?

직원들에게 동기를 부여하기 위해 **우리가 할 수 있는 일이 무엇일까요?**

What should we do to reduce pollution?

공해를 줄이기 위해 **우리가 해야 할 일은 무엇일까요?**

❗ can 대신 should를 넣으면 의무의 의미가 강해져 '~하기 위해 우리가 해야 할 일은 무엇일까요?'라는 뜻이 됩니다.

대표표현 **How would you go about** improving your communication skills?

여러분은 의사소통 능력을 **어떻게 향상시키시겠습니까?**

• go about -ing ~하려고 애쓰다, 끊임없이 ~하다

How would you go about training your employees?

여러분은 직원들을 **어떻게 교육시키시겠습니까?**

How would you go about promoting our marketing strategies?

여러분은 저희의 마케팅 전략을 **어떻게 홍보하시겠습니까?**

Wimmer's Tip

대부분의 청중은 소극적으로 반응하기 때문에 의견을 물어도 별다른 반응을 보이지 않는 경우가 많습니다. 발표에 무관심한 청중을 참여시키려면 아주 쉬운 질문부터 던져서 대답하기 편하게 만들어 준 다음 중요한 질문으로 넘어가는 것이 좋습니다.

주제에 대해 생각해 보자고 할 때

어떤 주제에 관해 함께 생각해 보자고 할 때 유용한 표현입니다.

대표표현 **Give some thought to** the rapidly changing market.

급변하는 시장에 **대해 생각해** 보세요.

Give some thought to globalization.

세계화에 **대해서 생각해 보세요.**

Give some thought to the growing importance of IT in business.

업무에서 증가하고 있는 IT의 중요성에 **관해 생각해 보세요.**

대표표현 **Let us think for a moment about** time management.

시간 관리에 관해 **잠시 생각해 봅시다.**

Let us think for a moment about the current economic trends.

현 경제 추세에 대해 **잠시 생각해 봅시다.**

Let's think for a moment about how to manage teams more efficiently.

팀을 어떻게 더 효율적으로 관리할지 **잠시 생각해 봅시다.**

❗ Let us는 공식적이고 권위적인 느낌을 주는 반면, 축약형인 Let's는 좀 더 캐주얼한 느낌을 줍니다.

Let's think for a moment about~(~에 대해 잠시 생각해 보지요.) 다음에 Did you know that~?(여러분은 ~을 알고 계셨나요?) 하면서 놀랄 만한 수치나 통계 자료 등을 넣어 발표 주제를 소개하는 것도 청중의 주의를 끌 수 있는 좋은 방법입니다.

Let us think for a moment about the future. **Did you know that** in 40 years, only 25 percent of the population will be working, and a surprising 50 percent will be collecting a pension?

미래에 대해 **잠시 생각해 보죠.** 40년 후에는 인구의 25%만 일을 하고 놀랍게도 50%는 연금을 탈 것이라는 **것을 알고 계셨나요?**

Let us think for a moment about e-business. **Did you know that** 84 percent of all Internet shoppers will only wait 5 seconds for a web page to load?

인터넷 사업에 **관해 잠시 생각해 보죠.** 온라인 쇼핑 구매자 중 84%가 웹페이지가 뜨기까지 5초밖에 기다리지 않는다는 **사실을 알고 계셨나요?**

청중의 동의를 유도할 때

발표자와 청중이 같은 배를 타고 있다는 점을 강조할 수 있는 표현입니다. 발표자의 의견을 간접적으로 밝히면서 자연스럽게 청중의 동의를 구할 수 있는 방법이지요.

> **대표표현** **How many of you here agree with me that the Internet can be fatal to children?**
> 여기 계신 여러분 중 몇 분이나 인터넷이 아이들에게 치명적일 수 있다는 제 생각에 동의하십니까?

How many people here realize that the FTA is beneficial to the long-term economic growth of Korea?
여기 계신 분들 중 몇 분이나 FTA가 한국의 장기적인 경제 성장에 이득이 된다는 **것을 알고 계십니까?**

How many people here believe that successful R&D is based on luck?
성공적인 연구개발이 운에 달려 있다고 **믿는 분이 이 자리에 얼마나 계십니까?**

2단계

문장 만들기

문제를 풀고 정답을
확인한 후 mp3를
들으며 소리 내어 연습
하세요.

❶ 인터넷 사업에 관해 잠시 생각해 보죠. let us, moment, e-business

🎤 ....

❷ 직원들에게 동기를 부여하기 위해 우리가 할 수 있는 일이 무엇일까요?

motivate, employees

🎤 ....

❸ 여러분은 중국 시장에서 이 상품을 어떻게 판매하는 것을 선호하시겠습니까? prefer

🎤 ....

❹ 팀워크가 팀장의 리더십에 달려 있다고 믿는 사람이 이 자리에 몇 분이나 계십니까?

believe, teamwork, based on, team leader

🎤 ....

❺ 중국과의 협상이 우리 회사의 미래에 미치는 장기적인 영향에 관해 생각해 보세요.

thought, long-term implication, negotiation

🎤 ....

❻ 여러분은 우리의 신규 고객에게 어떻게 상품을 소개하고 파시겠습니까?

introduce, new customer

🎤 ....

❼ 여러분은 신입사원을 어떻게 교육시키시겠습니까? go about

🎤 ....

모범 영작

❶ Let us think for a moment about e-business. ❷ What can we do to motivate our employees?
❸ How would you prefer to sell this product in the Chinese market? ❹ How many people here
believe that teamwork is based on the leadership of a team leader? ❺ Give some thought to
the long-term implication of the negotiation with China on the future of our company. ❻ How
would you like to introduce and sell products to our new customers? ❼ How would you go about
training new employees?

09

프레젠테이션의 유용성 강조하기

이 프레젠테이션은 고객 관계를 개선하고 싶은 분들에게 유익합니다.

강의 및 예문듣기

효과적인 마케팅과 세일즈의 기본은 잠재 고객에게 제품의 필요성과 유용성을 강조하는 것입니다. 잠재 고객이 '나는 이 상품이 필요하다'고 느껴야 비로소 구매로 이어지는 것이니까요. 마찬가지로 프레젠테이션의 목적은 바로 여러분의 전문 지식, 연구 결과, 논리 등을 청중에게 '파는 것'입니다. 따라서 여러분의 발표 내용이 자신들에게 필요하고 유용하다는 것을 청중에게 일깨워 줘야 합니다.

🎧 09-1.mp3

준비 단계

패턴 미리보기

유용성 강조 대표 패턴 👤💬

* 이 프레젠테이션은 고객 관계를 개선하고 싶은 분들에게 유익합니다.
  This presentation is beneficial to those who want to improve customer relations.

* 오늘 프레젠테이션은 다가오는 회계 감사에 관련된 분들에게 필수적일 거라고 생각합니다.
  I believe that today's presentation will be essential to those involved with the upcoming audit.

* 이 프레젠테이션은 여러분에게 팀에 적용될 수 있는 효율적인 코칭 방법을 소개합니다.
  This presentation introduces you to effective coaching methods to be utilized in a team.

* 이번 프레젠테이션은 시민 운동에서 NGO의 중요성을 보여드릴 겁니다.
  This presentation will help you see the importance of NGOs in civil movements.

* 팀을 더 효율적으로 관리하는 방법에 대한 정보를 얻으실 겁니다.
  You will take away tips on how to manage your teams more efficiently.

* 제 프레젠테이션은 어떤 협상이건 속도를 높여 주는 촉매 역할을 합니다.
  My presentation serves as a catalyst to speed up any negotiations.

상황 01 누구에게 도움이 되는지 설명할 때

형용사 beneficial(유익한), helpful(도움이 되는), useful(유용한) 등을 활용해서
프레젠테이션이 청중들에게 어떤 도움이 되는지 어필해 보세요.

대표표현 **This presentation is beneficial to those who want to improve customer relations.**

이 프레젠테이션은 고객 관계를 개선하고 싶은 **분들에게 유익합니다.**

This talk is beneficial for those who negotiate often at work.

이 **발표는** 업무상 협상을 자주 하시는 **분들에게 도움이 됩니다.**

• negotiate 협상하다

This presentation is helpful for those who want to develop their leadership skills.

이 **발표는** 리더십 기술을 개발하고 싶은 **분들에게 유익합니다.**

• develop 개발하다

This presentation is useful for the audience planning to retire soon.

곧 은퇴를 계획하고 있는 **청중에게 이 발표는 유익합니다.**

• retire 은퇴하다

This is beneficial to those who are considering a joint venture with Chinese companies.

이것은 중국 회사와 합작 투자를 고려중인 **분들에게 도움이 됩니다.**

• joint venture 공동 사업, 합작 투자

This talk is important to those who view corporate investments as a key revenue strategy.

이 **발표는** 기업 투자가 중요한 수익 전략이라고 보시는 **분들에게 중요합니다.**

대표표현 **I believe that today's presentation will be essential to those involved with the upcoming audit.**

오늘 프레젠테이션은 다가오는 회계 감사에 관련된 **분들에게 필수적일 거라고 생각합니다.**

I believe that today's presentation will be of great value to those seeking investment opportunities in Korea.

오늘 프레젠테이션은 한국에서 투자 기회를 찾고 계신 **분들에게 큰 가치가 있을 거라고 생각합니다.**

• be of great value 큰 가치가 있다

I believe that this talk will be of great value to those seeking employment in finance.

이 **발표가** 재무 분야에 취업하려는 **분들에게 큰 가치가 있을 거라고 생각합니다.**

상황 02 ▶ 어떤 정보를 주는지 설명할 때

introduce(소개하다), report(보고하다), help you see(당신이 보게 도와주다), let you understand(당신이 이해하게 해주다) 등의 동사 표현을 이용해서 청중들에게 어떤 정보나 사실을 전달하는지 설명해 보세요.

> **대표표현 This presentation introduces you to effective coaching methods to be utilized in a team.**
> 이 프레젠테이션은 여러분에게 팀에 적용될 수 있는 효율적인 코칭 방법을 **소개합니다.**

Our presentation officially introduces you to our newest and most state-of-the-art product line, the SCX 500.
저희 프레젠테이션에서는 최첨단 기술을 사용한 저희 최신 제품, SCX 500을 **공식적으로 소개합니다.**

　　　　　　　　　　　　　　　　　　　　　　• state-of-the-art 최첨단 기술을 사용한, 최신식의

This discussion reports on the upcoming challenges our company faces.
본 논의는 저희 회사가 겪을 다가오는 도전에 **관해 보고합니다.**

> **대표표현 This presentation will help you see** the importance of NGOs in civil movements.
> 이번 프레젠테이션은 시민 운동에서 NGO의 중요성을 **보여드릴 겁니다.**

Today's presentation will let you see how you can increase efficiency in your organization by using this system.
오늘 프레젠테이션은 이 시스템을 사용함으로써 어떻게 조직의 효율성을 높일 수 있는지 **보여드릴 것입니다.**

Today's talk will let you understand the reasons behind this year's budget cuts.
오늘 발표는 금년도 예산 감축의 숨은 이유를 여러분이 **이해하실 수 있게 해 드릴 겁니다.**

　　　　　　　　　　　　　　　　　　　　　　　　　　• budget cut 예산 감축

상황 03 ▶ 어떤 도움을 주는지 설명할 때

프레젠테이션에 참가한 청중들은 발표자의 발표를 통해 뭔가를 얻어 가고 싶어 합니다. 어떤 점을 얻을 수 있는지 강조해 줌으로써 청중들의 집중도를 높여 보세요.

> **대표표현 You will take away tips on how to manage your teams more efficiently.**
> 팀을 더 효율적으로 관리하는 방법에 대한 정보를 **얻으실 겁니다.**

You will take away the important elements of how to communicate effectively in the workplace.

직장에서 효과적으로 의사소통하는 방법에 관한 중요한 요소를 **얻어 가실 겁니다.**

You should take away recommendations regarding next year's sales strategy.

내년 매출 전략에 관한 추천사항을 **얻어 가시게 될 겁니다.**

대표표현 My presentation serves as a catalyst to speed up any negotiations.

제 프레젠테이션은 어떤 협상이건 속도를 높여 주는 촉매 **역할을 합니다.**

• serve as ∼의 역할을 하다 • catalyst 자극제, 촉진제

My presentation serves as a set of guidelines for dealing with our recent budget cuts.

제 **발표는** 최근 예산 감축에 대처하기 위한 하나의 지침 **역할을 합니다.**

My presentation will serve as a roadmap to an effective product launch in the apparel industry.

제 프레젠테이션은 의류업계에서 상품을 효과적으로 출시하기 위한 길잡이 **역할을 할 것입니다.**

• roadmap 길잡이

2단계

문장 만들기

문제를 풀고 정답을
확인한 후 mp3를
들으며 소리 내어 연습
하세요.

❶ 이 정보는 새로운 지점에서 일할 사람에게 필수입니다.　essential, branch

🎤 _____

❷ 이것은 커뮤니케이션 기술을 개선하고 싶은 분들에게 유익합니다.

beneficial, communication skill

🎤 _____

❸ 미국 배낭 여행에 관한 정보를 얻으실 겁니다.　take away, backpacking

🎤 _____

❹ 이 프레젠테이션은 향후 5년간의 전략적인 비즈니스 계획을 소개합니다.

introduce, strategic business plan

🎤 _____

❺ 이 프레젠테이션은 유럽에서 실시된 시장조사 결과를 여러분께 보여드릴 겁니다.

let you see, marketing research, carry out

🎤 _____

❻ 본 논의는 저희 회사의 새로운 비전에 관해 보고합니다.　discussion, report, vision

🎤 _____

❼ 오늘 프레젠테이션은 사업 제안서를 작성하고 계시는 분들에게 큰 가치가 있을 거라고 생각합니다.　of great value, those, business proposal

🎤 _____

모범 영작

❶ This information is essential to those who will be working at the new branch. ❷ This is beneficial to those who want to improve their communication skills. ❸ You will take away tips on backpacking in the United States. ❹ This presentation introduces you to our strategic business plan for the next five years. ❺ This presentation will let you see the results of the marketing research carried out in Europe. ❻ This discussion reports on our company's new vision.
❼ I believe that today's presentation will be of great value to those writing business proposals.

10

청중의 궁금증 유발하기

지난번 프로젝트가 실패한 이유에 대해 생각해 보셨습니까?

강의 및 예문듣기

프레젠테이션을 듣는 청중은 서로 다른 생각을 가진 전혀 다른 개체입니다. 따라서 발표자는 다양한 유형의 청중에게 동일한 관심을 유발시킬 필요가 있습니다. 이때 청중의 관심과 집중을 한데 모을 수 있는 테크닉이 필요한데요. 이런 경우에 궁금증을 유발하는 화법을 구사하면 효과적입니다. 이번 Unit에서는 청중이 경험해 봤을 만한 상황, 알고 있어야 할 사실, 청중의 추측 등에 대해 질문하면서 이목을 집중시킬 수 있는 방법을 익혀 봅시다.

🎧 10-1.mp3

준비 단계

패턴 미리보기

궁금증 유발하기 대표 패턴 🧑‍💬

* **우리 고객들의 관심사에 대해 생각해 보신 적 있으십니까?**
  Have you ever thought about the interests of our customers?

* **상사와 대립해야 했던 상황에 처한 적이 있으십니까?**
  Have you ever been in a situation where you had to confront your boss?

* **지구의 75%가 물로 덮여 있다는 것을 알고 계셨습니까?**
  Did you know that 75% of the Earth is covered with water?

* **한국에서 교육비가 왜 계속 오르는지 아십니까?**
  Do you know why education expenses are on the steady rise in Korea?

* **KTT 사를 누가 창립했는지 추측하실 수 있겠습니까?**
  Can you guess who founded KTT?

상황 01 **경험해 봤는지 물어볼 때**

청중에게 질문을 던짐으로써 주제의 중요성과 청중의 경험을 연관 지을 수 있습니다. 뭔가를 생각해 봤거나 경험해 봤는지 질문을 던져 주제를 강조함과 동시에 청중의 궁금증을 유도해 보세요.

대표표현 **Have you ever thought about the interests of our customers?** 우리 고객들의 관심사에 대해 생각해 보신 적 있으십니까?

Have you ever wondered why we failed the last project?
우리가 지난번 프로젝트를 왜 실패했는지 생각해 보셨습니까?

Have you ever wondered why there are fewer women in the executive level?
왜 고위 간부직에 여성이 적은지 생각해 보신 적 있으십니까?

• executive 경영진, 간부; 경영의

대표표현 **Have you ever been in a situation where you had to confront your boss?** 상사와 대립해야 했던 상황에 처한 적이 있으십니까?

• confront 맞서다, 직면하다

Have you ever been in a situation in which you had to prioritize the company values?
회사 가치에 우선순위를 둬야 했던 상황에 처한 적이 있으십니까?

• prioritize ~에 우선순위를 두다

Have you ever been in a position of power?
힘 있는 자리에 있어 본 적이 있으십니까?

상황 02 **특정 사실을 알고 있냐고 물어볼 때**

발표 주제와 관련된 상식, 시사 이슈 등을 알고 있는지 Did you know ~?나 Do you know ~?를 이용해 물어보세요. 이런 정보를 질문으로 던지면 내용의 중요성을 강조할 수 있습니다.

대표표현 **Did you know that 75% of the Earth is covered with water?** 지구의 75%가 물로 덮여 있다는 것을 알고 계셨습니까?

Did you know that our sales outcome last year was the best ever in 10 years?
우리의 작년 매출 결과가 10년 만에 가장 좋았다는 것을 알고 계셨나요?

Did you know that Korea produces about 4.5 million tons of rice per year?
한국은 매년 약 450만 톤의 쌀을 생산한다는 것을 알고 계셨습니까?

Wimmer's Tip

깜짝 놀랄 만한 정보를 제공한 후 It surely is striking/surprising/shocking/a shock. (정말 깜짝 놀랄 만하지요.)라고 말하여 청중과 교감하는 것도 좋은 방법입니다.

대표표현 **Do you know why** education expenses are on the
steady rise in Korea?　한국에서 교육비가 **왜** 계속 오르는지 **아십니까?**

Do you know why the Internet is a more effective advertising media than
television?
인터넷이 텔레비전보다 더 효과적인 광고 매체인 **이유를 알고 계십니까?**

Do you know why a dynamic style of management is efficient in a small
business?
왜 역동적인 경영 방식이 소규모 회사에 효율적인지 **알고 계십니까?**

상황 03 뭔가를 추측해 보라고 유도할 때

사람들은 관심을 집중하고 있는 누군가가 육하원칙(언제, 어디서, 누가, 무엇을,
어떻게, 왜) 성격의 질문을 던지면 반사적으로 그 대답을 추측해 보면서 내용에
관심을 갖게 됩니다.

대표표현 **Can you guess who** founded KTT?
KTT 사를 누가 창립했는지 **추측하실 수 있겠습니까?**

Can you guess what SMART stands for?
SMART가 **무엇을** 의미하는지 **추측하실 수 있겠습니까?**

Can you guess why our clients are never fully satisfied with our products?
우리 고객들이 우리 상품에 완전히 만족하지 않는 **이유를 추측하실 수 있겠습니까?**

Can you guess how many affiliated companies we have?
우리 회사의 계열사가 **몇 개인지 추측하실 수 있겠습니까?**

* affiliated company 계열사, 자회사

🎧 10-3.mp3

2단계

문장 만들기

문제를 풀고 정답을
확인한 후 mp3를
들으며 소리 내어 연습
하세요.

① 회사 정책의 윤리를 의심하는 상황에 처해 본 적이 있으십니까?

situation, question, ethics

🎤 ....

② 좋은 교사의 자격 조건을 추측하실 수 있습니까?　qualities

🎤 ....

③ 보통 직장인은 하루 50번 이상 방해 받는다는 사실을 알고 계셨습니까?

average employee, interrupt, per work day

🎤 ....

④ 어떻게 직원들의 사기를 북돋울 수 있는지 자기 자신에게 물어본 적 있으십니까?

improve, employee morale

🎤 ....

⑤ 저희 신상품이 저희 고객들의 관심을 끄는 데 실패한 이유에 대해 생각해 보셨습니까?

wonder, fail, grab one's attention

🎤 ....

⑥ 여러분은 회장님이 '청렴'을 창립 이념으로 두신 이유를 추측하실 수 있겠습니까?

integrity, founding philosophy

🎤 ....

⑦ 인터넷이 텔레비전보다 더 효과적인 광고 매체인 이유를 알고 계십니까?

effective, advertising media

🎤 ....

모범 영작

① Have you ever been in a situation where you questioned the ethics of a company policy?
② Can you guess the qualities of a good teacher? **③** Did you know that the average employee
is interrupted more than 50 times per work day? **④** Have you ever asked yourself how you could
improve employee morale? **⑤** Have you ever wondered why our latest products failed to grab our
customers' attention? **⑥** Can you guess why our CEO puts "integrity" as a founding philosophy?
⑦ Do you know why the Internet is a more effective advertising media than television?

실전 프레젠테이션 훈련 ❸

Unit 08~10에서 배운 표현들이 실제 프레젠테이션에서 어떻게 활용되는지 확인해 보세요.

---

1. 외향적 · 사교적 · 비전문적인 청중의 관심 끌기   p r e s e n t a t i o n

발표 주제에 대해 전문적으로 알고 있지는 않지만 관심을 갖고 있는 사람들로 청중이 구성된 경우로서 참여율이 비교적 높은 편입니다. 따라서 딱딱하고 간결한 표현보다는 청중에게 되도록 많은 질문을 던져 참여를 권장하는 분위기를 조성하거나 감정에 호소하는 것이 효과적입니다.

How many of you here agree with me that the Internet can be fatal to children? This presentation introduces you to some of the risks behind Internet usage for children. Did you know that more than 40% of children under the age of 15 have been exposed to pornographic sites? It surely is striking. Put yourselves into the shoes of parents and children. What can we do to protect our children from these harmful websites?

여기 계신 여러분 가운데 몇 분이나 인터넷이 어린이들에게 치명적일 수 있다는 제 의견에 동의하십니까? 본 프레젠테이션은 여러분에게 아이들의 인터넷 사용에 숨겨진 위험에 대해 소개합니다. 15세 미만의 어린이 중 40% 이상이 음란 사이트에 노출된 경험이 있다는 것을 알고 계셨습니까? 정말이지 깜짝 놀랄 일입니다. 아이들과 부모의 입장에서 생각해 보세요. 우리 아이들을 이런 유해 사이트로부터 보호하기 위해 우리가 할 수 있는 일에는 무엇이 있을까요?

• fatal 치명적인 • expose 노출시키다 • pornographic 외설스러운, 음란한 • striking 주목할 만한, 놀라운 • put oneself into the shoes of ~의 입장이 되어 생각하다

2. 내향적 · 분석적 · 전문적인 청중의 관심 끌기 presentation

참여율이 낮은 부류입니다. 이런 부류의 청중은 길고 장황한 프레젠테이션을 싫어합니다. 꼭 필요한 내용만 제공하고 너무 많은 질문은 피하도록 하세요. 회계사나 컨설턴트처럼 분석적이며 데이터를 중시하므로 수치 등을 적절하게 사용하여 간단명료하게 진행하는 것이 좋습니다.

Let us think for a moment about e-business. Did you know that 84 percent of all Internet shoppers will only wait 5 seconds for a web page to load? Then, how would you go about managing the loading speed of your e-business website? I believe that today's presentation will be of great value to those considering e-business expansion.

인터넷 사업에 관해 잠시 생각해 보죠. 여러분은 온라인 쇼핑 구매자 중 84%가 웹페이지가 뜨기까지 5초밖에 기다리지 않는다는 사실을 알고 계셨습니까? 그렇다면 여러분의 인터넷 사업 웹사이트의 로딩 속도를 어떻게 관리하시겠습니까? 오늘 프레젠테이션은 인터넷 사업 확장을 고려하고 계신 분들에게 큰 가치가 있을 거라고 생각합니다.

• e-business 인터넷 사업 • shopper 물건 사는 사람 • load (프로그램 · 데이터를) 로딩하다. 시작하다 • go about ~하려고 애쓰다 • of great value 매우 가치 있는 • expansion 확대, 확장

지피지기면 백전백승, 청중을 분석하여 공감대를 형성하라

발표자는 프레젠테이션을 시작하기에 앞서 내가 설득해야 할 사람이 누구인지, 그들이 무엇을 기대하는지, 무엇을 알고 무엇을 모르는지, 어떤 커뮤니케이션 스타일을 선호하는지 사전 조사할 필요가 있습니다. 이런 기본적인 내용도 모른 채 성공적인 발표를 기대할 수는 없습니다. 자신의 발표 대상인 청중의 특성을 미리 파악하여 그에 걸맞는 방법으로 오프닝에서 그들의 관심을 장악한다면 나머지 파트는 쉽게 따라올 것입니다. 따라서 여기에서는 다섯 가지로 청중을 분류하여 각 유형이 가지고 있는 특성을 분석해 보도록 합시다.

1. 내향적인 스타일

가장 많은 부류의 청중으로서, 수줍음을 많이 타고 조용한 그룹입니다. 비전문가층인 경우가 많아 발표자보다 발표 내용에 관한 지식이 적은 경우가 대부분입니다. 조용히 앉아 발표를 수동적으로 듣기를 선호하지요. 이런 부류의 청중에게는 초반부터 너무 부담을 줘서는 안 됩니다. 쉬운 질문으로 시작하여 점차 가까워지도록 합니다.

2. 사회적인 스타일

조직 내의 관계를 중요시하는 청중으로서, 주로 회사 동료나 학교 동기생들로 구성되어 있습니다. 의사 결정 과정에서 다수가 만족하는 결정이 내려지도록 유도하고 상황이 파악되기 전에는 자기 의견을 먼저 밝히지 않습니다. 조화나 협동 등을 중요시하므로 너무 튀거나 비판적인 접근 방식은 피하세요.

3. 공격적인 스타일

나서기 좋아하고 비판적이며 무엇이든 과시하며 끼어들기 좋아하는 그룹입니다. 이익 단체나 로비스트 그룹 등이 이에 속하며 자기 의견이 분명하여 간혹 통제가 불가능할 정도의 저돌성을 보이기도 합니다. 한두 사람이 너무 튀거나 오래도록 계속 말하는 경우에는 상황에 따라 발언권을 제한해야 합니다.

4. 직선적인 스타일

주로 고위 간부, 전문가, 의사 결정권자가 많습니다. 바쁘고, 성격이 급하고, 시간 낭비를 싫어하는 스타일로서 정곡을 찌르는 직접적인 발표 방식을 선호합니다. 이런 그룹의 청중에게는 장황한 설명은 금물이며 대신 짧고 간략하게 증거 자료 등을 사용하여 어필하세요.

5. 분석적인 스타일

주로 재무, 회계, 엔지니어링, 조사업계, IT 등의 전문가 그룹입니다. 숫자나 프로세스를 굉장히 중요시하므로 발표자가 준비를 잘해 왔는지 꼼꼼히 따져 보는 스타일입니다. 따라서 세부 사항에 신경을 써야하고 많은 분석 과정을 거쳤다는 사실을 인용 자료, 증빙 자료 등으로 보여 주는 것이 효과적입니다.

구조적으로
설명하기

혹시 프레젠테이션을 마친 후 깜박 잊고 빠뜨린 자료를 발견했거나 시간 부족으로 준비한 내용을 모두 발표하지 못해서 후회한 적이 있습니까? 이런 일을 예방하기 위해서는 발표를 준비할 때 어떤 순서로 전개할지 전체적인 구조를 짜는 것이 중요합니다. 이때 다음과 같은 방법을 염두에 두고 구조를 짜 보세요.

11

논리적으로 전개하기

첫 번째로 저희 투자 계획의 현황에 대해 말씀드리겠습니다.

강의 및 예문듣기

프레젠테이션 주제에 따라 더욱 논리적인 진행이 필요한 경우가 있습니다. 문제를 제시하고 대안이나 해결 방안을 제공하는 내용이거나 목표와 전략, 그에 따른 계획 등을 체계적으로 설명해야 하는 경우가 그렇습니다. 논리적인 진행을 할 때 프레젠테이션의 기본 구조는 [문제] → [대안] → [해결 혹은 목표] → [전략] → [계획] 등의 순서가 되는데요. 이 과에서는 논리적인 구조로 발표 내용을 풀어 갈 때 쓸 수 있는 표현을 익혀 봅시다.

🎧 11-1.mp3

준비 단계

패턴 미리보기

논리적 전개 대표 패턴 🧑💬

* 제가 다루고 싶은 첫 번째 주제는 저희의 반품 및 교환 관련 정책입니다.
The first subject I'd like to cover is our policy on returns and exchanges.

* 미국 시장 문제로 넘어가면, 제가 드릴 수 있는 말씀은 전망이 밝다는 것입니다.
Moving on to the question of the US market, I would say that the prospect is positive.

* 뿐만 아니라 오늘 미 달러화는 일본 엔화에 대해 급락했습니다.
Moreover, the US dollar dropped sharply against the Japanese yen today.

* 따라서 재무팀은 연구개발에 예산을 늘리는 것이 바람직합니다.
Therefore, it's desirable for the finance team to raise the budgets on research and development.

* 구조조정 건에 관해 제가 드릴 말씀은 이것이 전부입니다.
This is all I have for the issue of restructuring.

프레젠테이션에서 구조적으로 설명할때 유용한 패턴을 익히세요.

상황 01 의제를 순서대로 제시할 때

본문 설명이 긴 경우에는 의제를 확실하게 구분해 주는 것이 좋습니다. 이때 Firstly(첫째), Secondly(둘째), Thirdly(셋째), Next(다음으로), Finally(마지막으로) 등을 사용하면 됩니다. 하지만 같은 프레젠테이션 안에서 의제를 제시할 때마다 쓰게 되면 식상한 느낌이 들 수도 있으니 꼭 필요한 경우(예를 들어 주제의 특성상 각 내용을 확실히 구분해야만 하는 경우)에만 사용하도록 하세요.

대표표현 Firstly, let me tell you the current status of our investment plan. 첫 번째로 저희 투자 계획의 현황에 대해 말씀드리겠습니다.

Secondly, I would like to move on to some methods to spice up your PowerPoint presentation.
두 번째로 여러분의 파워포인트 프레젠테이션을 활기 있게 만드는 방법으로 넘어가도록 하겠습니다.
• spice up 양념을 추가하다. 더 멋지게 만들다

Next, I'd like to go over some of these figures.
다음으로 이 수치들을 살펴보도록 하겠습니다.

Finally, I will provide some comments on our new product.
마지막으로 신상품에 관한 몇 가지 견해를 말씀드리겠습니다.

상황 02 의제를 중요도 순으로 제시할 때

첫 번째 포인트가 가장 강조되고 청중의 기억에도 오래 남는 경향이 있습니다. 청중의 집중력은 발표를 시작할 때 가장 높은 상태라는 점을 이용해 강조하고 싶은 중요한 포인트를 먼저 설명하세요.

대표표현 The first subject I'd like to cover is our policy on returns and exchanges.
제가 다루고 싶은 **첫 번째 주제는** 저희의 반품 및 교환 관련 정책입니다.
• return 반품 • exchange 교환

The first point I'd like to bring up is that offering a trial size or sample products can lead to increased sales.
제가 언급하고 싶은 **첫 번째 포인트는** 테스트용 제품이나 샘플 제품을 나눠 주는 것이 매출 증가로 이어질 수 있다는 것**입니다.**
• bring up (화제를) 꺼내다 • trial size 테스트용 제품

The most important point I'd like to emphasize is that unequal access to capital is the major impediment to economic success for all.
제가 강조하고 싶은 **가장 중요한 포인트는** 자본의 불공평한 이용이 모두의 경제적 성공을 가로막는 주요 걸림돌이라는 것**입니다.**
• access to ~에 대한 접근[이용] • capital 자본 • impediment to ~에 대한 장애[걸림돌]

상황 03 보충하는 내용을 연결할 때

앞 문장에 대해 보충하는 내용을 연결할 때는 '뿐만 아니라'는 의미로 moreover, what's more, in addition to, additionally 등을 사용하세요. 습관적으로 and만 사용하지 말고 다양한 연결 표현을 자연스럽게 쓸 수 있도록 연습합니다.

대표현 Moreover, the US dollar dropped sharply against the Japanese yen today.

뿐만 아니라 오늘 미 달러화는 일본 엔화에 대해 급락했습니다.

• drop against ~에 대해 떨어지다 • sharply 급격히

In addition to this shortage of a sales workforce, we need to take measures to reduce the high turnover rate.

영업 인력의 부족**뿐만이 아니라** 높은 이직률을 줄일 방안을 마련해야 합니다.

• measure 방안 • turnover rate 이직률

What's more, most businesses react to market forces by making changes to the goods and services they offer.

또한 대부분의 회사들은 그들이 제공하는 제품과 서비스에 변화를 줌으로써 시장의 힘에 대응합니다.

• market forces 시장의 힘

상황 04 반대되는 내용을 연결할 때

앞 문장과 반대되는 내용을 연결할 때, 예상 밖의 부정적인 결론을 설명할 때는 despite(~에도 불구하고)이나 however(하지만)를 사용합니다. 격식 없는 발표 자리에서는 but을 사용해도 됩니다.

대표현 Despite the solutions we provided last time, the communication problems still remain in our department.

지난번에 제공한 해결 방안에도 **불구하고** 우리 부서에 의사소통 문제는 여전히 남아 있습니다.

Our company is offering staff flexible working hours. **However**, the summer flextime is likely to vary.

저희 회사는 직원들에게 근무시간 자유선택제를 제공합니다. **하지만** 하계 근무시간 자유선택제는 다를 것 같습니다.

• flexible working hours, flextime 근무시간 자유 선택제

More and more new technology is being developed, **but** our customers seem uncomfortable with the changes. 점점 더 많은 신기술이 개발되고 **있지만** 우리 고객들은 그 변화에 불편해 하는 것 같습니다.

앞 문장에 대한 결과를 연결할 때

앞 내용과 이제 말하게 될 내용을 원인과 결과로 연결해 줄 때는 So를 사용해 보세요. So는 Therefore나 Thus보다는 덜 강조된 느낌으로 앞뒤 내용을 연결해 줍니다.

> **대표표현** **So** what can you do to prevent back strain or injury?
>
> 그렇다면 허리 통증이나 부상을 예방하려면 무엇을 할 수 있을까요?

❗ 습관적으로 So로 문장을 시작하는 것은 좋지 않습니다. 앞 문장에 대한 결과를 전달할 때만 사용하도록 합니다.

So the next time you need some refreshment after a tough game or exercise class, reach for Thirst Quench!
따라서 다음에 힘든 경기나 운동 후 원기 회복제가 필요하다면 Thirst Quench를 마시세요!

　　　　　　　　　　　　　　　　　　• refreshment 원기 회복제 • reach for ~을 잡다. 얻다

So you can build funds for mortgage payoff, retirement or other goals.
따라서 융자금 상환이나 퇴직금, 혹은 다른 목적을 위해 자금을 모을 수도 있습니다.

　　　　　　　　　　　　　　　　　　　　　　　　• mortgage payoff 융자금 상환

> **대표표현** **Therefore**, it's desirable for the finance team to raise the budgets on research and development.
>
> **따라서** 재무팀은 연구개발에 예산을 늘리는 것이 바람직합니다.

Our company currently has the second-largest oil plant in Iraq following Exxon of the United States. **Thus**, the possibility is very high that we may be the next target of terrorists.
우리 회사는 현재 미국 Exxon 사에 이어 이라크에 두 번째로 큰 원유 공장이 있습니다. **따라서** 우리가 테러리스트들의 다음 목표가 될 가능성은 무척 높습니다.

As a result, we need to negotiate between labor and management.
결과적으로 우리는 노사간 협상을 해야 합니다.

다음 주제로 자연스럽게 넘어갈 때

바로 앞에서 설명한 사항과 연관이 있거나 보충하는 이야기로 넘어갈 때 자연스럽게 연결할 수 있는 표현들입니다. 관계대명사 which, that, who 등을 사용하여 보충설명을 해주세요.

> **대표표현** **That brings me to my next point, which is a way for our company to lower taxes.**
>
> 그 내용은 제 다음 포인트인 우리 회사가 세금을 줄이는 방법**으로 연결됩니다.**

This brings us to the next point, which is the importance of management training courses.
이 내용은 다음 포인트인 경영 훈련 과정의 중요성**으로 연결됩니다.**

This brings me to my conclusion that the global environment is deteriorating at an alarming rate.
이 내용은 지구 환경이 급속도로 악화되고 있다**는 제 결론으로 연결됩니다.**

· deteriorate 악화하다 · at an alarming rate 급속도로

> **대표표현** **Moving on to the question of the US market, I would say that the prospect is positive.**
>
> 미국 시장 문제**로 넘어가면**, 제가 드릴 수 있는 말씀은 전망이 밝다는 것입니다.

Moving on to the problem of deforestation, I would like to suggest planting more trees on mountains systematically.
산림 파괴 문제**로 넘어가면**, 저는 산에 좀 더 많은 나무를 체계적으로 심을 것을 제안하고 싶습니다.

· deforestation 산림 파괴

Winner's Expression

1. 추가사항을 덧붙일 때

* Furthermore, 주어 + 동사 더욱이 ~이다
* To add to that, 주어 + 동사 게다가 ~이다
* Besides, 주어 + 동사 그 밖에 ~이다
* Therefore, 주어 + 동사 그래서 ~이다
* In comparison, 주어 + 동사 비교하자면 ~이다
* As with the first case, 주어 + 동사 첫 번째 경우와 같이 ~이다

2. 예상 밖의 내용이나 반대되는 내용을 설명할 때

* However / Yet / Still, 주어 + 동사 그러나 ~이다
* On the contrary, 주어 + 동사 반대로 ~이다
* On the other hand, 주어 + 동사 한편으로는 ~이다
* Though / Although / Even though + 주어 + 동사 비록 ~이지만
* In spite of the fact that + 주어 + 동사 / Despite the fact that + 주어 + 동사 ~라는 사실에도 불구하고

Moving on to the practical application of this tool, I would like to emphasize that we should undergo extensive training sessions.

이 도구의 실질적인 적용**으로 넘어가서** 우리는 대대적인 훈련 기간을 거쳐야 한다는 것을 강조하고 싶습니다.

• application 적용, 응용 • undergo (특히 변화·안 좋은 일 등을) 겪다, 받다

상황 07 ▶ 주제의 설명을 마무리할 때

다음 주제로 넘어가기 전에 현재 주제에 대한 설명을 마치면서 쓰는 표현입니다.

> **대표표현** **This is all I have for** the issue of restructuring.
>
> 구조조정 건에 관해 **제가 드릴 말씀은 이것이 전부입니다.**

That's all for this topic. 이것으로 이 주제를 **마치겠습니다.**

That's all I wanted to say about the housing policy for low-income earners.
이것으로 저소득층을 위한 주택 정책에 대한 **제 얘기를 마치겠습니다.**

> **대표표현** **I guess this concludes** this part of my presentation.
>
> **이것으로** 프레젠테이션의 이 부분은 **결말에 이른 것 같습니다.**

I think that pretty much covers the issue of last year's trade deficit.
작년 무역 적자 건에 대해서 **거의 다 다룬 것 같습니다.**

• trade deficit 무역 적자

I think that pretty much concludes my point here.
지금까지 내용이 대체로 제가 말씀드리고자 하는 포인트의 **결말입니다.**

 Winner's Expression 청중의 반응을 살피는 법

마무리를 하기 전이나 후에 청중이 잘 따라오고 있는지 중간 확인을 하세요. 간단한 질문을 하거나 청중이 이해하지 못한 부분은 없는지 확인하고 다음 주제로 넘어가도록 합니다.

Does anyone have any questions up to this point?
여기까지 질문 있는 분 계십니까?

Are there any questions before I move on?
다음 주제로 넘어가기 전에 혹시 질문 있으십니까?

🎧 11-3.mp3

2단계

문장 만들기

문제를 풀고 정답을
확인한 후 mp3를
들으며 소리 내어 연습
하세요.

① 그렇다면 강제적 인수를 예방하기 위해서 무엇을 할 수 있을까요?

forcible takeover

🎤 ....

② 첫 번째로 저희 투자 계획의 현황에 대해 말씀드리겠습니다.

let me, current status, investment

🎤 ....

③ 또한 우리는 금년 초에 세운 매출 목표를 달성할 것으로 예상합니다.

achieve, sales target, set

🎤 ....

④ 이 내용은 한국을 동북아 비즈니스 허브로 만드는 방법에 관한 저의 다음 포인트로 연결됩니다.   Northeast Asia, business hub

🎤 ....

⑤ 이것으로 경제 불균형에 관한 얘기를 마치겠습니다.   all, economic imbalance

🎤 ....

⑥ 지난 분기 실적에 대해서 거의 다 다룬 것 같습니다.

cover, performance, quarter

🎤 ....

⑦ 따라서 우리는 일정을 재조정해야 합니다.   reschedule

🎤 ....

모범 영작

❶ So what can you do to prevent a forcible takeover? ❷ Firstly, let me tell you the current status of our investment plan. ❸ Moreover, we expect to achieve the sales target we set early this year. ❹ This brings me to my next point, which is how to make Korea a Northeast Asia business hub. ❺ That's all I want to say about the economic imbalance. ❻ I think that pretty much covers the performance of the last quarter. ❼ Therefore, we need to reschedule.

112

12 시간 순으로 전개하기

지난 분기 이전에 본사 수익은 연간 20% 성장했습니다.

강의 및 예문듣기

과거의 사실과 비교해서 현재의 안건을 설명하거나 어떤 역사적 사실과 관련지어 설명할 때는 내용을 시간 순으로 전개하는 것이 효과적입니다. 예를 들면 과거에 있었던 상황을 먼저 설명한 다음, 현재 상황과 연결해 차이점이나 유사점을 강조하고, 마지막으로 향후 목표나 예측 결과를 전달하는 구조이지요. 〈과거의 상황 설명〉 → 〈현재의 상황 설명〉 → 〈미래의 목표 제시〉 → 〈목표 달성 방법〉과 같이 시간 순에 따른 전개를 활용해 보세요.

🎧 12-1.mp3

준비 단계

패턴 미리보기

시간 순 전개 대표 패턴 👤💬

* **지난 분기 이전에 본사 수익은 연간 20% 성장했습니다.**
  Prior to last quarter, our revenues grew at an annual rate of 20%.

* **1950년대 중반으로 거슬러 올라가면, 한국의 GDP는 겨우 66달러 정도였습니다.**
  Back in the mid 1950's, Korea's GDP was only about 66 dollars.

* **3월 이후로 소비자들이 우리 제품의 품질에 대해 계속 불평을 하고 있습니다.**
  Since March, customers have been complaining about our product quality.

* **그 이후로 이윤이 한 달에 15%씩 계속 감소하고 있습니다.**
  From then on, our profits have been decreasing by 15% a month.

* **우리의 목표는 다가오는 5년 내에 수익 1,000억 원을 달성하는 것입니다.**
  In the coming five **years**, our goal is to reach 100 billion KRW in revenue.

상황 01 과거 사실을 설명할 때

과거의 사실이나 과거에 진행되었던 일을 표현할 때는 과거형 동사를 쓰는 것은
물론 과거를 알리는 시간부사나 전치사를 적극 활용하세요.

> **대표표현** **Prior to** last quarter, our revenues grew at an annual
> rate of 20%.　지난 분기 이전에 본사 수익은 연간 20% 성장했습니다.
>
> • revenue 수익　• at an annual rate of 매년 ~의 비율로

Prior to the latest case of mad-cow disease, Korea was the third-biggest
importer of U.S. beef in the world.

최근 광우병 사태 **전에는** 우리나라가 미국산 쇠고기를 세계에서 세 번째로 많이 수입하는 나라였습니다.

• mad-cow disease 광우병

The major opposition party was the Republican Party just **prior to** the 2016
presidential election.

2016년 대통령 선거 바로 **전까지** 제1야당은 공화당이었습니다.

• opposition party 야당　• Republican party 공화당

> **대표표현** **Back in** the mid 1950's, Korea's GDP was only about
> 66 dollars.
> 1950년대 중반으로 **거슬러 올라가면**, 한국의 GDP는 겨우 66달러 정도였습니다.

Back in the late 1990s, small and medium businesses like us had a tough
time in the Korean market.

1990년도 말로 **거슬러 올라가 보면**, 우리 같은 중소기업들은 한국 시장에서 어려움을 겪었습니다.

SN Corporation had initially requested us to revise a total of 35 portions of
previous contract terms for accuracy **back in** 2015.

2015년에 SN 사는 정확을 기하기 위해 우리에게 이전 계약조건 중에서 총 35곳을 수정해 줄 것을 처음으로 요
청했습니다.

상황 02 과거에서 현재까지 지속되는 상황을 설명할 때

과거에 도입한 제도가 지금까지 어떻게 진행되었는지 성과를 설명할 때, 과거의
특정한 때를 기준으로 현재까지의 진척 상황을 정리할 때는 현재완료형(have +
p.p.)이나 현재완료진행형(have been -ing)을 사용해서 말해 보세요.

> **대표표현** **Since** March, customers **have been complaining**
> about our product quality.
> 3월 **이후로** 소비자들이 우리 제품의 품질에 대해 **계속 불평**을 하고 있습니다.

Since the government opened the market to China two years ago, 14 foreign brands **have entered** with only nominal import taxes.
2년 전 정부가 중국 시장을 개방한 **이후로** 14개의 외국 브랜드가 명목상의 수입 관세만 물고 **들어왔습니다**.

• nominal 명목상의 • import tax 수입 관세

Since September, the total index **has remained** below 50 for the seventh consecutive month. 9월 **이후** 총 지수는 7개월째 줄곧 50을 밑돌았습니다.

> **대표표현** **From then on**, our profits **have been decreasing** by 15% a month. 그 이후로 이윤이 한 달에 15%씩 **계속 감소하고 있습니다**.

From then on, the scholarship **has been generated** through individual contributions from employees.
그 이후로 그 장학금은 직원들의 개인적인 기부금으로 **계속 조성해 오고 있습니다**.

• generate 만들어 내다 • contribution 기부금

From then on, we **have observed** rapid growth in our businesses.
그 이후로 저희 사업은 **계속 급성장했습니다**.

상황 03 **특정한 기간에 일어난 일을 설명할 때**

다른 일이 일어나고 있는 동안에 할 일을 말할 때는 meanwhile(그러는 동안), 두 가지 시점이나 사건들 사이에 할 일을 말할 때는 in the meantime(그 동안에)을 사용합니다. meanwhile은 '한편'이라는 뜻으로도 쓰여요.

> **대표표현** **Meanwhile, we have to increase our revenue.**
> 그러는 **동안** 우리는 수익을 증가시켜야 합니다.

In the mean time, we should be ready for new changes.
그 **동안** 우리는 새로운 변화에 대비해야 합니다.

Meanwhile, the government promises to hold the annual inflation rate at 3 percent or less. **한편** 정부는 연간 물가 상승률을 3퍼센트 이하로 유지할 것이라고 약속합니다.

 **Winner's Expression**   **특정 기간 동안의 성과를 설명하는 방법**

since 대신 〈for + 기간〉을 넣으면 특정 기간 동안 성취한 실적이나 성과를 설명할 수 있습니다.

We've helped 30,000 people **since** 1981.
저희는 1981년부터 3만 명을 도왔습니다.

We've helped 30,000 people **for** 26 years.
저희는 26년 동안 3만 명을 도왔습니다.

대표표현 **Over the course of** this year, the number is going to grow into tens of thousands of factories.

올 한 해 **동안** 공장의 수는 수만 개로 증가할 것입니다.

The government has been working on raising government employees' paychecks to the levels of leading private companies **over a period of** five years. 정부는 공무원들의 급여를 선도적인 사기업 수준으로 끌어올리기 위해 5년 **동안** 노력해 오고 있습니다.

　　　　　　• government employee 공무원 • paycheck 급여, 월급 • private company 개인 회사, 일반 기업

As the debt piles up **over the course of** the financial difficulty, our company has closed down low-return enterprises.

재정 위기 **동안** 부채가 쌓여감에 따라 저희 회사는 수익성이 낮은 사업을 접어 왔습니다.

　　　　　　• close down 폐쇄하다, 폐업하다 • low-return enterprise 수익성이 낮은 사업

상황 04 **미래의 계획을 설명할 때**

미래의 목표나 해결방안을 설명할 때는 '몇 년 이내에 무엇을 추진하겠다', '이후 몇 년 동안 상황을 지켜보고 새로운 계획을 준비하겠다'와 같이 구체적인 time frame(시간 틀)을 제시해 주는 것이 좋습니다.

대표표현 **Koland will continue to put more emphasis on customer convenience and profit maximization in the coming 3 years.**

한국토지공사는 **향후 3년에 걸쳐** 고객 편의와 이익 극대화에 계속해서 더욱 중점을 둘 것입니다.

OneNAND will serve as cash cows for Datai Electronics **in the coming years**. OneNAND는 **향후** 다타이전자의 주 수익원이 될 것입니다.

　　　　　　• cash cow 돈벌이가 되는 상품이나 사업

In the coming five years, our goal is to reach 100 billion KRW in revenue. 우리의 목표는 **다가오는** 5년 내에 수익 1,000억 원을 달성하는 것입니다.

 Winner's Expression　　**격식 있게 강조하는 방법**

좀 더 격식 있는 방법으로 내용을 강조하고 싶을 때, 혹은 청중의 주의를 집중시키고 싶을 때는 주어 뒤에 meanwhile를 넣고 잠시 말을 멈춘 다음 내용을 연결하세요.

The government, (잠깐 쉬고) meanwhile, (잠깐 쉬고) provides subsidies to those businesses in need. 한편 정부는 어려움에 처한 기업에 보조금을 제공합니다.

　　　　　　• subsidy 보조금, 장려금

🎧 12-3.mp3
2단계
문장 만들기

문제를 풀고 정답을
확인한 후 mp3를
들으며 소리 내어 연습
하세요.

❶ 약 2,100개의 소프트웨어 회사가 올해 1월 이후로 문을 닫았습니다.   shut down

🎤 ......

❷ 한편 산업단지는 서울 인근의 경기도에 개발될 것입니다.
industrial complex, neighboring, province

🎤 ......

❸ 그 이후로 이윤이 한 달에 15%씩 계속 증가하고 있습니다.   profit, increase

🎤 ......

❹ 지난 분기 이전에 본사 수익은 연간 30% 성장했습니다.   revenue, at an annual rate of

🎤 ......

❺ 그러는 동안 우리는 기존 고객을 유지해야 합니다.   maintain, existing customer

🎤 ......

❻ 올 한 해 동안 약 200명의 신입사원을 채용하였습니다.   hire, new employee

🎤 ......

❼ 앞으로 3년간 우리는 중국에 우세를 점하기 위한 방안을 모색할 것입니다.
seek, gain an edge over

🎤 ......

[모범 영작]

❶ Some 2,100 software companies have shut down since January of this year. ❷ Meanwhile, industrial complexes will be developed in Seoul's neighboring Gyeonggi Province. ❸ From then on, our profits have been increasing by 15% a month. ❹ Prior to last quarter, our revenues grew at an annual rate of 30%. ❺ Meanwhile, we have to maintain our existing customers. ❻ Over the course of this year, we hired about 200 new employees. ❼ In the coming 3 years, we will be seeking to gain an edge over China.

13 잠시 본론에서 벗어나기

잠시 본론에서 벗어나 융통성 있는 정책이 무엇인지 설명하고자 합니다.

강의 및 예문듣기

주제를 벗어나는 이야기는 가능하면 꺼내지 않는 것이 좋습니다. 그러나 어떤 사례나 자료가 직접적인 연관성은 없어 보여도 프레젠테이션의 주제를 보완하기에 유용하다면 전체 발표 내용과 자연스럽게 연결되도록 적절한 표현을 이용해 소개할 수 있어야 합니다. 다른 내용을 잠시 살펴보고 넘어가자든지 By the way(그런데)와 같은 접속사를 이용해 화제를 가볍게 전환하는 등의 방법이 있습니다. 이때 발표 주제와 너무 동떨어진 내용을 꺼내거나 시간을 너무 오래 끌지 않도록 주의하도록 합니다.

🎧 13-1.mp3

준비 단계
패턴 미리보기

본론에서 벗어나기 대표 패턴

* 잠시 본론에서 벗어나 융통성 있는 정책이 무엇을 의미하는지 설명하고자 합니다.
  I'd like to digress for a minute and explain what flexible policy means.

* 여기서 잠깐 멈추고 이 짧은 다큐멘터리 영화를 봅시다.
  Let us pause for a while here and look at this short documentary film.

* 여기서 잠시 이 그래프를 살펴보도록 하겠습니다.
  Let me look at this graph **for a second here.**

* 불법 노동자 문제로 돌아갑시다.
  Let's go back to the issue of illegal workers.

* 제가 앞서 하던 얘기로 돌아가겠습니다.
  Let me return to what I was talking about before.

상황01 잠시 본론에서 벗어날 때

잠시 주제에서 벗어난 얘기를 할 때는 동사 digress(주제에서 벗어나다)를 사용하
세요. 이때 주제와 너무 동떨어지지 않는 내용을 고르도록 합니다.

대표표현 **I'd like to digress for a minute and explain** what flexible policy means.
　　　　　　　잠시 본론에서 벗어나 융통성 있는 정책이 무엇을 의미하는지 **설명하고자 합니다.**

I'd like to digress for a moment and look instead at the problems in our social security system. 잠시 본론에서 벗어나 우리의 사회보장제도의 문제를 **대신 검토해 보고자 합니다.**
　　　　　　　　　　　　　　　　　　　　　　　　　　　　　　• social security system 사회보장제도

I'd like to digress for a second and look instead at the illiteracy rate in China.
잠시 본론에서 벗어나 중국의 문맹률을 **대신 살펴보고자 합니다.**　　　　　• illiteracy rate 문맹률

대표표현 **Let us pause for a while here and** look at this short documentary film.　　여기서 잠깐 멈추고 이 짧은 다큐멘터리 영화를 봅시다.

Let us pause for a moment here and be reminded of our company's founding philosophy. 여기서 **잠깐 멈추고** 우리 회사의 설립 이념을 되새겨 봅시다.

Let us stop for a moment here and think realistically about the problems we're facing. 여기서 **잠깐 멈추고** 저희가 직면한 문제에 대해 현실적으로 생각해 봅시다.

대표표현 **To digress a little bit**, let us talk about some of the other options we have.
　　　　　　　잠깐 옆길로 새서 우리가 가진 다른 선택사항에 대해 이야기해 봅시다.

To digress a little bit, let me briefly introduce our visitor, Mr. Johnson.
잠깐 옆길로 새서 저희 초대 손님인 존슨 씨를 간단히 소개시켜 드리겠습니다.

Digressing for a moment, let me explain the process involved in censoring a film.
잠깐 옆길로 새서 영화 검열에 관련된 절차에 대해 설명해 드리지요.
　　　　　　　　　　　　　　　　　　　　　　　　　　　　　　• censor 검열하다

대표표현 **By the way**, let me show you this graph.
　　　　　　　　　　　　참고로 이 그래프를 보여 드리죠.

By the way, Star Tower is a brilliant multi-complex building that our construction firm built. **참고로** 스타 타워는 저희 건설회사가 지은 뛰어난 복합 건물입니다.

By the way, the best way to master a foreign language is to live and study in that country. 참고로 외국어를 터득하는 최선의 방법은 그 나라에 체류하면서 공부하는 것입니다.

❗ By the way는 대화 주제를 바꿀 때 쓸 수 있는 표현이죠. 문득 생각난 얘기를 꺼내거나 새로운 대화를 끌어내는 느낌을 줍니다. 약간 캐주얼한 분위기의 발표에 사용하세요.

상황02　보충 자료를 제시할 때

발표 내용을 좀 더 보충하는 차원에서 조금 다른 예나 자료 등을 보여 줄 때 쓸 수 있는 표현입니다.

> 대표표현　**Let me look at** this graph **for a second here.**
> 여기서 잠시 이 그래프를 **살펴보도록 하겠습니다.**

Let me have a look at other areas to compare the seriousness of pollution in downtown Seoul.
서울 시내 공해의 심각성을 비교하기 위해 다른 지역들을 **살펴보도록 하겠습니다.**

Let me show you this data **for a second here.**　여기서 잠시 이 자료를 보여 **드리죠.**

❗ 〈Let me + 동사원형〉은 '제가 ~좀 하겠습니다'라는 뜻으로서, 시각자료를 소개할 때 자주 등장하는 표현입니다.

상황03　다른 관점을 소개할 때

발표자의 의견과 반대되거나 다른 주장이지만 설명을 해두는 것이 필요한 경우가 있습니다. 내용 비교 차원에서 다른 관점을 살펴보는 것도 효과적이니까요.

> 대표표현　**Another view worth considering is** to rely on advertising revenue.
> 생각해볼 만한 또 다른 관점은 광고 수입에 의존하는 것**입니다.**

Another view worth noticing is expanding our e-business areas.
눈여겨볼 만한 또 다른 관점은 저희의 인터넷 사업 영역을 확장하는 것**입니다.**

Another point worth considering is to resort to profitable overseas investment.
고려해볼 만한 또 다른 점은 수익성이 좋은 해외 투자에 의존하는 것**입니다.**

• resort to ~에 의존하다

원래의 주제로 돌아갈 때

본론에서 벗어난 얘기를 했다가 다시 본론으로 돌아갈 때는 go back to(~로 돌아가다)라는 표현을 사용합니다.

대표표현 Let's go back to the issue of illegal workers.

불법 노동자 문제로 다시 **돌아갑시다.**

Let's go back to the issue of restructuring our businesses.
우리 사업의 구조조정 문제로 다시 **돌아갑시다.**

Let's go back to the impact of the bubble economy on our real estate enterprise.
거품 경제가 우리의 부동산 사업에 미치는 영향으로 **되돌아갑시다.**

• real estate 부동산 • enterprise 기업, 사업

대표표현 Let me return to what I was talking about before.

제가 앞서 하던 얘기로 **돌아가겠습니다.**

Let me return to what Professor Chang was talking about.
장 교수님이 하시던 얘기로 **돌아가겠습니다.**

Let me go back to what I was discussing at the forum.
포럼에서 제가 논의하던 부분으로 **돌아가겠습니다.**

대표표현 Going back to the question of M&A, I would say we have no choice.

인수 합병 문제로 **되돌아가서 말씀드리자면** 저희는 선택의 여지가 없다고 **봅니다.**

Going back to the problem of global warming, **I would say** we should find alternative energy.
지구 온난화 문제로 **되돌아가서 말씀드리자면** 저는 대체 에너지를 찾아야 한다고 **봅니다.**

• global warming 지구 온난화 • alternative energy 대체 에너지

Going back to our long-term plan, **I would say** we make a step-by-step approach to achieve our goals.
장기 계획으로 **되돌아가서 말씀드리자면** 저는 저희 목표를 달성하기 위해 단계적인 접근을 해야 한다고 **봅니다.**

• step-by-step approach 단계적인 접근

🎧 13-3.mp3

2단계

문장 만들기

문제를 풀고 정답을
확인한 후 mp3를
들으며 소리 내어 연습
하세요.

❶ 잠시 본론에서 벗어나 피터 드러커(Peter Drucker)의 인용구 몇 개를 소개하고자
합니다. digress, quotation

🎤 ....

❷ 잠깐 옆길로 새서 금년의 히트 상품 목록을 보여 드리죠. digress, hit product

🎤 ....

❸ 참고로 대부분의 신입사원들은 우리 교육이 기대에 훨씬 미치지 못했다고 말합니다.
training, live up to one's expectation

🎤 ....

❹ 이 정책으로 인해 우리가 작년에 입은 상당한 손실에 관한 주제로 다시 돌아갑니다.
go back to, issue, substantial loss, due to

🎤 ....

❺ 생각해볼 만한 또 다른 관점은 임시직 직원은 시급으로 지불하는 것입니다.
consider, temporary worker, on an hourly basis

🎤 ....

❻ 중국의 인권 문제로 되돌아가서 말씀드리자면 저는 국제 NGO의 도움을 구해야 한다
고 봅니다. going back to, human right, seek

🎤 ....

❼ 제가 앞서 하던 얘기로 돌아가겠습니다. what, talk about

🎤 ....

모범 영작

❶ I'd like to digress for a moment and introduce some of Peter Drucker's quotations.
❷ Digressing for a moment, let me show you the list of this year's hit products. ❸ By the way,
most new employees said our training didn't quite live up to their expectations. ❹ Let's go back
to the issue of the substantial loss we had last year due to this policy. ❺ Another point worth
considering is to pay temporary workers on an hourly basis. ❻ Going back to the problem of
human rights in China, I would say we should seek the help of international NGOs. ❼ Let me go
back to what I was talking about before.

🎧 13-4.mp3

실전 프레젠테이션 훈련 ❹

Unit 11~13에서 배운 표현들이 실제 프레젠테이션에서 어떻게 활용되는지 확인해 보세요.

매출 증대 전략을 구조적으로 설명하기   p r e s e n t a t i o n

The first point I'd like to bring up is that offering a trial size or sample products can increase the total sales of new products. We need to attract as many potential customers as possible in order to increase sales of new products, of course. Based on market research, our team concluded that offering a trial size or sample products was the most effective strategy to get an immediate reaction from potential customers.

That brings me to my next point, which is a way for our company to implement this product launch effectively. As for the size of the sample product, we'd suggest making it bigger for more than a one-time use. Since the introduction of our previous line, customers have been complaining about the small quantities of samples provided. Customers generally do not purchase a new line of cosmetics only after trying a sample product once, and what's more, they need at least two or three trial days in order to fully test and get adjusted to the new product. Therefore, we plan to make our sample size of skin care products bigger so that potential customers can try them for a few days.

Moving on to our budgeting for sample production, our estimates on an initial 10,000 units of sample products amount to 7.5 million won. Despite our more than sufficient budget for manufacturing and distributing samples, we plan to distribute the samples starting only from major department stores in Seoul, and then gradually expanding to other major cities. By the way, to save costs a little more, we can go minimal on sample containers.

– 생략 –

I guess this concludes this part of my presentation. Are there any questions before I move on?

제가 언급하고 싶은 첫 번째 포인트는 테스트용 제품이나 샘플 제품을 나눠 주는 것이 신상품의 총매출을 늘릴 수 있다는 것입니다. 신상품의 매출을 늘리기 위해서는 가능한 많은 잠재 고객의 관심을 끌 필요가 있다는 것은 당연하지요. 몇 가지 시장 조사를 바탕으로 저희 팀은 테스트용 제품이나 샘플 제품을 나눠 주는 것이 잠재 고객으로부터 즉각적인 반응을 얻는 가장 효과적인 전략이라고 결론짓게 되었습니다.

이는 다음 사안인 우리 회사가 이 제품을 효과적으로 출시하는 방법으로 연결됩니다. 샘플의 크기에 관해서는 일회 사용량보다 크게 만들 것을 제안합니다. 지난번 제품 소개 때부터 고객들은 샘플의 양이 적다고 불평해 왔습니다. 일반적으로 고객들은 샘플 제품을 한 번 사용해 보고 새로운 화장품을 구입하지는 않습니다. 게다가 충분한 테스트를 해보고 신제품에 적응하려면 최소 2~3일 동안 샘플을 사용해 봐야 합니다. 따라서 잠재 고객들이 며칠간 샘플을 써볼 수 있도록 스킨 케어 제품의 샘플 크기를 좀 더 키울 계획입니다.

샘플 제작의 예산으로 넘어가면 최초 1만 개의 샘플 제품의 견적은 약 750만 원입니다. 샘플 제작과 공급 예산이 상당히 넉넉하지만 우리는 샘플을 서울의 주요 백화점에만 먼저 배포할 계획입니다. 그리고 나서 점차 다른 대도시로 확산할 것입니다. 참고로 비용을 조금 더 절감하기 위해서 샘플 용기를 최소화할 수 있습니다.

– 생략 –

이것으로 이 부분의 프레젠테이션을 마쳐야할 것 같습니다. 다음 주제로 넘어가기 전에 혹시 질문 있으십니까?

• bring up (문제 따위를) 꺼내다, 제기하다 • trial size 샘플 제품 • potential 잠재적인 • market research 시장조사 • immediate 즉각적인 • implement 실행하다, 실시하다 • product launch 제품 출시 • as for ~에 관해서는 • one-time use 1회용 • generally 일반적으로 • get adjusted to ~에 적응하다 • budget 예산, 예산을 세우다 • estimate 견적, 어림 • initial 처음의 • more than sufficient 충분하고도 남는, 상당히 넉넉한 • manufacture 제작하다, 제조하다 • distribute 나눠 주다, 배포하다 • gradually 서서히 • go minimal 최소화하다 • container 용기, 그릇

프레젠테이션의 구조를 미리 계획하라

프레젠테이션을 하는 동안 청중이 집중할 수 있도록 하기 위해서는 그들이 집중할 만한 '이유'를 제공해 주고 발표자에 대한 기대가 유지되도록 해야 합니다. 그러기 위해서는 잘 정리된 구조가 필요하고 적절한 표현을 사용해 주제를 효과적으로 전달할 수 있어야 하지요. 프레젠테이션의 기본 구조는 크게 서론(introduction)과 본론(body), 그리고 결론(conclusion)으로 나누어집니다. 그중에서도 이번 마디에서는 본론 부분을 진행하는 방법에 대해서 알아봤는데요. 발표를 진행하는 방법에는 크게 논리적인 흐름을 따르는 방법과 시간적인 순서를 따르는 방법이 있습니다. 본론 부분에서 3~4가지의 의제를 제시할 경우에도 각 의제는 다시 〈서론-본론-결론〉의 기본 구조로 되어 있어야 합니다. 이때 이번 마디에서 배운 패턴을 적절하게 응용하면 짜임새 있는 프레젠테이션을 진행할 수 있을 것입니다. 그럼 프레젠테이션의 본론 부분에서 효과적으로 사용할 수 있는 구조의 틀을 몇 가지 살펴보겠습니다.

1. 논리적인 구조로 진행할 경우

* 상황 ➡ 분석 ➡ 제안
* 전략 ➡ 실행 ➡ 기획 단계 및 예산
* 분석 ➡ 검토 ➡ 제안
* 가설 ➡ 결과 ➡ 분석
* 가장 중요한 사항 ➡ 다음으로 중요한 사항 ➡ 가장 덜 중요한 사항

* 현재 상황 ➡ 제안 ➡ 목표 달성 여부 평가
* 목표 ➡ 전략 ➡ 계획
* 디자인 ➡ 설계 방법 ➡ 견적

2. 시간적인 순서로 진행할 경우

* 과거 상황 ➡ 현황 ➡ 미래 계획
* 배경 ➡ 문제점 ➡ 대안 및 제안

* 현재 상황 ➡ 미래 목표 ➡ 목표 실현 방법
* 과거의 문제점 ➡ 현재까지의 진행 평가 및 계획

3. 특별한 구조가 필요 없는 경우

* 여러 주제의 중요도에 큰 차이가 없는 경우, 순서에 별 의미가 없는 경우 등에는 특별한 구조 없이 주제별로 나누어 진행하면 됩니다.
  예 새로운 정책이 마케팅부, 인사부, 경영전략팀에 미치는 영향
  예 환경 오염이 남부, 중부, 북부, 수도권에 미치는 영향

다시 한 번 말씀드리지만 본론 내에서도 〈서론-본론-결론〉이 있다는 것을 기억하세요. 또 프레젠테이션이 매끄럽고 자연스러우려면 주제와 주제를 연결하는 연결어구가 매끄러워야 합니다. 아무리 좋은 내용이라도 구조화되지 않으면 흩어진 진주처럼 산만하게 보인다는 사실을 명심하면서 이번 마디에서 배운 표현을 적극 활용해 보시기 바랍니다.

다섯째 마디

•

분석하며 설명하기

프레젠테이션은 주제에 따라, 혹은 발표자의 목적에 따라 청중을 설득하는 방법이 달라져야 합니다. 상품을 설명할 때는 자사의 이전 모델이나 타사 상품과 비교하는 것이 효과적이고, 긴 내용을 설명할 때는 강조하고자 하는 포인트에 중점을 두어 내용을 요약해 주는 것이 좋습니다. 청중들이 다소 어려워할 만한 내용일 때는 좀 더 쉬운 말로 부연설명해 주는 것도 고려해야 하고요. 청중에게 어필하는 프레젠테이션을 원한다면 다음 세 가지 방법을 사용해 보세요.

14 비교하며 설명하기

▼

15 대조하며 설명하기

▼

16 강조 · 요약 · 부연 설명하기

14 비교하며 설명하기

저희 상품은 경쟁사의 상품과 많은 점에서 다릅니다.

강의 및 예문듣기

프레젠테이션의 대가라고 할 수 있는 스티브 잡스는 상품 간의 품질을 비교하는 것으로 프레젠테이션을 시작하곤 합니다. 서로 다른 상품이나 아이디어를 비교하는 방법은 둘 사이의 차이점 혹은 유사성을 들어가며 자사 제품의 우월성을 강조할 수 있지요. 비단 상품뿐만이 아니라 새로운 전략이나 아이디어 등을 소개할 때도 비교 기법만큼 효과적인 것이 없을 정도입니다. 옛것과 새것을 비교하고 경쟁사의 것과 자사의 것을 비교함으로써 제품이나 서비스, 전략, 아이디어를 보다 효과적으로 판매·홍보할 수 있습니다. 따라서 이번 Unit에서는 다양한 비교 표현법을 살펴보도록 합시다.

🎧 14-1.mp3

준비 단계
패턴 미리보기

비교하기 대표 패턴 👤💬

* **저희의 새로운 전략은 지난번 전략과 많은 점에서 다릅니다.**
Our new strategy **is different from** the previous one **in many ways.**

* **이 새 기계는 우리가 사용했던 예전 기계와 유사합니다.**
This new machine **is similar to** the old one we used.

* **경제적 불확실성과 정치적 불확실성 사이에는 많은 유사점이 있습니다.**
There are many similarities between economic uncertainty **and** political ones.

* **치솟는 물가와 비교했을 때 인건비는 제자리에 머물고 있습니다.**
In comparison with the rapidly rising living cost, the labor cost has stayed the same.

* **저희 신상품을 경쟁사의 신상품과 단순 비교할 수는 없습니다.**
You just cannot simply compare our new products **and** our competitor's.

🎧 14-2.mp3

1단계

핵심표현 익히기

프레젠테이션에서
분석하면서 설명할 때
유용한 패턴을 익히세요.

상황 01 차이점을 설명할 때

프레젠테이션에서 가장 효과적인 비교 방법은 자사의 신제품과 시장에서 가장 경쟁력이 있는 상품을 비교하는 것입니다. 비교·설명하면서 신제품이 기능과 가격 면에서 손색이 없을 뿐만 아니라 탁월한 차이점이 있다는 것을 강조합니다.

대표표현 Our new strategy **is different from** the previous one **in many ways.** 저희의 새로운 전략은 지난번 전략과 많은 점에서 다릅니다.

The FTA **is different from** the NAFTA **in many ways.**
FTA(자유무역협정)는 많은 점에서 NAFTA(북미자유무역협정)와 다릅니다.
· FTA (= Free Trade Agreement) 자유무역협정
· NAFTA (= North American Free Trade Agreement) 북미자유무역협정

Economic instability **and** political instability **are different in several ways.**
경제 불안정과 정치 불안정은 여러 면에서 다릅니다.

대표표현 Our new product **differs from** our competitor's **in price.** 우리의 신상품은 가격 면에서 경쟁사의 신제품과 다릅니다.

We **differ from** our competitors **in** sales strategies.
우리는 영업 전략 면에서 우리 경쟁사들과 다릅니다.

MG cellphones **vary from** i-Tech cellphones **in the fact that** their designs are unique.
MG 휴대폰은 디자인이 특이하다는 점에서 아이테크 휴대폰과 다릅니다.

대표표현 There are several differences between U-Phone 7 and TG Edge. 유폰7과 TG엣지 사이에는 몇 가지 차이점이 있습니다.

There are several differences between the 24 MXT project **and** the 25 MYT project.
24MXT 프로젝트와 25MYT 프로젝트 사이에는 몇 가지 차이점이 있습니다.

상황 02 유사점을 설명할 때

유사점을 말할 때는 be similar to(~와 유사하다), similarity(유사점) 등을 이용하세요.

대표표현 This new machine **is similar to** the old one we used. 이 새 기계는 저희가 사용했던 예전 기계와 유사합니다.

DNJ's policy **is quite similar to** what we have done in the past.
DNJ의 정책은 우리가 과거에 했던 것과 **상당히 유사합니다.**

Our new sales strategy **is quite similar to** our past practice.
우리의 새로운 영업 전략은 과거 관행과 **꽤 유사합니다.**

> **대표표현** **Our strategy is way too similar to our competitor's in several ways.** 우리의 전략은 **몇 가지 점에서** 경쟁사의 전략과 너무 흡사합니다.
>
> • way too 너무

Our new peach potpie with a biscuit-like crust on top **is similar to** traditional cobbler **in several ways.**
비스킷 같은 껍질이 위에 덮인 우리 회사의 새로운 복숭아 고기 파이는 전통적인 과일 파이와 **몇 가지 점에서 유사합니다.**

• potpie 고기를 넣은 파이 • biscuit-like crust 비스킷 모양의 파이 껍질
• cobbler 코블러 (위에 밀가루 반죽을 두껍게 씌운 과일 파이의 일종)

Our new software **is similar to** the previous one **in many ways**, so you won't have difficulties using it. 우리의 새로운 소프트웨어는 지난번 것과 **많은 면에서 유사합니다.** 그래서 사용하시기에 어려움이 없을 것입니다.

❗ several 대신 many(많은), a few(몇 가지의), three(세 가지의) 등으로 구체적인 표현이 가능합니다.

Our 500-gigabit storage devices and our competitor's hit products **have several things in common.**
우리 회사의 500기가비트 저장 장치는 경쟁업체의 히트 상품과 **몇 가지 공통점이 있습니다.**

• hit product 히트 상품

> **대표표현** **There are many similarities between economic uncertainty and political ones.**
> 경제적 불확실성과 정치적 불확실성 사이에는 많은 유사점이 있습니다.

There are a lot of similarities in the views on our products **between** the middle class **and** high income earners.
중산층과 고소득층 **사이에는** 저희의 상품에 대해 의견 상의 **많은 유사점이** 있습니다.

• middle class 중산층 • high income earners 고소득층

There are a lot of similarities between Edge cellphones **and** Pop cellphones.
엣지 휴대폰과 팝 휴대폰 사이에는 많은 유사점이 있습니다.

> **대표표현** **Likewise, sales by exporting companies rose by 2.1 percent, compared to the previous quarter's – 2.1 percent.**
> **마찬가지로** 수출 기업들의 매출은 지난 분기의 마이너스 2.1퍼센트에 비해 2.1퍼센트 상승하였습니다.

Likewise, individual investors and institutes made heavy purchases, at 197.2 billion won and 170.8 billion won, respectively.

마찬가지로 개인 투자자들과 기관들도 각각 1,972억 원과 1,708억 원의 대량 매수를 기록했습니다.

• make a purchase 구입하다, 구매하다 • heavy 대량의, 다액의

The market has positively responded to their innovative design which is appealing to young people. **Similarly**, our design needs to be improved.

젊은이들의 취향에 맞는 그들의 혁신적인 디자인은 시장에서 긍정적인 반응을 얻고 있습니다. **마찬가지로** 우리의 디자인도 개선되어야 합니다.

상황 03 ▶ 비교 결과를 설명할 때

어떤 점에서 유사하거나 차이가 있는지를 구체적으로 비교하면서 상품이나 아이디어의 우월성을 강조해 보세요.

> **대표표현 A comparison between** the second **and** third quarters of 2015 **reveals** a substantial improvement in sales.
>
> 2015년 2분기**와** 3분기를 **비교해 보면** 매출에 상당한 진전이 있음이 **드러납니다.**
>
> • substantial (양·가치·중요성이) 상당한

A comparison between DX54 **and** DX55 **shows** that the size of DX55 is smaller with more functions.

DX54**와** DX55를 **비교해 보면** DX55가 사이즈는 더 작지만 더 많은 기능을 가지고 있음을 **보여줍니다.**

If you compare this year's figure **and** last year's, there is a huge increase in the tax evasion cases.

금년**과** 작년의 수치를 **비교해 보면** 탈세 건이 크게 증가하였습니다.

• tax evasion 탈세

> **대표표현 In comparison with** the rapidly rising living cost, the labor cost has stayed the same.
>
> 치솟는 물가와 **비교했을 때** 인건비는 제자리에 머물고 있습니다.
>
> • living cost 생활비, 물가

In comparison with other products in the market, we can get this sort of quality at our prices.

시중의 다른 제품들**과 비교했을 때** 우리 가격에 이만한 품질은 구할 수 있습니다.

In April, ad pages were down by 15.9 percent, **compared with** a year earlier.

4월에는 1년 전에 **비해** 광고 페이지가 15.9% 줄었습니다.

대표표현 **My own assessment is that** our prices **are** slightly **more expensive than** our competitors'.

제가 판단하기로는 우리 가격이 우리 경쟁사들의 가격**보다** 좀 더 **비쌉니다.**

• assessment 평가, 판단

In my opinion, India **is** a **better** place for long-term investment **than** China.
제 **생각에** 장기 투자를 하기에는 인도가 중국**보다 낫습니다.**

I think our new proposal **is more feasible** to implement **than** the previous one.
제 **생각에** 우리의 새로운 제안서가 지난번 것**보다** 좀 더 **실행 가능한** 것 같습니다.

• feasible 실현 가능한, 가능성 있는

상황 04 ▶ 비교가 불가능할 때

비교가 안 될 만큼 차이가 많이 날 때, 또는 단순 비교를 하기 어려울 때는 섣불리 비교할 수 없다고 설명해 줍니다.

대표표현 **There is no comparison between** foreign investment **and** domestic investment. 해외 투자와 국내 투자는 **비교가 안 됩니다.**

There is no comparison between our new ubiquitous technologies **and** existing mobile technologies.
저희의 새로운 유비쿼터스 기술력은 기존의 모바일 기술과는 **비교가 안 됩니다.**

• ubiquitous 어디서나 자유롭게 네트워크에 접속할 수 있는

There is no comparison between Windows 8 **and** Windows 10.
윈도우 8과 윈도우 10은 **비교가 안 됩니다.**

대표표현 **You just cannot simply compare** our new products **and** our competitors'.

저희 신상품을 경쟁사들의 신상품과 **단순 비교할 수는 없습니다.**

You just cannot simply compare GDPs to evaluate national wealth.
GDP의 **단순 비교로** 국가 자산을 평가할 **수는 없습니다.**

You just cannot simply compare model XP3 **and** XO44 in terms of their features and fuctions.
특징과 기능 면에서 모델 XP3과 XO44를 **단순 비교할 수는 없습니다.**

문제를 풀고 정답을
확인한 후 mp3를
들으며 소리 내어 연습
하세요.

❶ 인건비와 소비자 물가는 몇 가지 공통점이 있습니다.

labor cost, consumer living cost, in common

🎤 _____

❷ 국내 제조시설과 유럽에 있는 공장들을 비교해 보면 국내 제조시설에서 이윤이 더 높다는 것을 보여줍니다. comparison, domestic plants, profit

🎤 _____

❸ 제가 판단하기로는 우리 원천기술이 미국보다 좀 더 발전했습니다.

assessment, indigenous technology, slightly, advanced

🎤 _____

❹ 우리 대학의 연구시설을 다른 대학과 단순 비교할 수는 없습니다. research facilities

🎤 _____

❺ 매출과 이윤을 비교해 보면 우리의 생산력이 얼마나 빠른 속도로 증가해 왔는지 쉽게 알 수 있습니다. sales and profits, productivity, at a faster rate

🎤 _____

❻ 마찬가지로 한국의 주가도 큰 폭으로 떨어졌습니다. stocks, fall hard

🎤 _____

❼ 저희의 잠재능력과 경쟁사들의 잠재능력은 비교가 안 됩니다. potential, competitor

🎤 _____

모범 영작

❶ Labor cost and consumer living cost have several things in common. ❷ A comparison between domestic plants and factories in Europe shows that profits are higher in domestic plants. ❸ My own assessment is that our indigenous technology is slightly more advanced than the USA's.
❹ You just cannot simply compare our university's research facilities and other universities' ones.
❺ If you compare sales and profits, it is easy to see how our productivity has been growing at a faster rate. ❻ Likewise, Korean stocks fell hard. ❼ There is no comparison between our potential and our competitors'.

15

대조하며 설명하기

올해 국내 경기는 침체되었지만 저희는 연 15% 성장률을 유지했습니다.

강의 및 예문듣기

상품이나 아이디어 간의 다른 점을 부각시키는 대조법은 프레젠테이션의 본론에서 비교법만큼 유용하게 쓰이는 테크닉 중 하나입니다. 대조를 통해 상품이나 아이디어의 차별점을 효과적으로 전달할 수 있습니다. 부각시키고 싶은 점을 다른 대상의 해당 부분과 대조함으로써 청중에게 강한 인상을 줄 수 있을 뿐만 아니라 반전 요소가 있어 기대 이상의 효과를 더해 주기도 합니다.

🎧 15-1.mp3

준비 단계
패턴 미리보기

대조하기 대표 패턴 👤💬

* **저희는 1970년대에 많은 경제적 어려움이 있었습니다. 이와는 대조적으로 리앤장은 아무런 어려움도 없었습니다.**
  We had a lot of economic barriers in the 1970's. **In contrast**, Lee & Jang had none.

* **반면 회계 감사는 예정대로 월요일에 시작됩니다.**
  On the other hand, the audit and inspection will begin on Monday as scheduled.

* **사실상 VK와 같은 소규모 회사는 의사 결정을 매우 빠르게 할 수 있습니다.**
  In fact, small firms like VK can move very quickly in making decisions.

* **비록 경쟁은 심했지만 우리는 결국 이윤을 남겼습니다.**
  Although competition was stiff, we managed to make profits.

* **올해 국내 경기는 침체되었는데도 불구하고 우리는 용케 연 15% 성장률을 유지할 수 있었습니다.**
  Even though the domestic economy was stagnant this year, we managed to sustain our 15% annual growth rate.

상황 01 대조되는 내용을 소개할 때

앞에 소개한 내용과 대조되는 사항을 언급할 때 쓰는 표현입니다. 신상품을 소개하면서 이전 상품과 대조적으로 뛰어난 부분을 설명할 수도 있고, 새로운 전략을 소개하면서 장점을 강하게 부각시킬 수도 있습니다.

대표표현 **We had a lot of economic barriers in the 1970's. In contrast, Lee & Jang had none.**

저희는 1970년대에 많은 경제적 어려움이 있었습니다. **이와는 대조적으로** 리앤장은 아무런 어려움도 없었습니다.

Look at this remote control from MS. There are over 40 buttons with very confusing functions. **On the contrary**, ours has only 6 buttons, and it is so easy to use.

MS 사의 이 리모컨을 보십시오. 버튼이 40개가 넘고 기능도 무척 헷갈립니다. **그에 비하여** 저희 리모컨은 버튼이 6개밖에 없으며 사용하기 아주 쉽습니다.

In contrast, foreign investors managed to turn around their earnings from stock and bond investments.

반면 외국인 투자자들은 주식과 채권 투자에서 간신히 수익을 회복했습니다.

• turn around (시장·경제 따위가) 회복하다, 호전되다 • bond 채권

in contrast에 to를 붙여 in contrast to(~와 대조적으로)로 쓰면 한 문장 내에서 두 가지 사항을 대조해서 서술할 수 있습니다.

In contrast to our previous model, the new model is more user-friendly.

저희의 예전 모델과는 **대조적으로** 새로운 모델은 사용하기 더 쉽습니다.

• user-friendly 사용하기 쉬운

대표표현 **On the other hand, the audit and inspection will begin on Monday as scheduled.**

반면 회계 감사는 예정대로 월요일에 시작됩니다.

• audit and inspection 회계 감사

Our new computers have faster processors, faster buses, bigger hard drives, and PCI-Express for the graphics. **On the other hand**, the price is very affordable, at only $850.

저희의 신상품 컴퓨터는 종전보다 더 빠른 프로세서, 더 빠른 데이터 전송, 더 큰 용량의 하드 드라이브, 그리고 그래픽용 PCI-Express가 탑재되어 있습니다. **반면에** 가격은 850달러로 상당히 저렴합니다.

• bus 버스 (컴퓨터의 정보 전송 회로)

However, our exports grew by 45.9 percent in February.

그러나 저희 회사의 수출은 2월에 45.9% 증가했습니다.

뜻밖의 사실을 소개할 때

앞 내용과 상반되거나 의외의 사실을 소개하면서 청중의 주의를 끌 때 활용할 수 있는 표현입니다.

> **대표표현** **In fact**, small firms like VK can move very quickly in making decisions.
>
> 사실상 VK와 같은 규모 회사는 의사 결정을 매우 빠르게 할 수 있습니다.

I thought our plans didn't meet the standard. **As a matter of fact**, they worked out pretty well.
저희 계획이 기준에 미치지 못할 거라 생각했습니다만 **사실상** 아주 잘 이행되었습니다.

Actually, we drew up the original contract about twelve years ago.
사실 우리는 원 계약을 거의 12년 전에 체결했습니다.

• draw up a contract 계약서를 작성하다

상황 03 **부정적인 면을 긍정적으로 인식시켜야 할 때**

단점이나 실패 경험을 말해야 할 때는 어려움에도 불구하고 결국에는 좋은 성과를 올렸다는 식으로 말하세요. 그렇다고 해서 청중이 모르고 있는 (혹은 몰라도 되는) 단점이나 부정적인 내용을 발표자가 미리 폭로할 필요는 없습니다. 질의 응답 시간에 질문이 들어올 수 있으니 상황을 설명하여 이해시킬 수 있을 정도만 준비하면 됩니다.

Wimmer's Tip

실패를 부정적으로 강조하는 방법

신상품이나 새로운 기획 등을 소개하는 상황에서는 여러 가지 어려움에도 불구하고 성취해낸 결과물을 긍정적으로 소개하고 강조합니다. 그러나 기존 정책이나 아이디어 등을 비판해야 하는 경우에는 긍정적인 요소에도 불구하고 실패했다고 말하면 좀 더 부정적으로 강조할 수 있습니다.

In spite of our new R&D policy, we failed to improve our research skills.
새로운 연구개발 정책에도 불구하고 우리는 연구 기술을 개선하지 못했습니다.

> **대표표현** **Although** competition was stiff, we managed to make profits.
>
> 비록 경쟁은 심했**지만** 우리는 용케 이윤을 남겼습니다.
>
> • manage to 간신히[용케] ~해내다

Despite financial difficulties, we exported $200 million to China this year.
재정적인 어려움에도 **불구하고** 저희는 올해 중국으로 2억 달러를 수출했습니다.

Even though the domestic economy was stagnant this year, we managed to sustain our 15% annual growth rate.
올해 국내 경기는 침체되었**는데도 불구하고** 우리는 용케 연 15% 성장률을 유지할 수 있었습니다.

• stagnant 침체된, 불경기의

Total sales were up by 20% this year. **In spite of** this, we were still faced with a lot of trouble in Japan.
올해 총 매출이 20% 올랐습니다. 그럼에도 **불구하고** 우리는 여전히 일본에서 고전했습니다.

🎧 15-3.mp3

2단계

문장 만들기

문제를 풀고 정답을
확인한 후 mp3를
들으며 소리 내어 연습
하세요.

❶ 지난해의 경제 불황에도 불구하고 저희는 무역 흑자를 유지하였습니다.

economic downturn, trade surplus

🎤 ....

❷ 사실 북한은 남한이 주도한 협의사항을 받아들였습니다.

as a matter of fact, South-initiated agenda

🎤 ....

❸ 우리는 생산성을 높여야 하는 반면 비용은 감소시켜야 합니다.

productivity, on the other hand, cut down on

🎤 ....

❹ 그에 비하여 실업자 수는 줄었습니다.   unemployed people, shrink

🎤 ....

❺ 우리의 이전 프로젝트가 성공하지는 않았지만 더욱 분발합시다.

although, previous, make greater efforts

🎤 ....

❻ 재정적인 어려움에도 불구하고 저희는 올해 아르헨티나로 3억 달러를 수출했습니다.

despite, financial, export

🎤 ....

❼ 사실상 우리 같은 소규모 회사는 틈새시장을 매우 빠르게 찾아낼 수 있습니다.

firm, niche market

🎤 ....

모범 영작

❶ In spite of the economic downturn last year, we maintained a trade surplus. ❷ As a matter of fact, North Korea accepted the South-initiated agendas. ❸ We have to increase our productivity. On the other hand, we must cut down on cost. ❹ On the contrary, the number of unemployed people shrank. ❺ Although our previous project was not a success, let us make greater efforts. ❻ Despite financial difficulties, we exported $300 million to Argentina this year. ❼ In fact, small firms like us can find niche markets very quickly.

16 강조 · 요약 · 부연 설명하기

제가 강조하고 싶은 것은 식스시그마 시행 후 매출이 늘었다는 것입니다.

강의 및 예문듣기

뛰어난 발표자는 청중의 입장에서 생각하여 발표 내용을 쉽고 정확하게 전달하는 사람입니다. 청중이 이해를 하건 말건 자기 식대로 장황하게 이야기하는 발표자는 결국 혼자 떠드는 것밖에 되지 않습니다. 특히 본론에서 다뤄야 할 내용이 너무 많을 경우 발표자가 적절하게 내용 정리를 해 주지 않으면 청중은 무척 혼란스러워 합니다. 본론에서 중요한 부분을 강조하고 장황한 내용을 알기 쉽게 요약할 때 쓰는 표현들을 익혀 봅시다.

🎧 16-1.mp3

준비 단계

패턴 미리보기

강조 · 요약 · 부연 설명 대표 패턴

* 제가 강조하고 싶은 점은 식스시그마를 시행한 후 우리의 매출이 늘었다는 것입니다.
  The point that I'd like to emphasize is that our profits have risen after we implemented Six Sigma.

* 근본적으로 우리는 해결책이 필요하고, 그 시기는 바로 지금입니다.
  Basically, we need a solution, and we need it now.

* 국내 경제 여건에서 보면 국제 시장에서 우리의 위상은 최상입니다.
  With regard to local economic conditions, our position in the global market has never been better.

* 다시 말하자면 시장 추세에 관한 저희의 예상이 옳았습니다.
  In other words, our estimates on the market trend were right.

* 방금 제가 말한 것을 바꿔 표현하면 자기가 하고 있는 일을 즐겨야 한다는 것입니다.
  If I rephrase what I just said, you must enjoy what you are doing.

프레젠테이션에서
분석하며 설명할 때 유
용한 패턴을 익히세요.

상황 01 중요한 사항을 강조할 때

문장 앞부분에서 중요한 사항을 말할 거라고 미리 알려 주어 청중의 주의를 환기시킬 필요가 있습니다. 그래야 딴 생각을 하고 있던 청중도 집중할 수 있으니까요.

대표표현 **The point that I'd like to emphasize is that** our profits have risen after we implemented Business Process Management.

제가 강조하고 싶은 점은 비즈니스 성과관리를 도입한 후 우리 매출이 늘었다는 **것입니다.**

• business process management 비즈니스 성과관리

The point that I'd like to focus on is that all new employees should attend all internal workshops.

제가 중점을 두고 싶은 점은 모든 신입 사원들은 모든 사내 워크숍에 참석해야 한다는 **것입니다.**

The point that I'd like to reiterate is that irregular weather patterns and ecological disasters are caused by global warming.

제가 다시 말하고 싶은 점은 불규칙한 날씨 패턴과 생태계 재난은 지구 온난화로 인한 결과라는 **것입니다.**

• reiterate 다시 말하다 • ecological 생태계의

대표표현 **What I'd like to stress is that** we need to arrange sales training workshops.

제가 강조하고 싶은 것은 영업 교육 워크숍을 마련할 필요가 있다는 **것입니다.**

What I'd like to stress is that our company needs administrative assistants who have the ability to speak Japanese fluently.

제가 강조하고 싶은 것은 우리 회사는 일본어를 유창하게 구사할 수 있는 행정보좌관이 필요하다는 **것입니다.**

What I'd like to focus on is this 22-inch LCD monitor.

제가 중점을 두고자 하는 것은 바로 이 22인치 LCD 모니터**입니다.**

What I'd like to emphasize is that there are few highly qualified consultants in public enterprises.

제가 강조하고 싶은 것은 공기업에는 아주 능력 있는 컨설턴트가 거의 없다는 **것입니다.**

대표표현 **The important point here that I'd like to emphasize is that** we need restructuring.

제가 여기서 강조하고 싶은 중요 포인트는 우리에게는 구조조정이 필요하다는 **것입니다.**

The important point here that we need to understand is that democracy comes before economic growth.

여기서 우리가 이해해야 할 중요한 점은 경제 성장에 앞서 민주화가 선행된다는 **점입니다.**

The interesting point here that I'd like to point out is that none of our competitors have thought of this function.
여기서 제가 말씀드리고 싶은 흥미로운 점은 저희의 어느 경쟁사도 이런 기능을 생각하지 못했다는 **것입니다.**

상황 02 어려운 내용을 쉽게 풀어줄 때

발표자는 청중이 쉽게 이해할 수 있도록 도와주는 가이드 역할을 해야 합니다. 자신이 청중보다 한 수 위라는 자만심에 혼자만 알아듣는 내용으로 청중을 혼란스럽게 하는 것은 어리석은 일입니다. 항상 청중의 입장에서 어렵거나 요약이 필요한 사항을 알아서 정리 · 해석해 주는 세심함이 필요합니다.

> 대표표현 **Simply put**, we need to cut prices.
> 간단히 **말하자면** 우리는 가격을 내려야 합니다.

To put it simply, the introduction of Six Sigma has helped to increase productivity. **간단히 말하자면** 식스 시그마를 도입한 후 생산성이 증가하였습니다.

Basically, we need a solution, and we need it now.
근본적으로 우리는 해결책이 필요하고, 그 시기는 바로 지금입니다.

Generally, we have done much better than our competitors expected.
대체로 우리는 경쟁사들이 예상했던 것보다 훨씬 더 잘해 왔습니다.

상황 03 특정 사항에 관해 언급할 때

무엇에 관한 설명인지 언급할 때 about만 반복하지 말고 '~에 관해 보자면'이란 의미로 with regard to, regarding, concerning, in connection with, as for, as far as ~ is concerned 등의 표현도 사용해 보세요.

> 대표표현 **With regard to** local economic conditions, our position in the global market has never been better.
> 국내 경제 여건**에서 보면** 국제 시장에서 우리의 위상은 최상입니다.
> • have never been better 이보다 더 좋았던 적은 없다. 최상이다

In connection with the illegal transactions, brokerages have launched unified and stricter regulations.
불법 거래**와 관련하여** 증권사들은 규제를 통합하고 더욱 강화했습니다.
• illegal transactions 불법 거래 • brokerage 증권사

We can anticipate an increased role for SP Telecom in settling issues **concerning** the distribution of wireless communication.
저희는 무선 통신 유통과 **관련된** 문제 해결에 있어 SP 텔레콤 사의 역할 증대를 기대할 수 있습니다.

Wimmer's Tip

프레젠테이션에서 as far as I know(제가 알기로는) 같은 표현은 사용하지 않는 것이 좋습니다. 개인적인 이야기를 하는 것 같고, 자신감이 없어 보여서 발표 내용에 대한 신뢰성을 떨어뜨릴 수 있습니다.

> **대표표현 As far as price is concerned, the cheaper the product, the worse the quality.** 가격에 **관한 한** 싼 물건일수록 품질이 좋지 않습니다.

As far as customer satisfaction **is concerned**, we are second to none.
고객 만족에 **관한 한** 우리는 누구한테도 지지 않습니다.

• be second to none 아무에게도 뒤지지 않는다

As far as technology **is concerned**, our product is the most advanced in the market. 기술에 **관한 한** 우리 상품이 시장에서 최첨단입니다.

상황 04 ▶ 부연해서 설명할 때

앞서 설명한 내용을 다시 정리해 주거나 쉽게 이해할 수 있도록 부연 설명하는 것 역시 청중에 대한 배려입니다.

> **대표표현 In other words, our estimates on the market trend were right.** 다시 **말하면** 시장 추세에 관한 저희의 예상이 옳았습니다.

In other words, the city estimates sales tax revenues will be down by 7 percent this year.
다시 **말해서** 시는 올해 판매세 수입이 7% 감소할 것으로 추산하고 있습니다.
In other words, knowledge about the cultural background of the target foreign language and interaction with foreign associates are essential in making a successful deal.
다시 **말하자면** 성공적인 계약을 체결하는 데 있어 해당 외국어의 문화적 배경에 관한 지식과 외국 거래처와의 교류는 필수적입니다.

• interaction 상호 작용 • associate (사업 · 직장) 동료

> **대표표현 To put it another way, some analysts even anticipate that SMB Tech would replace Inteli as the No. 1 technology firm.**
> 달리 **표현하면** 몇몇 애널리스트들은 SMB 테크가 기술회사로서 1위인 인텔리의 자리를 뺏을 거라고 예상합니다.

To put it another way, rental deposits will skyrocket this year.
달리 **표현하면** 올해는 전셋값이 급등할 것입니다.

• rental deposit 임대 보증금 • skyrocket 급등하다

To put it another way, the advantages of free trade outweigh the disadvantages.
달리 **표현하면** 자유무역의 장점이 단점을 압도합니다.

❗ 동사 outweigh는 '~보다 무겁다'라는 뜻이지만 비유적으로 '~을 앞서다, 압도하다'라는 뜻도 됩니다.

> 【대표표현】 **If I rephrase what I just said, you must enjoy what you are doing.**
> 방금 제가 한 말을 바꿔 **표현하면** 자기가 하고 있는 일을 즐겨야 한다는 것입니다.

If I rephrase what I just said, fusion products should be developed based on the complementary adoption of related technology.
방금 제가 한 말을 바꿔 **표현하면** 퓨전 제품은 관련 기술의 상호 보완적인 채택에 기초해 개발되어야 한다는 것입니다.

• fusion product 여러 기능이 융합된 제품 • complementary 상호 보완적인 • adoption 채택, 채용

If I can rephrase what I just said, the essence of advertising is to persuade people to buy a particular product.
방금 제가 한 말을 바꿔 **표현하면** 광고의 본질은 특정 제품을 사도록 사람들을 설득하는 것입니다.

> 【대표표현】 **In more technical terms, the view of the media varies from person to person.**
> 좀 더 엄밀한 **의미에서** 미디어에 관한 견해는 사람마다 다릅니다.

In more technical terms, administrative duties should be minimized in a corporation.
좀 더 엄밀한 **의미에서** 기업의 행정 업무는 최소화되어야 합니다.

In more technical terms, customer surveys must be conducted first before marketing.
좀 더 엄밀한 **의미에서** 마케팅 전에 고객 설문 조사가 먼저 실시되어야 합니다.

> 【대표표현】 **Perhaps it would be more accurate to say that the United States and Britain have very little in common.**
> 아마 미국과 영국은 공통점이 거의 없다고 **말하는 것이 보다 정확할 것입니다.**

Perhaps it would be more accurate to say that employees' loyalty toward their company boosts up overall productivity.
아마도 회사에 대한 직원들의 충성심이 전반적인 생산성을 증대시킨다고 **말하는 것이 보다 정확할 것입니다.**

Perhaps it would be fair to say that the growing influence of women may have changed the characteristics of certain industries.
아마도 여성의 영향력이 증가하면서 특정 산업의 특징을 바꿨다고 **말하는 것이 맞을 겁니다.**

문제를 풀고 정답을 확인한 후 mp3를 들으며 소리 내어 연습 하세요.

❶ 제가 강조하고 싶은 점은 위험이 큰 벤처 회사에 투자하지 말아야 한다는 것입니다.

emphasize, invest in, high-risk

🎤 ....

❷ 달리 표현하면 오늘날 성형 수술은 별 논란 없이 폭넓게 행해지고 있습니다.

plastic surgery, practice, controversy

🎤 ....

❸ 간단히 말해서 물가가 급등하고 있습니다.   simply put, skyrocket

🎤 ....

❹ 디자인에 관한 한 소니 노트북이 최고입니다.   as far as, laptop

🎤 ....

❺ 다시 말하면 고객은 합리적인 가격에 질이 좋은 상품을 좋아합니다.

quality, reasonable

🎤 ....

❻ 국제 경제 여건에서 보면 저희에게 FTA는 피해갈 수 없는 것입니다.

with regard to, inevitable

🎤 ....

❼ 좀 더 엄밀한 의미에서 자유경제에 관한 견해는 사람마다 다릅니다.

technical terms, liberal economy, vary

🎤 ....

모범 영작

❶ The point that I'd like to emphasize is that we should not invest in high-risk venture companies.
❷ To put it another way, plastic surgery today is widely practiced, causing little controversy.
❸ Simply put, prices are skyrocketing. ❹ As far as design is concerned, Sony laptops are the best. ❺ In other words, consumers like quality products at reasonable prices. ❻ With regard to international economic conditions, the FTA is inevitable for us. ❼ In more technical terms, the view of the liberal economy varies from person to person.

🔊 16-4.mp3

실전에 응용하기

실전 프레젠테이션 훈련 ❺

Unit 14~16에서 배운 표현들이 실제 프레젠테이션에서 어떻게 활용되는지 확인해 보세요.

자료 분석하며 신상품 소개하기　　　　　　p r e s e n t a t i o n

Let me emphasize how our new anti-aging cosmetic product line, RENEW, is different from the previous product line, NEWSKIN. RENEW and NEWSKIN have several things in common. These are mostly strengths in our anti-aging products. Most importantly, both RENEW and NEWSKIN use herbal ingredients instead of chemicals harmful to skin. Although our NEWSKIN products are rather pricy, our customers' evaluation on NEWSKIN products was generally positive. They especially liked that our products are safe to use and environment-friendly. Similarly, RENEW uses natural ingredients. RENEW differs from NEWSKIN in that it uses 100% certified organic ingredients grown domestically. In contrast to RENEW, which used imported organic ingredients, NEWSKIN uses fresh domestic organic ingredients.

We now have our own organic herb farm and laboratory for research and development. In other words, we'd like to maintain our natural anti-aging product line by developing healthy, natural ingredients with our product identity. Actually, other competitors of ours have yet to come up with organic anti-aging cosmetic products. If I rephrase what I just said, it is our responsibility to satisfy our customers with quality, organic and environment-friendly cosmetic products.

새로운 노화 방지 화장품인 RENEW(리뉴)가 이전 상품인 NEWSKIN(뉴스킨)과 어떻게 다른지 강조하고 싶습니다. 리뉴와 뉴스킨은 몇 가지 공통점이 있습니다. 이런 점은 저희 회사 노화 방지 제품의 대부분의 장점이지요. 가장 중요한 점은 리뉴와 뉴스킨 둘 다 피부에 해로운 화학 물질 대신 허브 원료를 사용한다는 것입니다. 뉴스킨 제품이 다소 고가임에도 불구하고 저희 뉴스킨 제품에 대한 고객들의 평가는 대체적으로 긍정적이었습니다. 소비자들은 저희 제품이 안전하고 환경친화적이라는 점에 대해 특히 만족해 했습니다. 마찬가지로 리뉴 역시 천연 원료를 사용합니다. 리뉴가 뉴스킨과 다른 점은 리뉴는 국내에서 재배된 100% 승인된 유기농 원료를 사용한다는 것입니다. 수입산 유기농 원료를 사용한 리뉴와는 달리 뉴스킨은 신선한 국내 유기농 원료를 사용합니다.

저희 회사는 연구 개발을 위한 자체 유기농 허브 농장과 연구소를 보유하고 있습니다. 다시 말해서 저희 제품의 특징으로 몸에 좋은 천연 원료를 개발함으로써 노화 방지 천연 제품군을 계속 생산하고자 합니다. 사실 저희의 어떤 경쟁사도 유기농 노화 방지 화장품을 아직 만들지 못하고 있습니다. 방금 제가 한 말을 바꿔 표현하면 품질 좋은 유기농 친환경 화장품을 만들어 고객을 만족시키는 것이 저희의 임무입니다.

• anti-aging 노화를 방지하는 • strength 강점, 장점 • herbal ingredient 허브 원료 • chemicals 화학 물질 • pricy 값비싼 evaluation 평가 • environment-friendly 친환경의 • certified 승인된 • organic 유기농의 • domestically 국내에서 • identity 고유한 특성 • have yet to 아직 ~하지 않았다 • come up with ~을 따라잡다, 생산하다

143

옛것을 비난하지 말고 새것의 강점을 자연스럽게 부각시켜라

새로운 회사, 새로운 제품, 새로운 설비, 새로운 시스템, 새로운 방법 등을 소개하는 프레젠테이션에서는 대부분 타사의 상품이나 전략, 즉 기존의 것과 비교하게 마련입니다. 그런데 기존에 나와 있던 것과 새로운 것을 비교할 때 많은 발표자들이 범하는 실수가 있습니다. 새로운 것의 장점을 부각시키는 과정에서 본의 아니게 '옛것은 모두 나쁘고 새것은 모두 좋다'는 식으로 프레젠테이션을 전개하는 겁니다. 기존의 것과 차이가 많을수록 새것이 돋보이는 것은 사실입니다. 특히 기존의 것이 자사의 것이 아니라 경쟁사의 것일 경우에는 그것에 대해 가차 없이 비판을 하게 되지요.

하지만 생각해 보면 그런 아이디어나 설비, 상품 역시 이전에 여러 과정을 통해 분석되고 기획되어 상품화되거나 도입된 것이기에 발표자의 말대로 이전 것이 나쁘다면 관계자 모두 효과 없는 것에 시간과 에너지를 낭비했다는 말이 되어 버립니다. 자사 제품을 팔기 위해, 또는 새 아이디어를 도입하기 위해 옛것을 무조건 비난하는 것은 자칫 잘못하면 그것을 채택하고 사용해 온 사람들을 비난하는 것처럼 들릴 수 있습니다. 따라서 경쟁사나 기존의 상품 및 아이디어를 대놓고 비난하는 것은 좋지 않습니다. 옛것은 옛것대로 수용하고 인정하되 프레젠테이션에서 부각해야 할 내용은 그보다 더 좋아지고 개선된 부분이어야 합니다. 애플의 스티브 잡스도 제품 소개 프레젠테이션에서 이전 제품을 비난하거나 이전 제품의 사용자들을 실망시키는 이야기는 하지 않았습니다. 오래되고 낡은 것을 무조건 비난하지 않고 새로운 제품의 장점을 효과적으로 보여 주는 것, 이것이야말로 성공적인 프레젠테이션 전략입니다.

여섯째 마디

●

시각자료 이용하기

프레젠테이션의 청중 대부분은 숫자에 약하고 숫자를 부담스러워 합니다. 따라서 시각자료를 보여 줄 때는 그 안에 포함되어 있는 복잡한 수치들을 얼마나 단순하고 명료하게 전달하느냐가 관건입니다. 이것은 시각자료가 발표자의 말에 대한 청중의 공감이나 확신을 이끌어내는 도구 역할을 하기 때문입니다. 또한 시각자료를 어떻게 활용하느냐에 따라 발표가 매끄럽게 진행되고 청중의 관심과 신뢰를 유도할 수도 있습니다. 이번 마디에서는 시각자료를 효과적으로 설명하고 분석하는 방법을 배워 봅시다.

17 시각자료 소개하기

▼

18 시각자료의 수치 분석하기

▼

19 재무 상황 보고하기

17 시각자료 소개하기

여러분께 보여 드릴 슬라이드가 있습니다.

강의 및 예문듣기

One picture is worth a thousand words.라는 말이 있습니다. 열 마디 말보다 한 번 보여 주는 것이 훨씬 더 효과적이라는 뜻이죠. 프레젠테이션에서 시각자료를 어떻게 활용하느냐에 따라 여러분의 발표는 성공할 수도 실패할 수도 있습니다. 다소 복잡한 내용을 설명하거나 여러 수치를 제시해야 할 때는 도표나 그래프를 활용함으로써 청중의 이해를 돕고 관심을 집중시킬 수 있거든요. 따라서 이번 Unit에서는 수치화 · 도식화한 시각자료를 소개하는 여러 표현들을 익혀 봅시다.

🎧 17-1.mp3

준비 단계
패턴 미리보기

시각자료 소개 대표 패턴 〰️

* 제 프레젠테이션의 초점을 좀 더 명확히 하기 위해서 몇 가지 시각자료를 준비했습니다.
  I have prepared some visuals to make the focus of my presentation a bit more clear.

* 몇 가지 차트를 가지고 이 부분에 대해 설명해 드리겠습니다.
  Let me explain this part **with some charts.**

* 이 그래프에 주목해 주시기 바랍니다.
  I'd like to draw your attention to this graph.

* 이 차트에 잠깐 집중해 봅시다.
  Let us focus on this chart for a moment.

* 이 그래프에서 볼 수 있듯이 뉴욕에 거주하는 한국 이민자의 숫자는 증가하고 있습니다.
  As you can see from this graph, the number of Korean immigrants residing in New York City is on the rise.

146

상황 01 **준비한 시각자료를 보여 줄 때**

준비한 시각자료를 보여 주기 전에 청중에게 시각자료의 형태, 제목, 목적 등을 간략하게 소개하면서 쓸 수 있는 표현입니다.

대표표현 **I have some flow charts** to show you.

여러분께 보여 드릴 **순서도가 있습니다.**

I have some slides to show you.
여러분께 보여 드릴 **슬라이드가 있습니다.**

I have some pie charts to explain what I just said.
제가 방금 말씀드린 내용을 설명해 주는 **원그래프가 있습니다.**

I have some diagrams which will help you understand my point easily.
제 의견을 쉽게 이해하실 수 있도록 **도표 몇 개를 준비했습니다.**

대표표현 **I have prepared some visuals** to make the focus of my presentation a bit more clear.

제 프레젠테이션의 초점을 좀 더 명확히 하기 위해서 **몇 가지 시각자료를 준비했습니다.**

I have prepared some diagrams to help you understand the distributing channels of our products.
우리 상품의 유통 채널 이해를 돕고자 **몇 가지 도표를 준비했습니다.**

I prepared flow charts to explain this point in detail.
이 점을 상세히 설명해 드리고자 **순서도를 준비했습니다.**

대표표현 **Let me explain** this part **with some charts.**

몇 가지 차트를 가지고 이 부분에 대해 **설명해 드리겠습니다.**

Let me illustrate the consumption of wheat in the last decade **with this table.**
이 표를 통해 지난 10년간의 밀가루 소비를 **설명해 드리겠습니다.**

• illustrate (예 · 그림 등을 이용해) 설명하다 • decade 10년

Let me show you the sales figures of the first quarter **with a bar graph.**
1/4분기의 판매 실적을 **막대그래프로 보여 드리겠습니다.**

상황 02 **시각자료에 청중을 주목시킬 때**

시각자료에 청중의 시선을 끌 때 쓸 수 있는 표현입니다.

147

대표표현 I'd like to draw your attention to this graph.

이 그래프에 주목해 주시기 바랍니다.

I'd like to draw your attention to the markup.
이윤액에 주목해 주시기 바랍니다.

• markup 이윤폭

I'd like to draw your attention to our total net revenue from the previous quarter.
지난 분기의 총 순수익에 주목해 주시기 바랍니다.

• total net revenue 총 순수익

대표표현 Let us focus on this chart for a moment.

잠깐 이 차트에 집중해 봅시다.

Let us concentrate on the sales figures.
판매 수치에 주목해 봅시다.

Let us pay attention to the equity returns.
자기자본 수익률에 주목해 봅시다.

• equity returns 자기자본 이익(률) (=return on equity)

대표표현 Can you see that?
잘 보이십니까?

Can you see this from the back? 뒷자리에서도 **보이십니까?**

Can everyone see that? 모두 잘 보이십니까?

상황 03 시각자료에 대해 설명할 때

시각자료를 통해 얻을 수 있는 정보나 시각자료가 보여주는 사실, 전망, 가능성 등을 짚어 줄 때 활용할 수 있는 표현입니다.

대표표현 If you take a close look at this graph, you will see that his popularity has been decreasing.

이 그래프를 자세히 보시면 그의 인기가 하락하고 있다는 것을 알 수 있습니다.

If you take a look at these figures, you will see that there are more plants with high productivity in developed nations.
이 수치들을 **보시면** 선진국에 생산률이 높은 공장이 더 많다는 **것을 알 수 있습니다.**

If you take a look at this picture, **you will see that** most women in this region of the Middle East wear silk scarves, which gives us a major business opportunity in that area.

이 사진을 **보시면** 이쪽 중동 지역의 여성 대부분이 실크 스카프를 한다**는 것을 알 수 있습니다.** 이것은 그 지역에서 중요한 사업 기회를 제공해 줍니다.

> **대표표현** **As you can see from** this graph, the number of Korean immigrants residing in New York City is on the rise.
>
> 이 그래프**에서 볼 수 있듯이** 뉴욕에 거주하는 한국 이민자의 숫자는 증가하고 있습니다.

As you can see from this pie chart, only 24% of married women in their forties are satisfied with their lives.

이 원그래프에서 **알 수 있듯이** 40대 기혼 여성의 24%만이 자신의 삶에 만족합니다.

As you can see from this table, people in their early forties are the most health-conscious group.

이 표**에서 알 수 있듯이** 40대 초반의 사람들이 건강에 가장 관심을 갖는 그룹입니다.

• health-conscious 건강을 항상 의식하는

As shown in this table, the changes in weather patterns are due to the greenhouse effect.

이 표**에서 보여지는 것처럼** 날씨 패턴의 변화는 온실 효과 때문입니다.

> **대표표현** **This slide shows** the sales and earnings to date.
>
> 이 슬라이드는 현재까지의 매출과 수익을 **보여 줍니다.**
>
> • to date 현재까지

This table shows what I have been talking about.

이 표는 제가 지금까지 말씀드린 것을 **보여 줍니다.**

This chart shows that our new drone robots are booming on the net.

이 차트는 인터넷에서 저희 회사의 드론로봇의 인기가 급등하고 있음을 **보여 줍니다.**

These statistics show that we can reorient ourselves to the marketing of food products in Asia.

이 통계자료는 우리가 아시아지역의 식품 마케팅 활동에도 충분히 대처할 수 있다는 것을 **보여 줍니다.**

• reorient ~을 새로운 환경에 적응시키다. ~에게 새로운 방향을 주다

상황 04 **시각자료의 요소를 설명할 때**

그래프의 가로축과 세로축이 각각 무엇을 나타내는지, 그래프의 부호가 상징하는 것은 무엇인지 등을 설명해 주세요.

149

The horizontal axis shows months. **The vertical axis shows** the sales volume.

> 가로축은 월을 보여 주고, 세로축은 매출액을 보여 줍니다.
>
> • horizontal axis 가로축 • vertical axis 세로축

The horizontal axis shows age. **The vertical axis shows** the caloric intake.
가로축은 나이를, 세로축은 칼로리 섭취량을 **보여 줍니다.**

The horizontal axis represents the sales volume. **The vertical axis shows** the time period.
가로축은 매출액을 **나타냅니다.** 세로축은 시간대를 보여 줍니다.

In the rows, we have the yearly consumption of oil energy per capita for each country. **In the columns, we have** the different years.
가로줄에는 나라별 1인당 연간 석유 에너지 소비량이, 세로줄에는 연도가 **나와 있습니다.**

• row 가로줄, 행 • column 세로줄, 열 • per capita 1인당

 *Winner's Expression* **기타 시각자료를 보여 줄 때 쓸 수 있는 표현**

I'd like to show you the bar graph, which shows the sales figures from last quarter.
지난 분기의 판매 수치가 나타나 있는 막대그래프를 보여 드리고자 합니다.

The three colors you see here show different age groups.
여기 보시는 세 가지 색깔들은 다른 연령대 그룹을 보여 줍니다.

This chart will help you see the whole picture a little better.
이 차트는 여러분이 전체적인 그림을 좀 더 잘 보는 데 도움이 될 것입니다.

• see the whole picture 큰 그림을 보다, 전체 윤곽을 잡다

Here we can see our latest sales figures. 여기서는 우리의 최근 판매 수치를 볼 수 있습니다.

The recent sales trends are clearly represented in this graph.
이 그래프는 최근의 판매 경향을 명확하게 나타냅니다.

If you could, please look over here. 이쪽을 봐주십시오.

I am now on page 25 of your booklets. 가지고 계신 책자의 25쪽입니다.

Could you please turn to page 3 of the financial statement? 3페이지에 있는 재무제표를 봐 주시겠습니까?

Is that clear for everyone? 모두 이해가 되십니까?

Can everyone see what these figures represent? 이 수치가 나타내는 것을 모두 아시겠습니까?

🎧 17-3.mp3

2단계

문장 만들기

문제를 풀고 정답을
확인한 후 mp3를
들으며 소리 내어 연습
하세요.

① 이 점을 통계자료로 설명해 드리겠습니다.　explain, statistics

🎙 ....

② 이 그래프에서 볼 수 있는 것처럼 우리는 영업 인력을 재편성할 필요가 있습니다.

as, reorganize, sales force

🎙 ....

③ 몇 가지 순서도를 통해 이 점을 설명해 드리겠습니다.　illustrate, flow chart

🎙 ....

④ 줄어드는 오존층에 관한 이 표에 집중해 봅시다.

pay attention to, decreasing, ozone layer

🎙 ....

⑤ 이 도표를 보시면 저희 제품이 어떻게 유통되는지 알 수 있습니다.

take a look at, distribute

🎙 ....

⑥ 가로축은 월을 보여주고, 세로축은 매출액을 보여 줍니다.

horizontal, vertical, sales volume

🎙 ....

⑦ 이 그래프는 여러분이 전체적인 그림을 좀 더 잘 보는 데 도움이 될 것입니다.

whole picture, a little better

🎙 ....

모범 영작

① Let me explain this point with some statistics. ② As you can see from this graph, we need to reorganize our sales force. ③ Let me illustrate this point with some flow charts. ④ Let us pay attention to this table on the decreasing ozone layer. ⑤ If you take a look at this diagram, you will see how our products are distributed. ⑥ The horizontal axis shows months. The vertical axis shows the sales volume. ⑦ This graph will help you see the whole picture a little better.

18 시각자료의 수치 분석하기

이 시점부터 계속 매출이 꾸준히 늘고 있습니다.

강의 및 예문듣기

시각자료를 사용하는 이유는 말이나 글로 표현하기에 복잡한 내용을 도표나 차트로 간단히 설명하기 위해서입니다. 그래서 시각자료에는 복잡한 수치나 기호 등이 제시되는 경우가 많은데 발표자는 이것을 청중이 쉽게 이해할 수 있도록 분석해서 전달해야 합니다. 시각자료에 나와 있는 수치를 그대로 읽어 주기만 한다면 청중은 숫자의 홍수 속에서 헤매고 말 것입니다. 발표자는 숫자를 읽어 주는 사람이 아니라 분석해 주는 사람이라는 것을 잊지 마세요. 이번 Unit에서는 시각자료의 수치나 기호를 청중이 쉽게 이해할 수 있도록 분석 · 전달하는 표현을 알아봅시다.

🎧 18-1.mp3

준비 단계
패턴 미리보기

수치 분석 대표 패턴

* **이 시점부터 계속 매출이 꾸준히 늘고 있습니다.**
  Sales are **increasing steadily** from this point on.

* **주식이 12달러에서 25달러로 올랐습니다.**
  Shares **have gone up from** 12 dollars **to** 25 dollars.

* **매출이 정치 불안으로 인해 4월에 급감했습니다.**
  Sales **fell sharply** in April **due to** the political instability.

* **매출이 이번 분기에는 변동 없이 유지되고 있습니다.**
  Sales **have been quite consistent** this quarter.

* **하반기 우리 회사의 매출은 2억 달러에 이르렀습니다.**
  Our sales in the second half **reached** $200 million.

프레젠테이션에서 시각
자료를 이용할 때 유용
한 패턴을 익히세요.

상황 01 증가한 수치를 표현할 때

'증가'를 나타내는 동사 뒤에 부사를 붙여 증가하는 양상을 구체적으로 표현할 수 있습니다. significantly(상당히), steadily(끊임없이, 계속해서), gradually(점차로), slowly(천천히), slightly(조금씩), suddenly(갑자기), rapidly(급속히), dramatically(극적으로), sharply(급격하게), steeply(가파르게) 등의 부사를 이용해 보세요.

대표표현 Sales are **increasing steadily** from this point on.

이 시점부터 계속 매출이 **꾸준히 늘고 있습니다.**

Sales **rose steeply** in April as a result of the new campaign.
새로운 캠페인의 결과 4월에는 매출이 **급격하게 올랐습니다.**

Profitability **climbed sharply** due to efficiency.
효율성으로 인해 수익성이 **급격히 증가했습니다.**

• profitability 수익성 • efficiency 능률, 효율

Export sales revenues have been **soaring significantly**.
수출 판매 수익이 **두드러지게 상승했습니다.**
• soar (가치·물가 등이) 급증하다

The rents **skyrocketed** after the government introduced the new real estate regulations.
정부가 새로운 부동산 정책을 도입한 후로 월세가 **급격히 올랐습니다.**
• skyrocket 급등하다

어느 정도의 상승치인지 나타낼 때는 hit a record high of(~의 최고 기록을 갱신하다)를 이용해 보세요.

Sales **hit a record high of** 1 billion USD last year.
지난 해 매출은 미화 10억 달러로 **최고 기록을 달성했습니다.**

대표표현 **Sales are on the rise.**
매출이 늘고 있습니다.

Our market share **is on the rise**. 저희 시장 점유율이 **오르고 있습니다.**

The exchange rates **are on the rise**. 환율이 **오르고 있습니다.**

대표표현 **Shares have gone up from** 12 dollars **to** 25 dollars.
주식이 12달러에서 25달러로 **올랐습니다.**

Income tax **has shot up from** 20% **to** 25%.
소득세가 20%에서 25%로 **치솟았습니다.**

• shot up 치솟다, 급등하다

Sales of the 29-inch and 32-inch models of DP Electronics **have skyrocketed from** 250 units per week **to** 300 units per week.

DP 전자의 29인치와 32인치 모델의 판매가 주당 250개에서 주당 300개로 **급격히 늘었습니다.**

> **대표표현** **The price of Dubai oil has gone up by** 25% **to around $18.54 per barrel.**
>
> 두바이유 가격이 25%**가 인상되어** 배럴당 18달러 54센트입니다.

Profitability **has gone up by** 20% **to** 35,000 dollars of net profit.

이윤이 20%가 **인상되어** 순이익은 35,000달러입니다.

Our net profits **have expanded by** 14% **to** 430 million dollars.

우리 회사의 순이익은 14%가 **늘어서** 4억 3천만 달러입니다.

상황 02 ▶ 감소한 수치를 표현할 때

'감소'를 나타내는 동사로 decrease, drop, fall, decline, go down 외에 좀 더 구체적인 의미를 전달하는 plunge(급락하다), deteriorate(악화되다), slump(곤두박질치다), plummet(폭락하다)도 사용해 보세요.

> **대표표현** **Sales fell sharply in April due to the political instability.**
>
> 정치 불안으로 **인해** 매출이 4월에 **급감했습니다.**

The domestic market **has shrunk significantly due to** the FTA.

FTA로 **인해** 국내 시장이 **상당히 위축되었습니다.**

Our productivity **has gone down** this summer **due to** the typhoon.

태풍으로 **인해** 올 여름 우리의 생산성이 **하락했습니다.**

Sales volume **dropped considerably** this month **due to** the strike.

파업으로 **인해** 이번 달 매출액이 **상당히 줄었습니다.**

🧳 *Winner's Expression* **오르락내리락 상태를 표현하는 방법**

오르락내리락하는 상태를 표현할 때는 fluctuate(등락을 거듭하다), roller-coaster(오르락내리락하다), the ups and downs(오르내림)를 사용하세요.

The oil price is **fluctuating.** 원유 가격이 오르락내리락합니다.

Stock prices **roller-coastered** last week. 지난주에 주가가 오르락내리락했습니다.

The KOSPI index **shows the ups and downs.** 코스피 지수가 요동칩니다.

상황 03 ▶ 변화 없는 수치를 설명할 때

변화 없는 수치를 설명할 때는 consistent, stable 등의 형용사나 stand at, maintain, remain 등의 동사를 사용하세요.

> **대표표현** **Sales have been quite consistent this quarter.**
> 매출이 이번 분기에는 꽤 변동 없이 유지되고 있습니다.

Inflation now **stands at** 5%. 인플레이션은 현재 5%에 **머무르고 있습니다**.

This year's cost of sales **stood at** $20 million by December 31 of this year.
이번 년도 12월 31일로 마감된 올해의 매출원가는 2천만 달러**였습니다**.

* cost of sales 매출원가

Despite the economic recession, we have managed to **maintain** our sales at last year's level.
경제 불황에도 불구하고 저희 매출은 작년 수준을 가까스로 **유지했습니다**.

상황 04 ▶ 기타 수치를 설명할 때

좋지 않은 상황에서 회복되는 추이를 설명할 때는 recover, improve 등과 같은 동사를 사용하세요.

> **대표표현** **The export sales have recovered.** 수출액이 **회복되었습니다**.

The domestic market **has recovered**. 국내 시장이 **회복되었습니다**.

The stock market **has improved**. 주식 시장이 **개선되었습니다**.

💼 *Winner's Expression* **기타 시각자료의 수치를 분석하는 방법**

The increase in salary is around 4%. 임금 인상은 약 4% 선입니다.

The gross margin seems higher than we expected. 매출 총이익은 저희 예상보다 높은 것 같습니다.

* gross margin 매출 총이익

We managed to maintain revenues of $50 million. 우리는 5천만 달러의 수익을 간신히 유지했습니다.

I expect this trend to continue. 이런 경향은 계속되리라 예상됩니다.

> **대표표현 Our sales in the second half reached $200 million.**
> 하반기 우리 회사의 매출은 2억 달러에 **이르렀습니다.**

Our exports **accounted for** over 60% of our overall revenues last quarter.
지난 분기에는 수출이 우리 회사 총 수익의 60%를 넘게 **차지했습니다.**

 **Winner's Expression** 숫자 읽는 법

1. **숫자**

   4,831: four thousand eight hundred and thirty one

   2,300: two thousand and three hundred / twenty three hundred

   긴 수의 경우 모든 숫자를 다 불러 줄 필요는 없습니다.

   19,354,223 dollars → 19.3 million dollars (nineteen point three million dollars)

2. **분수**

   분자는 기수로, 분모는 서수로 읽습니다. 분자를 먼저 읽고 분모를 나중에 읽습니다.

   1/3: one third   2/3: two thirds

   1/2: one half   5/9: five ninths

   2/4: two fourths / two quarters

3. **소수**

   소수점은 point라고 읽고, 소수점 이하는 숫자만 하나씩 읽습니다.

   26.57: twenty six point five seven

   0.45: (zero) point four five

🎧 18-3.mp3

2단계

문장 만들기

문제를 풀고 정답을
확인한 후 mp3를
들으며 소리 내어 연습
하세요.

① 새로운 광고의 결과로서 이번 달에는 매출이 급격하게 올랐습니다.

rise steeply, as a result of

🎤 ....

② 수출 판매가 회복되었습니다.   export sales

🎤 ....

③ 태풍으로 인해 올 여름 우리의 생산성이 하락했습니다.

productivity, go down, typhoon

🎤 ....

④ 유가가 오르고 있습니다.   on the rise

🎤 ....

⑤ 소득세는 20%가 인상되어 40%입니다.   income tax, go up

🎤 ....

⑥ 매출 총이익은 저희 예상보다 낮은 것 같습니다.   gross margin, expect

🎤 ....

⑦ 지난 분기 우리의 매출은 2억 달러에 이르렀습니다.   last quarter, reach

🎤 ....

모범 영작

① Sales rose steeply this month as a result of the new advertisement. **②** The export sales have recovered. **③** Our productivity has gone down this summer due to the typhoon. **④** Oil prices are on the rise. **⑤** Income tax has gone up by 20% to 40%. **⑥** The gross margin seems lower than we expected. **⑦** Our sales last quarter reached $200 million.

157

19 재무 상황 보고하기

우리 회사의 연간 소득은 거의 4억 달러입니다.

강의 및 예문듣기

프레젠테이션의 청중이 회사의 주주, 직원, 고객, 공급상, 경쟁업체 혹은 투자자 등이라면 회사의 재정 상황에 대해 상당한 관심을 가지고 있을 것입니다. 특히 마케팅이나 예산 평가 등의 프레젠테이션에서는 재무 상황 보고가 차지하는 비중이 클 수밖에 없습니다. 발표자는 재무 상황을 수치화하고 설정된 재정 목표와 결과를 비교 · 평가 · 분석할 수 있어야 합니다. 따라서 이번 Unit에서는 복잡한 재무 표현을 정확하게 전달하는 방법을 익혀 보도록 합시다.

🎧 19-1.mp3

준비 단계
패턴 미리보기

재무상황 보고 대표 패턴 📈

* 우리 회사의 연간 소득은 거의 4억 달러입니다.
  The annual revenue of our company is almost $400 million.

* 지난해 세금 공제 이전 수익은 3억 4500만 달러였습니다.
  Our profit before taxes was $345 million last year.

* 우리는 이번 분기에 4천만 달러의 순이익을 기록했습니다.
  We recorded a net gain of $40 million for this quarter.

* 우리는 현금 보유액이 2억 달러가 넘습니다.
  We have more than $200 million **in our cash reserve.**

* 우리는 올해 순이익을 15% 늘려야 합니다.
  We should expand our bottom line by 15% this year.

1단계

핵심표현 익히기

프레젠테이션에서 시각 자료를 이용할 때 유용한 패턴을 익히세요.

상황 01 회사의 매출 현황을 보고할 때

회사의 매출을 보고할 때는 정확한 단어를 사용하는 것이 중요합니다. Annual revenue는 '연간소득', net income은 '순이익', total sales는 '총 판매액'을 의미하지요. 회계 용어 등에 실수가 없도록 잘 확인하여 정확한 매출 보고를 하도록 합니다. 숫자가 복잡한 경우에는 큰 단위로 어림잡아 반올림을 한 후 숫자 앞에 about, almost 등을 넣어 줍니다.

대표표현 **The annual revenue of our company is almost $400 million.**
우리 회사의 **연간 소득**은 거의 4억 달러입니다.

The net income this year was still $28 million after taxes.
올해 **순이익**은 세금을 제한 후에도 여전히 2천 8백만 달러였습니다.

The total sales of our products amount to $20 million this year.
저희 제품의 **총 판매액**은 올해에 2천만 달러에 이릅니다.

Our financial expenses fell by around 30%, dropping to $21 million in 2016 from $29 million in 2015.
금융 비용이 2015년 2천 9백만 달러에서 2016년 2천 1백만 달러로 줄면서 약 30%가 떨어졌습니다.

대표표현 **Our profit before taxes was $345 million last year.**
지난해 **세금 공제 이전 수익**은 3억 4500만 달러였습니다.

The profit before taxes is shown in this chart.
세금 공제 이전 수익이 이 차트에 나와 있습니다.

Our investment returns before taxes have been lower than we expected.
세금 공제 이전 투자 수익은 우리가 기대했던 것보다 더 낮았습니다.

대표표현 **We recorded a net gain of $40 million for this quarter.**
우리는 이번 분기에 4천만 달러의 **순이익**을 기록했습니다.

We set a new record of a net gain amounting to $60 million this year.
우리는 올해 6천만 달러에 달하는 **순이익**을 기록했습니다.

· set a new record 기록을 갱신하다

We broke an industry record for net gains this quarter.
우리는 이번 분기에 **업계 순이익 기록**을 깼습니다.

· break a record 기록을 깨다

We have more than $200 million **in our cash reserve.**

우리는 현금 보유액이 2억 달러가 넘습니다.

* cash reserve 현금 보유, 현금 준비

We have approximately $400 million **in our cash reserve**.

우리는 대략 4억 달러의 현금 보유액을 가지고 있습니다.

As you can see from this chart, **the net cash inflow will be** $233 million this year.

이 차트에서 보시다시피 **순 현금 유입은** 올해 2억 3300만 달러가 **될 것입니다.**

We have been in the black for three years.

우리는 3년간 **흑자**입니다.

We have been **in the red** for two consecutive years.

우리는 2년 연속 **적자**입니다.

We are keeping the balance **in the black**.

우리는 **흑자**를 유지하고 있습니다.

상황 02 **회사의 재정 방향을 제안할 때**

회사의 재정 방향을 제시하면서 수치가 어떻게 변해야 하는지 등을 안내합니다. '증가시키다'라는 의미로 expand, increase 등의 동사를 활용하세요. 또 double(두 배로 하다), triple(세 배로 하다) 등의 동사도 유용합니다.

We should expand our bottom line by 15% this year.

우리는 올해 순이익을 15% 증가시켜야 합니다.

* bottom line 순이익, 순손실

We should increase our bottom line and the quality of products at the same time.

우리는 순이익과 상품의 질을 동시에 **향상시켜야 합니다.**

We should triple our bottom line by 2020.

2020년까지 우리는 순이익을 세 배로 만들어야 합니다.

매입금 반환 등을 제안할 때는 return과 같은 의미인 pay back을 사용하세요.

> **[대표표현]** We should **pay back** $2 million **in accounts payable this quarter.** 우리는 이번 분기에 2백만 달러의 **외상 매입금을 갚아야** 합니다.
>
> • accounts payable 외상 매입금

Our company needs to **pay back** $30 million **in accounts payable**, lest we become bankrupted.
우리 회사는 파산하지 않도록 3천만 달러의 **외상 매입금을 갚아야** 됩니다. • lest ~하지 않도록

XEP Corporation must **pay back** $1 million **in accounts payable** prior to the contract.
XEP 사는 계약 전에 1백만 달러의 **외상 매입금을** 반드시 **갚아야** 합니다.

 **Winner's Expression** 통계를 설명하는 법

1. **숫자 + out of + 숫자 + people surveyed** 조사 대상 ~명 중 …명
   Nine out of ten people surveyed prefer our brand.
   = **Nine of ten people surveyed** prefer our brand.
   = **Nine in ten people surveyed** prefer our brand.
   조사 대상 10명 중 9명이 우리 제품을 선호합니다.

2. **account for ~%** ~%를 차지하다
   Our database business **accounted for 25%** of our sales.
   데이타베이스 사업이 우리 매출의 25%를 차지했습니다.

3. **숫자 to 숫자** 몇 대 몇
   The ratio of men to women among the people surveyed is **two to three.**
   조사 대상자의 남녀 비율은 2대 3입니다.

   The ratio of students and workers in this survey is **three to one.**
   이번 조사에서 학생과 직장인의 비율은 3대 1입니다.

🎧 19-3.mp3

2단계

문장 만들기

문제를 풀고 정답을
확인한 후 mp3를
들으며 소리 내어 연습
하세요.

1 우리 회사의 연간 소득은 거의 7억 달러입니다.　annual revenue

🎤 _____

2 우리는 이번 분기에 5백만 달러의 외상 매입금을 갚아야 합니다.

pay back, accounts payable

🎤 _____

3 나가야마(Nagayama) 사는 벌써 2년 연속 적자입니다.　in the red, consecutive

🎤 _____

4 우리 경쟁사 X는 현금 보유액이 3억 달러가 넘습니다.　competitor, cash reserve

🎤 _____

5 우리는 이번 분기 동안 4천만 달러의 순익을 기록했습니다.　record, net gain

🎤 _____

6 우리는 흑자를 유지하고 있습니다.　balance, in the black

🎤 _____

7 우리는 작년에 업계 순이익 기록을 깼습니다.　break, industry record, net gain

🎤 _____

모범 영작

❶ The annual revenue of our company is almost $700 million. **❷** We should pay back $5 million in accounts payable this quarter. **❸** Nagayama Inc. has already been in the red for two consecutive years. **❹** Our competitor X has more than $300 million in its cash reserve. **❺** We recorded a net gain of $40 million for this quarter. **❻** We are keeping the balance in the black. **❼** We broke an industry record for net gains last year.

162

실전 프레젠테이션 훈련 ❻

Unit 17~19에서 배운 표현들이 실제 프레젠테이션에서 어떻게 활용되는지 확인해 보세요.

1. 시각자료 이용하여 매출 설명하기   p r e s e n t a t i o n

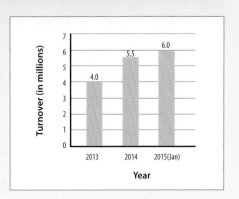

Let me show you this graph for your information. The horizontal axis shows the years. The vertical axis shows the turnover per year in million dollars. Sales have increased steadily from $4 million in 2013 to $5.5 million in 2014, which is relatively higher than our expectations. The total sales of our products amount to $6 million by January of 2015. We hope the projected sales will skyrocket throughout this year. But due to the fluctuating oil price, manufacturing costs are on the rise, and it is rather difficult to estimate the total manufacturing costs. Let us also look on the bright side: we have more than $200 million in our cash reserve so far. We are keeping the balance in the black as a result.

참고하시라고 여러분께 이 그래프를 보여 드리겠습니다. 가로축은 연도를 나타냅니다. 세로축은 연간 매출액을 백만 달러 단위로 보여 줍니다. 매출은 2013년 4백만 달러에서 2014년 5백 5십만 달러로 꾸준히 증가했는데 이는 우리 예상보다 비교적 높습니다. 2015년 1월까지 우리 제품의 총매출은 6백만 달러에 이릅니다. 우리는 금년에도 예상 매출이 급상승하기를 바라는 바입니다. 그렇지만 요동치는 유가로 인해 제작비가 상승하고 있어서 총제작비를 예상하기는 약간 어렵습니다. 긍정적인 측면도 보지요. 우리의 현금 보유액이 지금까지 2억 달러가 넘습니다. 그 결과 우리는 흑자를 유지하고 있습니다.

・horizontal axis 가로축 ・vertical axis 세로축 ・turnover 총매상고, 매출액 ・amount to 총계가 ~에 이르다 ・projected 예상된
・skyrocket 급상승하다 ・fluctuating 변동이 있는, 오르내리는 ・manufacturing cost 제작비 ・keep the balance in the black 흑자를 유지하다

2. 시각자료 이용하여 순이익 설명하기

As you can see from this bar graph, net income amounted to $264 million in the third quarter of this year. This was an increase of $65 million, or 33 percent compared to the equivalent quarter last year. The return on allocated capital stands at over 21 percent. So far we recorded a net gain of $300 million. This result reflects strong net revenue growth and tightly managed costs.

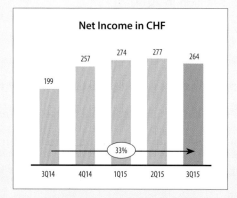

〈출처: http://www.credit-suisse.com〉

But let me remind you of the fact that in order to maintain the steady increase in our business volume, we should pay back $2 million in accounts payable this quarter. Our new business goal is to triple our bottom line by 2020.

이 막대그래프에서 보시다시피 올해 3/4분기 순수익은 2억 6천 4백만 달러였습니다. 이것은 작년도 같은 분기와 비교했을 때 6천 5백만 달러, 즉 33% 증가한 것입니다. 할당 자금 수익은 21%를 넘었습니다. 지금까지 우리는 3억 달러의 순익을 기록했습니다. 이 결과는 순수익은 크게 성장하였고 비용은 엄격히 관리되었다는 것을 보여 줍니다.
그러나 사업 규모를 지속적으로 확대해 나가려면 우리는 이번 분기에 2백만 달러의 외상 매입금을 갚아야 한다는 것을 여러분께 상기시켜 드리고 싶습니다. 우리의 새로운 사업 목표는 2020년까지 우리 순이익을 세 배로 만드는 것입니다.

• bar graph 막대그래프 • equivalent 대응하는 • return 수익 • allocated 할당된 • capital 자본 • stand (값 · 정도가) ~이다
• net revenue 순수익 • bottom line 순이익

시각자료의 효과적인 사용법

데이터를 보여 줄 때 어떤 형태의 시각자료를 사용하느냐는 매우 중요합니다. 같은 데이터라도 시각자료의 유형에 따라 전달되는 느낌이나 효과가 판이하게 다르기 때문이지요.

1. 시각자료의 종류와 사용법

❶ 막대그래프 (Bar graph)

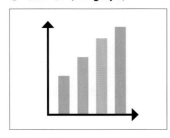

수량의 상대적 크기를 비교할 때 적합한 그래프로서 금액 증가 · 감소 등을 연도 · 분기별로 나누어 보여 줄 수 있습니다. 또, 매출액을 경쟁사 상품이나 다른 종류의 상품과 함께 비교할 때 효과적으로 사용할 수 있습니다.

* 막대그래프의 요소: vertical axis (세로축), horizontal axis (가로축), bar (막대)

❷ 꺾은선그래프 (Line graph)

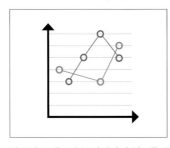

수치의 상승 및 하락을 한눈에 비교 · 분석해서 보여 줄 때 효과적인 그래프입니다. 수치의 증감을 꺾은선으로 연결하여 나타냄으로써 수치의 변화나 차이를 다른 종류의 그래프보다 부각시켜 줍니다. 급격히 변하는 수치뿐만 아니라 꾸준히 증가 · 감소하는 수치를 나타낼 때도 효과적으로 사용할 수 있습니다. 또 한 그래프 안에 2~3개의 꺾은선 그래프가 함께 들어갈 수 있습니다. 다만 선이 너무 많으면 해독하기 어렵기 때문에 그래프가 복잡해지지 않도록 주의하세요.

* 선의 종류: solid line (실선), dotted line (점선)

❸ 표 (Table)

	YES	NO
A	O	
B		O
C		O
D	O	
E		O

간단한 숫자나 문자로 이루어진 표를 지칭하는 것으로서 여러 종류의 수치를 간단명료하고 조직적으로 표시해야 할 때 효과적입니다. 행과 열이 너무 길어지거나 수치가 복잡해지면 중요한 포인트가 무엇인지 애매모호해지므로 표의 행과 열은 4개 이상을 넘지 않는 것이 좋습니다.

* 표의 요소: row (가로행), column (세로열)

④ 원그래프 (Pie chart)

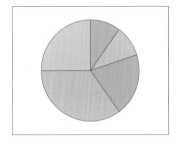

전체 통계량에 대한 각 부분의 비율을 하나의 원에 부채꼴로 나타내는 그래프로서, 이때 파이 모양의 각 부분을 segment라고 부릅니다. 수치를 퍼센트로 보여 줄 때 가장 효과적으로 사용할 수 있습니다. 예를 들어 휴대폰 소지자 모두를 100%로 잡고 여러 회사의 휴대폰이 차지하는 비율을 한눈에 보고 비교할 수 있게 해 줍니다.

⑤ 순서도 (Flow chart)

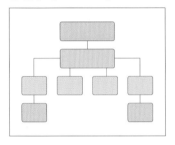

순서도는 흐름이나 경로를 단계별로 보여 줄 때 편리합니다. 즉, 단계나 전략 등을 순서 혹은 중요도 순으로 정리·전달하는 데 효과적입니다. 쉽게 이해할 수 있도록 단어 수는 되도록 최소화하여 중요한 점을 간단명료하게 전달합니다. 사업 설명, 마케팅 전략, 시장조사 방법 등 단계나 절차가 중요시되는 내용에 활용하면 좋습니다.

2. 시각자료를 사용할 때 주의할 3원칙

❶ CLEAR

시각자료를 통해 나타내는 사항이 분명하게 잘 드러나도록 작성해야 합니다. 시각자료에 너무 욕심을 부린 나머지 불필요한 자료를 복잡하게 포함시키지 않도록 주의하세요. 전달하고 싶은 메시지만 강조하는 것이 중요합니다. 핵심 메시지가 무엇인지를 먼저 생각하고 그것만 전달하는 단순명료한 시각자료를 만드세요.

❷ CREATIVE

시각자료의 내용은 청중이 깜짝 놀랄 만한 것일수록 좋습니다. 틀에 박히고 식상한 내용의 시각자료로는 청중의 관심을 끌 수 없습니다. 창의적인 자료로 프레젠테이션의 효과를 높이세요. 신상품을 소개하는 프레젠테이션일 경우 파워포인트로 사진을 보여 주는 것보다는 직접 샘플이나 상품을 보여 주면 훨씬 창의력 있어 보이고 청중의 관심을 끌 수 있습니다.

❸ CLEAN

시각자료의 상태를 최적화해야 합니다. 발표 전에 미리 컴퓨터 해상도 및 프로젝터를 확인하세요. 그림이나 텍스트가 너무 흐리거나 이미지 픽셀이 깨져 있을지도 모르니 주의해야 합니다. 단순히 공간 메꾸기 식의 무성의한 시각자료는 청중이 먼저 알고 외면하게 마련이지요. 프레젠테이션에 사용되는 시각자료 상태는 항상 깨끗해야 한다는 점을 명심하세요.

프레젠테이션은 강의가 아닌 의사소통입니다. 즉, 청중이 나의 의견을 쉽게 이해하고 받아들여 결국 동의하도록 만드는 것에 그 목적이 있습니다. 따라서 단순히 정보 퍼주기 식의 프레젠테이션은 그 역할을 제대로 다했다고 할 수 없습니다. 청중이 발표자에게 집중하고 공감하게 하는 것이 관건입니다. 결론을 맺기 전에 청중을 발표 내용에 집중시켜 내가 전달하고자 하는 내용을 100% 공감하게 만드는 표현과 기술을 배워 봅시다.

20

주장 펼치기

저는 저희 신상품이 시장에서 굉장히 매력적일 거라고 확신합니다.

강의 및 예문듣기

청중이 집중하는 분위기를 조성하고 발표자에게 주목하게 만들려면 메시지를 효과적으로 주장할 필요가 있습니다. 특히 상품을 홍보하거나 의견을 제안하는 등 상대방을 설득해야 하는 프레젠테이션에서는 표현이나 기법의 미묘한 차이가 성패를 좌우할 수도 있습니다. 따라서 이번에는 경우에 따라 효과적으로 사용할 수 있는 주장 표현 기법을 배워 봅시다.

🎧 20-1.mp3

준비 단계
패턴 미리보기

주장하기 대표 패턴 👤💬

* 대부분의 사람들은 MBT와의 합병이 우리에게는 안 좋은 선택이었다고 주장하지요.

  Most people may argue that the merger with MBT was a bad choice for us.

* 생산을 늘리기 위해서는 이 계획을 밀고 나가야 합니다.

  We **should** pursue this plan to increase output.

* 저는 이것이 비용을 줄이는 임시방편에 불과하다고 주장합니다.

  I contend that this is only meant to be a temporary solution to reducing cost.

* 소송을 피하는 가장 좋은 방법은 당사자들끼리 해결을 보는 것이라고 주장합니다.

  I insist that the best alternative to litigation should be an out-of-court settlement.

* 판매가 계획대로 성사되지 못할 이유가 없다고 확신합니다.

  I'm convinced that there should be no reason for which the sale cannot go through as planned.

프레젠테이션에서 강조
하며 설득할 때 유용한
패턴을 익히세요.

상황 01 **일반적인 의견을 전달할 때**

발표자의 주장만 전달하면 설득력이 부족할 수 있습니다. 그런 경우 일반적인 의견을 먼저 전달해 보세요. Most people, Most experts 등을 사용하면 됩니다.

> **대표표현** **Most people may argue that the merger with MBT was a bad choice for us.**
> 대부분의 사람들은 MBT와의 합병이 우리에게는 안 좋은 선택이었다고 **주장하지요.**

Most farmers may argue that the FTA is lethal to the agricultural industry.
대부분의 농민들은 FTA가 농업에 치명적이라고 **주장합니다.**

• lethal 치명적인 • agricultural industry 농업

To tell you the truth, **most people may argue that** our clothing designs are rather outdated.
솔직히 말씀드리면 **대부분의 사람들은** 우리 옷의 디자인이 조금 유행이 지났다고 **합니다.**

> **대표표현** **Generally, it is said that our brand loyalty is high among middle class consumers.**
> **일반적으로** 우리 브랜드에 대한 충성도는 중산층 소비자 사이에서 높다고 합니다.

• brand loyalty 브랜드 충성도

Generally speaking, it is said that customers find our software products rather expensive. **일반적으로** 고객들은 저희 소프트웨어 제품이 비싼 편이라고 합니다.

Generally speaking, people are never satisfied with what they have.
일반적으로 사람들은 자신이 소유한 것에 절대 만족하지 않습니다.

상황 02 **나의 의견을 주장할 때**

자신의 의견을 상대방에게 권유하듯이 표현하기에는 should가 가장 무난합니다. 한편 사태의 심각성을 강조하면서 약간 지시ㆍ명령하는 톤으로 강조할 때는 must나 ought to를 사용하세요.

> **대표표현** **We should pursue this plan to increase output.**
> 생산을 늘리기 위해서는 이 계획을 밀고 나가**야 합니다.**

The government's new legislation **ought to** be banned.
정부의 새로운 법안은 폐지되**어야 합니다.**

• ban 금지하다

Our associates **must** confirm their current status before signing the contract with us.

협력업체들은 우리와 계약하기 전에 자신들의 현 상황을 확인**해야 합니다.**

• associate 제휴업체, 협력업체

❗ must는 권위적인 느낌이 강합니다. 발표자가 해당 분야의 최고 권위자가 아닌 이상 너무 강한 느낌을 주는 must보다는 should나 had better 등을 사용하세요.

> **대표표현** **I contend that** this is only meant to be a temporary solution to reducing cost.
>
> 저는 이것이 비용을 줄이는 임시방편에 불과하다**고 주장합니다.**
>
> • contend (강력히) 주장하다

I contend that our delay in responding to the complaint costs us a valuable client.

저는 불만에 대한 늑장 대응이 소중한 고객 한 분을 잃게 한다**고 주장합니다.**

• cost 잃게 하다, 희생시키다

I maintain that every training course should consist of modules, each of which can stand alone as an independent lesson.

저는 각 교육 과정은 각각 독자적인 수업으로도 활용될 수 있는 모듈로 구성되어야 한다**고 주장합니다.**

• maintain (다른 사람들이 동의하지 않는데도 계속) 주장하다

> **대표표현** **I insist that** the best alternative to litigation should be an out-of-court settlement.
>
> 소송을 피하는 가장 좋은 방법은 당사자들끼리 해결을 보는 것이라**고 주장합니다.**
>
> • litigation 소송 • out-of-court settlement 민사상의 분쟁을 당사자들끼리 해결하는 것

I insist that we can saturate a market with radio advertisements inexpensively because their production costs are low.

저는 라디오 광고의 제작비가 저렴하기 때문에 많은 비용을 들이지 않고 라디오 광고로 시장을 독점할 수 있다**고 주장합니다.**

• saturate a market 시장을 독점하다 • inexpensively 많은 비용을 들이지 않고

I insist that we avoid making a contract with the company due to their untransparent business activities in the past.

저는 과거 그들의 불투명한 사업 활동 때문에 그 회사와 계약하지 말아야 한다**고 주장합니다.**

• untransparent 불투명한

I'm convinced that there should be no reason for which the sale cannot go through as planned.

판매가 계획대로 성사되지 못할 이유가 없다고 **확신합니다.**

• go through 매듭짓다, 끝나다

I'm sure that our new products will be very attractive in the market.

저는 저희 신상품이 시장에서 굉장히 매력적일 거라고 **확신합니다.**

I'm quite positive that we should hire additional programmers instead of waiting until the new fiscal year.

저는 새 회계연도까지 기다리지 말고 프로그래머들을 더 고용해야 한다고 **확신합니다.**

• fiscal year 회계연도

 Winner's Expression **반전 효과를 노리는 법**

내가 주장하고자 하는 내용이 다수의 의견이 아닐 때는 반전 효과를 노릴 수 있는 방법을 사용해 보세요. Most people may argue that ~이나 Generally it is said that ~으로 자신의 의견과 상반되는 일반적인 의견을 말한 후 however나 but과 같은 연결어를 사용해서 본인의 의견을 말하면 극적으로 비교하며 주장할 수 있습니다.

Most people may argue that TV commercials are the best way to boost up sales, **but I think** they are too costly compared to their expected benefit.

대부분의 사람들은 TV 광고가 매출을 올리는 가장 좋은 방법이라고 주장합니다. 하지만 저는 이 방법이 예상되는 이익에 비해 비용이 너무 많이 든다고 생각합니다.

그러나 현황이나 통계 자료 등을 정확하게 설명해야 할 때는 '대부분의 사람들이 이렇다더라'라는 식의 표현은 삼가는 것이 좋습니다. 정확하지 않은 정보를 말한다는 느낌을 주어 전문가답지 않다고 오해 받을 수도 있으니까요.

🎧 20-3.mp3

2단계

문장 만들기

문제를 풀고 정답을
확인한 후 mp3를
들으며 소리 내어 연습
하세요.

❶ 저는 정부가 중국에서 수입하는 품목들에 대하여 관세를 낮춰야 한다고 주장합니다.

maintain, tariff, imported item

🎤 _____

❷ 대부분의 사람들은 초과근무 수당을 받아야 한다고 주장합니다.

argue, pay for overtime

🎤 _____

❸ 저는 저희의 제한된 자원이 계획을 가지고 신중하게 이용되어야 한다고 주장합니다.

insist, resource, utilize, with a plan

🎤 _____

❹ 저는 우리가 이 임무를 충분히 수행할 수 있는 자격을 갖춘 신입사원을 다양하게 보유하고 있다고 확신합니다. quite positive, a variety of, rooky, complete, mission

🎤 _____

❺ 일반적으로 고객들이 이와 같은 다른 제품을 사지 않도록 설득하는 것이 효과적입니다.

generally speaking, effective, convince, public

🎤 _____

❻ 생산을 늘리기 위해서는 기억에 남을 광고를 만들어야 합니다. create, enticing

🎤 _____

❼ 정부의 새로운 법안은 폐지되어야 합니다. legislation, ban

🎤 _____

모범 영작

❶ I maintain that the government should lower tariffs on imported items from China. ❷ Most people may argue that they should be paid for overtime. ❸ I insist that our limited resources should be utilized carefully with a plan. ❹ I'm quite positive that we have a variety of qualified rookies capable enough to complete this mission. ❺ Generally speaking, it is effective to convince the public not to buy other products like this. ❻ We should create an enticing advertisement to increase output. ❼ The government's new legislation ought to be banned.

21

근거 제시하기

최근 시장조사에 따르면 우리는 절차를 바꿔야 합니다.

강의 및 예문듣기

프레젠테이션에서 의견을 주장할 때는 주먹구구식으로 설명하기보다는 타당한 근거를 바탕으로 청중을 설득해야 합니다. 주관적인 내용을 감정으로 호소하는 것이 아니라 증거 자료와 데이타를 토대로 주장해야 설득력이 생기기 때문입니다. 따라서 이번에는 통계자료나 설문 조사, 권위 있는 자료, 실험 결과 등을 적극 인용하여 청중을 설득하는 연습을 해봅시다.

🎧 21-1.mp3

준비 단계

패턴 미리보기

근거 제시 대표 패턴 👤💬

* **광범위한 조사를 근거로** 저는 우리의 해외 사업을 확장해야 한다고 주장합니다.
  Based on extensive research, I would argue that we should expand our overseas businesses.

* **월 스트리트 저널의 한 기사에 따르면** 중국은 세계에서 투자하기 가장 좋은 나라입니다.
  According to the article in the Wall Street Journal, China is the best country to invest in the world.

* **전문가들은** XBM과의 합병은 대략 2천만 달러가 소요될 거라고 **추정합니다**.
  Experts estimate that the merger with XBM will cost approximately $20 million.

* **예를 들어** 이자율이 16%일 경우 72를 16으로 나누면 4.5가 나오므로, 돈이 두 배가 되는 데는 4년 반이 걸립니다.
  For example, in the case of a 16% interest rate, 72 divided by 16 equals 4.5, so it takes four and a half years for money to double.

* 직장을 찾는 데는 직업 안정성, 승진, 편한 출퇴근 등 많은 요소가 있습니다.
  There are many factors in finding a job such as job security, promotion, and an easy commute.

173

상황 01 ▶ 근거를 제시할 때

의견을 주장할 때는 근거자료를 분명하게 제시하도록 합니다. 조사, 통계자료,
문헌 등을 언급할 때 based on(~을 근거로), according to(~에 의하면) 등을 사
용하세요. 전문가의 견해를 빌려 근거를 제시하는 것도 좋은 방법입니다.

대표표현 **Based on** extensive research, I would argue that we
should expand our overseas businesses.

광범위한 조사**를 근거로** 저는 우리의 해외 사업을 확장해야 한다고 주장합니다.

Based on our recent market research, we should change our procedures.
최근 시장조사**에 따르면** 우리는 절차를 바꿔야 합니다.

As described in the recent survey, the suicide rate in Korea is on the rise.
최근 조사**에서 보여 주듯이** 한국의 자살률은 증가하고 있습니다.

대표표현 **According to** the article in the Wall Street Journal,
China is the best country to invest in the world.

월 스트리트 저널의 한 기사**에 따르면** 중국은 세계에서 투자하기 가장 좋은 나라입니다.

According to the salesman, this new clouding system will hold twice as
much data as the old one.
그 영업사원**에 따르면** 새 클라우딩 시스템은 예전 시스템보다 두 배나 많은 데이타를 저장할 수 있습니다.

According to the press release, the company is planning to introduce several
new machines in the coming year.
보도 자료**에 의하면** 그 회사는 내년에 새로운 기계를 몇 대 도입할 계획입니다.

대표표현 **Experts estimate that** the merger with XBM will cost
approximately $20 million.

전문가들은 XBM과의 합병은 대략 2천만 달러가 소요될 거라고 **추정합니다.**

Experts estimate that our total revenues will fall drastically if we don't come
up with any new measures.
전문가들은 어떤 새로운 방책을 고안해내지 않으면 저희의 총 매출은 급격하게 하락할 거라고 **추정합니다.**

Experts estimate that more than 150 countries will have open economy by
2025.
전문가들은 2025년까지 150개국 이상이 자유 경제 체제를 갖게 될 거라고 **추정합니다.**

* open economy 자유 경제

예를 들어 근거를 설명할 때는 for example, for instance 등으로 문장을 시작합니다. 또 목록으로 예를 제시할 때는 such as를 사용하세요.

> **대표표현** **For example**, in the case of a 16% interest rate, 72 divided by 16 equals 4.5, so it takes four and a half years for money to double.
>
> **예를 들어** 이자율이 16%일 경우 72를 16으로 나누면 4.5가 나오므로, 돈이 두 배가 되는 데는 4년 반이 걸립니다.
>
> • interest rate 이자율

For example, do the toys in the yards indicate a child in a certain age bracket? We look for things like that for our market research.

예를 들어 앞뜰에 장난감이 있으면 특정 연령층의 아이가 살고 있다는 얘기가 되겠죠? 저희 회사는 그런 것들을 살피며 시장조사를 하지요.

• age bracket 연령층

There are many factors in finding a job **such as** job security, promotion, and an easy commute.

직장을 찾는 데는 직업 안정성, 승진, 편한 출퇴근 **같은** 많은 요소가 있습니다.

Winner's Expression **기타 주장의 근거를 제시하는 방법**

Looking behind the statistics, we can see that total revenues are on the rise.

통계치가 시사하는 바에 의하면 총수익이 증가하고 있다는 것을 알 수 있습니다.

Let me illustrate my point with some facts and figures.

제 의견을 사실과 수치로 설명해 보겠습니다.

Let me also note that you can't beat our prices anywhere in Korea.

아울러 말씀드리고 싶은 것은 한국 어디를 가더라도 우리보다 더 좋은 가격은 없다는 것입니다.

To cite just one more example, our competitors have started imitating our strategy.

예를 한 가지만 더 들자면 경쟁사들이 저희 전략을 따라하기 시작했습니다.

🎧 21-3.mp3

2단계

문장 만들기

문제를 풀고 정답을
확인한 후 mp3를
들으며 소리 내어 연습
하세요.

❶ 최근 통계를 근거로 우리는 출산율이 지속적으로 떨어질 거라고 예상할 수 있습니다.

statistics, predict, birth rates

🎤 ....

❷ 최근 조사에서 보여주듯이 한국의 자살률은 증가하고 있습니다.

describe, survey, suicide rate, on the rise

🎤 ....

❸ 전문가들은 XBM과의 합병은 대략 2천만 달러가 소요될 거라고 추정합니다.

estimate, merger, approximately

🎤 ....

❹ 새로운 연구에 따르면 컴퓨터 범죄로 인해 기업들이 매년 수억 달러의 피해를 입고
있는 것으로 나타났습니다.

study, computer crime, cost, hundreds of millions of

🎤 ....

❺ 전문가들은 이 상품이 30대 남성들 사이에서 인기를 끌 것이라 추정합니다.

popular, men in their thirties

🎤 ....

❻ 직장을 찾는 데는 직업 안정성, 승진, 편한 출퇴근 같은 많은 요소가 있습니다.

factor, security, commute

🎤 ....

❼ 최근 설문 조사에 따르면 이 제품이 시중 제품들 가운데 최고입니다.

survey, best one available

🎤 ....

모범 영작

❶ Based on recent statistics, we can predict that the birth rates will continue to drop.
❷ As described in the recent survey, the suicide rate in Korea is on the rise. ❸ Experts estimate
that the merger with XBM will cost approximately $20 million. ❹ According to a new study,
computer crimes are costing companies hundreds of millions of dollars per year. ❺ Experts
estimate that this product will be popular among men in their thirties. ❻ There are many factors in
finding a job such as job security, promotion, and an easy commute. ❼ According to the recent
survey, this product is the best one available in the market.

22 중요 내용 강조하기

저는 저희의 마케팅 전략이 성공하기를 진심으로 바랍니다.

강의 및 예문듣기

의견을 주장하는 것과 내용을 강조하는 것은 다릅니다. 자신이 주장한 의견에 대해 청중의 동의와 공감을 얻고자 한다면 그것을 뒷받침하는 내용을 강조해 줄 필요가 있습니다. 강조한다고 무조건 목소리만 키워서는 안 됩니다. 강조의 의미를 갖는 적절한 표현을 적절한 타이밍에 사용해야 합니다. 그럼 이제부터 여러분의 프레젠테이션에 필요한 다양한 강조의 표현들을 배워 봅시다.

🎧 22-1.mp3

준비 단계
패턴 미리보기

강조하기 대표 패턴 👤💬

* 제가 강조하고 싶은 점은 우리에게 기술력의 이점이 있다는 것입니다.
  What I want to stress is that we have the advantage of technology.

* 당면한 문제는 우리가 시장 선두주자가 아니라는 것입니다.
  The problem at hand is that we are not a market leader.

* 일부 직원을 해고하는 수밖에 없습니다.
  There is no alternative but to lay off some staff.

* 저는 고객이 우선이라고 강력하게 주장합니다.
  I strongly argue that customers come first.

* 무엇보다도 인수 합병은 사업을 확장하는 데 가장 효과적인 방법입니다.
  Among other things, M&A is the most effective way to expand business.

🎧 22-2.mp3

1단계

핵심표현 익히기

프레젠테이션에서 강조
하며 설득할 때 유용한
패턴을 익히세요.

상황 01 견해를 강조할 때

강조 사항을 말하기 전에 '내가 강조하고 싶은 점은' 하면서 청중의 이목을 끄는 방법입니다.

대표표현 **What I want to stress is that** we have the advantage of technology.

제가 강조하고 싶은 점은 우리에게 기술력의 이점이 있다**는 것입니다.**

What I want to emphasize is that our reputation in the market is not very positive.

제가 강조하고 싶은 점은 시장에서 우리의 평판이 그다지 긍정적이지 않다**는 것입니다.**

What I'd like to focus on is that we should increase the promotion budget this quarter.

제가 강조하고 싶은 점은 이번 분기에 판촉 예산을 증액해야 한다**는 점입니다.**

본인의 주장을 부각시킬 때 이것 외에는 다른 방법이 없다는 표현만큼 절박한 것은 없습니다. alternative(대안)나 chance(기회), choice(선택) 등을 사용하여 절박한 표현을 만들어 보세요.

대표표현 **There is no alternative but to lay off some staff.**

일부 직원을 해고하는 **수밖에 없습니다.**

• lay off 해고하다

There is no alternative but to develop a new product.

신상품을 개발하는 **수밖에 없습니다.**

There is no other choice but to give it one more try.

한 번 더 시도해 보는 **수밖에 없습니다.**

상황 02 쟁점을 강조할 때

문제점, 쟁점, 중요한 점을 강조할 때는 The problem/issue/thing을 주어로 사용하세요.

대표표현 **The problem at hand is that** we are not a market leader.

당면한 문제는 우리가 시장 선두주자가 아니라는 **것입니다.**

The issue here is that Korean students lack creativity and innovation.

지금 쟁점은 한국 학생들은 창의력과 혁신이 부족하다**는 것입니다.**

The thing is that we need to be alarmed by the increasing Chinese economic power.

중요한 사실은 우리가 증가하는 중국의 경제력에 위협을 느낄 필요가 있다**는 것입니다.**

> • the thing 중요한 사실(= the important fact)

상황 03 ▶ 부사로 강조할 때

부사로 문장 전체를 강조할 수 있습니다. 문장 앞에 부사를 두거나 강조하고자 하는 동사 앞이나 be동사 뒤에 부사를 넣어 주세요.

> **대표표현** I **strongly** argue that customers come first.
>
> 저는 고객이 우선이라고 **강력하게** 주장합니다.

We are **totally** happy with the final offer JP suggested to us.
저희는 JP사가 우리에게 제시한 최종 제안에 **전적으로** 만족합니다.

I **sincerely** wish that our marketing strategies succeed.
저는 저희의 마케팅 전략이 성공하기를 **진심으로** 바랍니다.

> **대표표현** Our members will be **particularly** interested to hear in great detail the workings of the London Stock Exchange.
>
> 우리 회원들은 런던 증권시장의 운영 상황을 아주 상세히 듣는 것에 **특히** 관심을 가질 것입니다.

Leather goods made from the skin of the northern crocodile are prized in many countries, **especially** among the newly rich in Eastern Europe.
북부 악어 가죽으로 만들어진 가죽 제품은 많은 나라에서 호평을 받는데 **특히** 동유럽의 신흥 부유층 사이에서 인정받고 있습니다.

> • be prized 가치를 인정 받다, 호평 받다

In particular, we will be involved in planning national and international marketing strategies, including print and electronic advertising campaigns.
특히 저희 회사는 인쇄물 및 전자 광고 캠페인 뿐 아니라 국내외 마케팅 전략도 계획할 것입니다.

상황 04 **부사구로 강조할 때**

부사구인 above all(무엇보다도), in particular(특히), on top of that(게다가) 등으로 문장을 시작하며 강조할 수도 있습니다.

> **대표표현** **Above all, we cannot pay off all of our bank loans.**
> 무엇보다도 우리는 은행 융자를 모두 갚지 못합니다.

Above all, our company has been in the black for more than 5 years.
무엇보다도 우리 회사는 5년 이상 흑자를 유지했습니다.

In particular, we will change our system only when it is necessary.
특히 우리는 꼭 필요한 경우에만 우리 체제를 바꿀 것입니다.

On top of that, we shouldn't use our work e-mail accounts to conduct personal business anymore.
게다가 우리는 개인적인 업무를 하는 데 직장의 이메일 계정을 더 이상 사용하지 말아야 합니다.

특별히 중요한 사항을 설명할 때 다른 사항보다 중요하다는 의미로 among other things, more importantlly 등을 사용할 수 있습니다.

> **대표표현** **Among other things, M&A is the most effective way to expand business.**
> 무엇보다도 인수 합병은 사업을 확장하는 데 가장 효과적인 방법입니다.

Among other things, we may not even get to export next year if we don't get an overseas network.
무엇보다도 만약 우리가 해외 네트워크를 구축하지 않는다면 내년에 수출을 못하게 될 수도 있습니다.

> **대표표현** **More importantly, investing in Brazil right before the opening of the 2016 Rio de Janeiro Olympics will not guarantee any return.**
> 보다 중요한 것은, 2016년 리우데자네이루 올림픽 개최 바로 전에 브라질에 투자하는 것은 수익을 보장할 수 없습니다.

More significantly, our main objective is to build a new network system.
보다 중요한 것은, 우리의 주 목적은 새로운 네트워크 시스템을 만드는 것입니다.

More importantly, the point is that we can't expect too much too soon.
보다 중요한 것은, 요점은 너무 많은 것을 너무 빨리 기대할 수는 없다는 것입니다.

상황 05 질문으로 강조할 때

중요한 사항을 질문으로 강조할 수 있습니다. 중요한 사항에 관해 청중에게 질문을 던지고 발표자가 바로 답을 하면 내용이 강조됩니다. 질문 자체가 너무 길어지지 않도록 주의하세요.

> **대표표현** **So what is my point? My point is that we should hire more researchers in our R&D department.**
> 그럼 제 주장이 무엇이냐고요? 제 주장은 연구개발부서에 연구원을 더 채용해야 한다는 것**입니다.**

So what's our main objective? Our main objective is to reduce pollution.
자, 우리의 주 목적이 무엇이냐고요? 우리의 주 목적은 환경 오염을 줄이는 것입니다.

What was the result? The result was a disaster.
그 결과가 어땠을까요? 결과는 대실패였습니다.

 **Winner's Expression** **do/does로 강조하는 법**

do나 does를 넣어서 동사를 강조하는 방법도 있습니다. I believe~ 대신 I do believe~라고 하면 '나는 ~라는 것을 진심으로 믿습니다' 하며 강조하는 표현이 됩니다. 여기서 동사 앞에 쓰인 do/does의 역할은 '정확하게, 확실하게'라는 뜻의 부사 indeed와 같습니다.

I **do** promise that you will be promoted.
나는 당신이 승진될 거라고 (확실하게) 약속 드립니다.

I **do** maintain my view that the government should not interfere in the market.
저는 정부가 시장에 간섭하지 말아야 한다는 제 의견을 (강하게) 주장하는 바입니다.

문제를 풀고 정답을
확인한 후 mp3를
들으며 소리 내어 연습
하세요.

❶ 보다 중요한 것은 우리 경제 상황은 정점에 도달했습니다.   climactic state

🎤 ⋯⋯⋯⋯⋯⋯⋯⋯⋯⋯⋯⋯⋯⋯⋯⋯⋯⋯⋯⋯⋯⋯⋯⋯⋯⋯

❷ 저는 우리 신상품이 히트할 것이라고 전적으로 확신합니다.   absolutely, a hit

🎤 ⋯⋯⋯⋯⋯⋯⋯⋯⋯⋯⋯⋯⋯⋯⋯⋯⋯⋯⋯⋯⋯⋯⋯⋯⋯⋯

❸ 그럼 해결책은 무엇이냐고요? 해결책은 우리의 의사 결정 과정을 다시 짜는 것입니다.
solution, redesign, decision-making process

🎤 ⋯⋯⋯⋯⋯⋯⋯⋯⋯⋯⋯⋯⋯⋯⋯⋯⋯⋯⋯⋯⋯⋯⋯⋯⋯⋯

❹ 무엇보다도 중동 지역의 정치적인 상황을 예측하기란 아주 어렵습니다.
predict, political situation, Middle East

🎤 ⋯⋯⋯⋯⋯⋯⋯⋯⋯⋯⋯⋯⋯⋯⋯⋯⋯⋯⋯⋯⋯⋯⋯⋯⋯⋯

❺ 우리는 비용을 줄이는 수밖에 없습니다.   alternative, cut down, cost

🎤 ⋯⋯⋯⋯⋯⋯⋯⋯⋯⋯⋯⋯⋯⋯⋯⋯⋯⋯⋯⋯⋯⋯⋯⋯⋯⋯

❻ 제가 강조하고 싶은 것은 우리에게는 막강한 경쟁력이 있다는 것입니다.
stress, invincibly, competitive

🎤 ⋯⋯⋯⋯⋯⋯⋯⋯⋯⋯⋯⋯⋯⋯⋯⋯⋯⋯⋯⋯⋯⋯⋯⋯⋯⋯

❼ 특히 저희는 아주 공격적인 마케팅 캠페인을 시작할 것입니다.
extremely, aggressive, campaign

🎤 ⋯⋯⋯⋯⋯⋯⋯⋯⋯⋯⋯⋯⋯⋯⋯⋯⋯⋯⋯⋯⋯⋯⋯⋯⋯⋯

모범 영작

❶ More importantly, our economic situation has reached a climactic state. ❷ I'm absolutely sure that our new products will be a hit. ❸ So, what is the solution? The solution is to redesign our decision-making process. ❹ Above all, it is very difficult to predict the political situation in the Middle East. ❺ There is no alternative but to cut down our costs. ❻ What I want to stress is that we are invincibly competitive. ❼ In particular, we will begin an extremely aggressive marketing campaign.

🎧 22-4.mp3

3단계
실전에 응용하기

실전 프레젠테이션 훈련 ❼
Unit 20~22에서 배운 표현들이 실제 프레젠테이션에서 어떻게 활용되는지 확인해 보세요.

영업 목표를 강조하며 설명하기   presentation

What I'd like to emphasize is that the purpose of Spinnaker Consulting's marketing program is to make Spinnaker the market leader in selling consulting services to the world's major boat manufacturers and boating suppliers. Based on some recent market research, we came up with a strategy we should use to achieve this status. We ought to position Spinnaker as the industry expert in helping clients accelerate manufacturing operations. Above all, we should improve sales processes and boost product profitability. Then who are our targets? Our target market consists of the COOs, the sales execs, and manufacturing execs of the fifty largest boat manufacturers along with their suppliers at home and abroad. There is no alternative but to provide practical and action-oriented advice so as to guarantee improvement in profitability for clients.

제가 강조하고 싶은 것은 스피네이커 컨설팅 사의 마케팅 프로그램의 목적이 스피네이커를 전 세계 주요 보트 제조사와 보트 공급업체들에게 컨설팅 서비스를 판매하는 데 있어 시장 선두가 되게 하는 것이라는 점입니다. 최근의 시장조사를 바탕으로 우리는 그 자리에 도달하기 위해 사용할 전략을 세웠습니다. 우리는 스피네이커를 고객들이 제작 공정의 속도를 높이도록 돕는 업계 전문업체로서 자리잡게 해야 합니다. 무엇보다도 우리는 영업 과정을 개선하고 상품 수익성을 향상시켜야 합니다. 그렇다면 우리의 타겟은 누구일까요? 우리가 타겟으로 하는 시장은 50대 보트 생산업체 및 그들의 국내외 공급업체들의 COO들, 영업 임원진 및 제작 임원진입니다. 저희는 실용적이고 실행 가능한 조언을 제공하여 고객 사의 수익성 향상을 보증하는 수밖에 없습니다.

• supplier 공급업체 • come up with ~을 세우다, 짜다 • position ~의 위치에 오르게 하다 • accelerate 속도를 빠르게 하다 • boost 향상시키다 • product profitability 상품 수익성 • COO 최고 업무집행 책임자(= chief operating officer) • exec 임원, 중역(= executive) • at home and abroad 국내외 • action-oriented 실행 지향적인 • guarantee 보증하다

183

중요한 부분을 효과적으로 강조하는 기술

프레젠테이션을 잘 해낸다면 자신의 가치를 짧은 시간에 높일 수 있는 좋은 기회가 되지만, 그 반대의 경우에는 자신의 가치를 순식간에 떨어뜨리는 위기가 될 수도 있습니다. 따라서 프레젠테이션에서 자신의 주장을 효과적으로 전개하여 청중을 설득하고 내 주장에 그들이 동의하게 만드는 것은 매우 중요합니다. 그러나 청중이 공부하는 수험생도 아닌데 프레젠테이션에서 제시되는 방대한 자료와 내용을 짧은 시간에 모두 이해하고 공감해 달라는 것은 무리입니다. 바로 이때 필요한 것이 '강조의 기술'입니다. 말하자면 발표자가 강조하고 싶은 부분에 청중이 집중하고 기억하게 하는 잔기술이라고 할 수 있습니다. 그럼 이제부터 여러분이 프레젠테이션에서 활용할 수 있는 사소하지만 유용한 강조의 기술을 배워 볼까요?

1. 청중에게 이익이 되는 것부터

상대방에게 긍정적이고 이익이 되는 사항을 먼저 제시하는 것이 좋습니다. 청중은 자신에게 도움이 될 이야기라고 하면 일단 들어나 보자고 생각할 테니까요. 그리고 중요한 본론 설명에 들어갈 때는 가벼운 농담으로 시작하는 것도 좋은 방법입니다. 프레젠테이션의 주제와 관련이 있는 짧은 농담이면 좋습니다.

2. 침묵으로 긴장감 고조시키기

중요한 부분을 설명할 때는 아무런 말 없이 10초 정도 시간을 보내는 방법도 효과적입니다. 청중 사이에 약간의 긴장감과 정적이 흐르면서 발표자가 뭔가를 이야기할 것이라는 청중의 기대가 고조되는데 이때 느리고 차분한 어조로 클라이맥스를 전하세요. 그러면 청중은 자연스레 귀를 쫑긋 세우고 발표자의 말에 집중하게 됩니다.

3. 초반에 결론 말하기

청중들은 시작 후 5분 정도 지나면 점점 집중도가 떨어지므로 시작할 때 결론을 말해 줌으로써 청중의 관심을 유발시키는 것도 청중이 집중하는 시간을 늘리는 한 방법입니다. 중요한 결론 부분을 먼저 제시한 후, 결론의 도출 과정을 설명하고, 끝에서 결론을 다시 한 번 강조하는 연역적 방법입니다.

4. 핵심사항만 강조하기

모든 메시지를 다 강조해서는 안 됩니다. 그랬다가는 자칫 어떤 메시지도 강조되지 않을 수 있습니다. 어느 조사에 따르면 프레젠테이션에 참석한 청중들은 일주일 내에 발표자가 한 이야기 중 90%를 잊어버린다고 합니다. 따라서 발표자는 청중이 반드시 기억했으면 하는 10%의 내용을 미리 선별하여 이를 강력하게 강조하며 주입시키는 것이 효과적입니다. 그러나 강조가 너무 지나치면 진실성이 없어 보여서 역효과가 날 수도 있습니다. 따라서 강조는 하되 오버는 하지 마세요.

여덟째 마디

●

프레젠테이션
마무리하기

본론에서 핵심 내용을 설명해 주었다면 결론 부분에서는 이것을 다시 한 번 정리·요약해 주어야 합니다. 사람의 주의력에는 한계가 있기 때문에 청중은 중간에 놓쳤던 부분이나 요지를 다시 한 번 친절히 요약해 주는 발표자를 원합니다. 이때 본론에서 사용했던 시각자료를 다시 보여 주는 것도 효과적입니다. 이번 마디에서는 프레젠테이션을 효과적으로 마무리하는 방법과 표현들을 익혀 봅시다.

23 주요 사항 요약하기

▼

24 프레젠테이션 끝내기

▼

25 질의응답 시간 갖기

23

주요 사항 요약하기

주안점을 다시 요약해 드리겠습니다.

강의 및 예문듣기

결론 단계는 발표자가 프레젠테이션의 목적을 완수하는 마지막 기회로 청중이 결단을 내리고 행동할 수 있도록 지금까지 설명했던 내용을 요약하고 반복하면서 중요한 부분을 강조해야 합니다. 이 과정에서 새로운 아이디어나 주장은 가급적 배제하세요. 결론 부분에서는 지금까지의 내용을 다시 한 번 전달하는 것에 의미를 두어야 합니다. 그럼 프레젠테이션에서 주장한 내용을 효과적으로 요약하는 방법에 대해 살펴보도록 합시다.

🎧 23-1.mp3

준비 단계

패턴 미리보기

요약하기 대표 패턴 🧑

* 제가 지금까지 말씀드린 것을 요약하자면 외국인 노동자를 더 채용하면 생산비를 절감할 수 있습니다.
  To summarize what I have been talking about, hiring more foreign workers can reduce production cost.

* 주요 사항을 다시 요약해 드리겠습니다.
  Let me sum up the main points again.

* 간단히 말씀드리자면 점점 더 많은 직원들이 새로운 고용 정책에 불만을 갖고 있습니다.
  In short, more and more staff members are complaining about the new employment policy.

* 요약하자면 저희 경영 혁신 운동에서 가장 중요한 부분은 경영진과 직원들의 협력이었다고 말할 수 있습니다.
  To sum up, I can say that the most important part of our management innovation movement was the cooperation between the management and the employees.

* 제 당부 말씀은 다음과 같습니다.
  My recommendations **are as follows.**

프레젠테이션을 마무리
할 때 유용한 패턴을
익히세요.

상황 01 **주요 사항을 요약할 때**

중요한 내용을 간단히 요약해 줄 때 쓸 수 있는 표현입니다. 결론을 알리기 전에
내용을 요약해 주면 자연스럽게 발표의 마무리로 연결됩니다.

> **대표표현** **Let me sum up the main points again.**
>
> 주요 사항을 **다시 요약해 드리겠습니다.**

Let me sum up my points regarding the new government policy **again**.
새로운 정부 정책에 관한 제 의견을 **다시 요약해 드리겠습니다.**

Let me give you a recap of what we have explained throughout.
지금까지 저희가 설명해 드린 것을 **요약해 드리겠습니다.**

· recap 요점의 되풀이, 요약 (= recapitulation) · throughout ~하는 동안 죽, 내내

> **대표표현** **To summarize what I have been talking about,** hiring
> **more foreign workers can reduce production cost.**
>
> **제가 지금까지 말씀드린 것을 요약하자면** 외국인 노동자를 더 채용하면 생산비를 절감할 수
> 있습니다.

To summarize what I have been talking about, advertising is used to attract
customers and boost sales.
제가 지금까지 말씀드린 것을 요약하자면 광고는 소비자를 끌어들이고 판매를 증대하는 데 이용됩니다.

To summarize what I have been talking about, unless the tuition is raised,
student services will be cut back.
제가 **지금까지 말씀드린 것을 요약하자면** 등록금이 인상되지 않으면 학생 서비스는 축소될 것입니다.

> **대표표현** **In short,** more and more staff members are
> **complaining about the new employment policy.**
>
> **간단히 말씀드리자면** 점점 더 많은 직원들이 새로운 고용 정책에 불만을 갖고 있습니다.

In brief, our new strategies will make the entire launching process more
effective.
간단히 말씀드리자면 저희의 새로운 전략은 모든 출시 과정을 좀 더 효율적으로 만들어 줄 것입니다.

To put it briefly, the Internet and Internet-related information systems will
be more comprehensive and more widespread.
간단히 말씀드리자면 인터넷과 인터넷 관련 정보 시스템은 보다 포괄적이고 광범위해질 것입니다.

대표표현 **To sum up,** I can say that the most important part of our management innovation movement was the cooperation between the management and the employees.

요약하자면 저희 경영 혁신 운동에서 가장 중요한 부분은 경영진과 직원들의 협력이었다고 말할 수 있습니다.

To sum up, as a result of increasing life span, a new set of social problems has arisen.

요약컨대 늘어나는 인간 수명의 결과, 일련의 새로운 사회적 문제들이 생겨났습니다.

To wrap up, I'd just like to recap the four key points I've discussed.

마무리 짓기 위해 지금까지 논의한 네 가지 핵심 사항을 다시 한 번 요약해 드리고자 합니다.

• wrap up 마무리 짓다, 요약하다 • recap 요점을 되풀이하다 (= recapitulate)

상황 02 **슬라이드를 이용해 요약할 때**

주요사항을 간단하게 정리해 둔 슬라이드를 보면서 요약하는 방법입니다. 이때는 ~ as follows로 문장을 끝낸 후 슬라이드를 보면서 설명합니다.

대표표현 **My recommendations are as follows.**

제 당부 말씀은 **다음과 같습니다.**

The key points of my conclusion **are as follows.**

제 결론의 중심 내용은 **다음과 같습니다.**

So to recapitulate, the main points **are as follows.**

다시 한 번 요약해 드리면 주요 사항은 **다음과 같습니다.**

 **Winner's Expression** **기타 내용을 요약·정리해 주는 방법**

I will briefly summarize the main issues. 주요 안건을 간단히 요약하겠습니다.

I would like to go over the main points one more time.
주요 사항들을 한 번 더 짚어 보도록 하겠습니다.

Let me run over what I covered today. 오늘 다루었던 내용을 훑어 보겠습니다.

2단계

문장 만들기

문제를 풀고 정답을
확인한 후 mp3를
들으며 소리 내어 연습
하세요.

① 저희 임원들의 의견을 다시 요약해 드리지요.　sum up, comment, executive

🎤 ....

② 간단히 말씀드리자면 한 개인의 건강은 그 사람의 감정 및 정신 상태로부터 큰 영향을 받습니다.　brief, greatly, influence, emotional and mental state

🎤 ....

③ 요약컨대 해외 지사 설립은 다소 시기상조인 계획입니다.

sum up, establish, overseas branch, premature

🎤 ....

④ 지금까지 말씀드린 것을 요약하자면 자신의 기술을 끊임없이 업그레이드시키는 사람들은 직장에서도 업무를 더 잘 수행합니다.　continually, upgrade, workplace

🎤 ....

⑤ 제 결론의 중심 내용은 다음과 같습니다.　key points, conclusion, follow

🎤 ....

⑥ 이번 분기의 계획을 요약해 드리겠습니다.　sum up, quarter

🎤 ....

⑦ 제가 지금까지 말씀드린 것을 요약하자면 우리는 판매 전략을 신중히 세울 필요가 있습니다.　summarize, devise, marketing strategy

🎤 ....

모범 영작

① Let me sum up the comments of our executives again. **②** In brief, an individual's health is greatly influenced by his or her emotional and mental state. **③** To sum up, establishing an overseas branch is a rather premature plan. **④** To summarize what I have been talking about, people who continually upgrade their skills perform better in the workplace. **⑤** The key points of my conclusion are as follows. **⑥** Let me sum up this quarter's plans. **⑦** To summarize what I have been talking about, we need to devise a careful marketing strategy.

24

프레젠테이션 끝내기

이것으로 프레젠테이션을 마치겠습니다.

강의 및 예문듣기

영어로 프레젠테이션을 할 경우 주로 발표를 시작할 때 결론을 먼저 말하고 본론에서는 근거 자료와 함께 결론에 대한 타당성과 가능성을 알립니다. 그리고 결론 파트에서는 핵심 사항을 다시 한 번 요약·정리해 주고 상대가 얻을 수 있는 이익과 가치를 알리죠. 이때 단순히 사실만을 전달하는 것보다 건설적인 비판 이나 제안을 곁들이는 것이 좋습니다. 이번 Unit에서는 발표를 깔끔하고 명쾌하게 마무리 짓는 방법과 표현들을 익혀 보도록 합시다.

🎧 24-1.mp3

준비 단계

패턴 미리보기

프레젠테이션 끝내기 대표 패턴 👤💬

* 이 프레젠테이션을 마치면서 드리고 싶은 말씀은 시장이 수축됨에 따라 남은 기업들 간에 치열한 경쟁이 벌어진다는 것입니다.

As I end this presentation, I'd like to say that as a market shrinks, fierce competition breaks out among the remaining companies.

* 이 캠페인에 최선을 다하라고 제안하고 싶습니다.

I'd like to propose that you put all of your efforts into this campaign.

* 마치기 전에 왜 우리 회사가 잠재 고객을 끌지 못하는지 다시 강조하고 싶습니다.

Before I finish, let me emphasize again why we fail to attract potential customers.

* 이 업종에 있는 우리 모두에게 적용되는 이야기로 마치겠습니다.

I would conclude with a story that applies to all of us in this industry.

* 이것으로 제 프레젠테이션을 마치겠습니다.

That covers my presentation.

🎧 24-2.mp3

1단계

핵심표현 익히기

프레젠테이션을 마무리
할 때 유용한 패턴을
익히세요.

상황 01 **강조하면서 발표를 마무리할 때**

주요사항을 다시 한 번 강조하면서 발표를 마무리합니다. 강조할 때는 동사 emphasize를 사용합니다. 비슷한 표현으로 reiterate(반복하여 말하다), stress(강조하다) 등이 있습니다.

> **대표현** **Before I finish, let me emphasize again why we fail to attract potential customers.**
> 마치기 전에 왜 우리 회사가 잠재 고객의 관심을 끌지 못하는지 다시 강조하고 싶습니다.

Before I finish, let me stress again why big companies like ours have more advantages as places to work.
발표를 마치기 전에 왜 저희 같은 대기업이 직장으로서 더 많은 이점이 있는지 다시 강조할까 합니다.

Before I finish, let me stress why reducing the shipping cost should be our priority.
끝내기 전에 왜 선적 비용을 줄이는 것이 우리의 우선순위가 되어야 하는지 강조해 드리겠습니다.

• shipping cost 선적 비용 • priority 우선순위

> **대표현** **As I end this presentation, I'd like to say that** as a market shrinks, fierce competition breaks out among the remaining companies.
> 이 프레젠테이션을 마치면서 드리고 싶은 말씀은 시장이 수축됨에 따라 남은 기업들 간에 치열한 경쟁이 벌어진다는 것입니다.

As I conclude this presentation, I'd like to say that human cloning raises numerous ethical issues.
이 프레젠테이션을 마치면서 드리고 싶은 말씀은 인간 복제는 수많은 윤리적 문제를 야기한다는 것입니다.

• human cloning 인간 복제 • ethical issue 윤리적 문제

As I finish this presentation, I'd like to say that to follow the current trend, we should focus more on developing and distributing organic cosmetic products.
이 프레젠테이션을 마치면서 드리고 싶은 말씀은 현재 트렌드를 따르려면 우리는 유기농 화장품을 개발하고 유통하는 것에 좀 더 집중해야 한다는 것입니다.

> **대표현** **There is not a shadow of a doubt in my mind that** our new product will be a hit in the market.
> 저희 신상품이 시장에서 히트 칠 것이라는 점에는 의심의 여지가 없습니다.

There is not a shadow of a doubt in my mind that some of the most influential people in robot technology will arise from our company.
로봇 기술 분야의 가장 영향력 있는 사람들이 우리 회사에서 나올 것이라는 점에는 의심의 여지가 없습니다.

191

There is not a shadow of a doubt in my mind that IMC is a global company.
저는 IMC가 세계적인 기업이라는 **점을 조금도 의심하지 않습니다.**

> **대표표현 Last but not least, I'd like to emphasize that** all of these efforts are geared to bring you more return on your investment.
> **마지막으로 중요한 말씀을 드리자면** 이 모든 노력은 여러분의 투자에 보다 많은 이익을 드리기 위한 것이라는 **점을 강조하고 싶습니다.**
> • be geared to ~하고자 계획되다[조정되다]

Last but not least, I'd like to emphasize that the presence of workers' unions ensures good working conditions for all employees of big companies.
마지막으로 중요한 말씀을 드리자면 노동조합의 존재는 모든 대기업 근로자들에게 좋은 근무 조건을 보장한다고 **강조하고 싶습니다.**
• ensure 반드시 ~하게 하다, 보장하다

Last but not least, I'd like to emphasize the need to purchase the latest high-tech medical equipment for the hospital.
마지막으로 중요한 말씀을 드리자면 병원에 최신 기술의 의료 장비를 구매할 필요가 있다는 것을 **강조하고 싶습니다.**

상황 02 제안하면서 발표를 마무리할 때

발표자의 견해를 바탕으로 주요사항을 제안할 수 있습니다. 전혀 예상치 못한 새로운 사항을 전달하는 것이 아니라 이미 강조된 내용을 중심으로 관련 사항을 제안하는 것이 중요합니다. propose(제안하다), suggest(제안하다), urge(촉구하다, 부탁하다)와 같은 동사를 사용하세요.

> **대표표현 I'd like to propose that** you put all of your efforts into this campaign. 이 캠페인에 최선을 다하라고 **제안하고 싶습니다.**

I'd like to propose that the R&D department should implement new technology.
연구개발팀이 새로운 기술을 제공해야 한다는 것을 **제안하고 싶습니다.**

I'd like to propose that you let your subordinates feel free to suggest new ideas to increase the productivity and motivation of workers.
직원들의 생산성과 동기 부여를 진작시키기 위해 부하직원들이 새로운 아이디어를 자유롭게 제안하도록 해 주라고 **말씀드리고 싶습니다.**
• subordinate 부하, 하급자

I'd like to urge you to train your subordinates more about corporate ethics.

귀하의 부하직원들에게 기업 윤리에 대해 좀 더 교육시킬 것을 **부탁 드립니다.**

• corporate ethics 기업 윤리

I'd like to urge you to make your choices on whether to be leaders or followers in your organization.

조직에서 리더가 될지 부하직원이 될지는 여러분이 결정하시기 **바랍니다.**

I'd like to urge you to realize that all buildings must be accessible to the physically challenged.

모든 건물은 신체 장애자들이 이용할 수 있어야 한다는 점을 알아**주셨으면 합니다.**

• physically challenged 신체 장애자

당부하며 발표를 마무리할 때

중요한 사항을 꼭 기억하라고 당부하면 청중의 뇌리에 더 깊게 인식되기 마련입니다. Remebmer, keep in mind, bear in mind라는 표현으로 '명심해 주세요'라고 당부하세요.

Please keep the overall implications of my points **in mind.**

제 의견의 전반적인 의미를 **명심해 주시기 바랍니다.**

Please keep in mind that you should practice what I have presented today in real life. 제가 오늘 말씀드린 내용을 실생활에서 꼭 연습해야 한다는 것을 **기억해 주시기 바랍니다.**

Please bear in mind that this has been based on a personal view of mine.

이것은 제 개인적인 견해를 바탕으로 한 것임을 **잊지 마시기 바랍니다.**

What I need to draw from this audience is to take advantage of this deal and sign up today.

여러분께 당부 드리고 싶은 것은 이 거래를 잘 활용해서 오늘 계약하시라는 **겁니다.**

What I need to draw from this audience is to do further research on human cloning to aid people with serious diseases.

여러분께 당부 드리고 싶은 것은 중환자들을 돕기 위해 인간 복제를 더 연구하시라는 **겁니다.**

What I need to draw from this audience is to practice the steps I described in my talk to succeed in dieting.

여러분께 당부 드리고 싶은 것은 제가 발표에서 설명해 드린 단계를 잘 연습해서 다이어트에 성공하시라는 **겁니다.**

My parting wish for you is that our company does its best to contribute to the IT industry.

끝으로 당부드리고 싶은 말씀은 저희 회사는 IT 산업에 공헌하기 위해 최선을 다한다는 **것입니다**.

• parting 이별의, 작별의

My parting wish for you is that our company does not sacrifice quality for low prices; that we are able to offer high quality at a low price.

끝으로 당부드리고 싶은 말씀은 당사는 낮은 가격을 위해 품질을 포기하지는 않는다는 **것입니다**. 저희는 저가로 고품질을 제공할 수 있습니다.

My parting wish for you is that you should practice the five key methods of communication skills to improve your communication ability at work.

끝으로 당부드리고 싶은 말씀은 여러분은 사내 의사소통 능력을 개선하기 위한 5가지 중요한 의사소통 스킬을 실천하셔야 한다는 **것입니다**.

이야기나 격언으로 발표를 마무리할 때

청중에게 감정적으로 호소하거나 여운을 남기고 싶을 때 효과적인 방법입니다. 발표자의 경험담을 이야기하거나 관련된 에피소드, 격언 등을 활용해 보세요.

Let me close now with a quote that pretty much summarizes what I have been talking about.

제가 말씀드린 내용을 잘 요약해 주는 **인용문으로 마칠까 합니다**.

• quote 인용문

Let me wrap up with this story as you embark on a new and exciting stage of your lives.

이제 새롭고 흥미진진한 인생을 시작하는 여러분이기에 **이 이야기로 마칠까 합니다**.

• embark 시작하다

Let me wrap up with an anecdote of President Choi when he first founded our company.

최 회장님이 우리 회사를 처음 설립하셨을 때의 **일화를 말씀드리며 마칠까 합니다**.

• anecdote 일화

I would conclude with a story that applies to all of us in this industry. 이 업종에 있는 우리 모두에게 적용되는 **이야기로 마치겠습니다**.

I would conclude with a story that is very popular among new employees.

신입사원들 사이에서 유행하는 **이야기 하나를 말씀드리며 마치겠습니다**.

I would like to leave you with a story that I believe you will find interesting.

여러분이 관심 있어할 만한 **이야기로 마치겠습니다**.

모든 설명을 끝내고 마무리 인사를 할 때 Thank you.만 반복하지 말고 That ends my talk.(이걸로 마치겠습니다.) 등으로 간결하게 마무리합니다.

> **대표표현** **That ends my talk.**　　　　이것으로 제 발표를 마치겠습니다.

That completes what I have to say.　제 발표는 이것으로 마치겠습니다.

That brings us to the end of my presentation.　이것으로 제 발표를 마치겠습니다.

> **대표표현** **That covers my presentation.**
> 　　　　이것으로 제 프레젠테이션을 마치겠습니다.

That covers all I wanted to deliver today.
이것으로 제가 오늘 전달하고자 했던 이야기는 다 **한 것 같습니다.**

I have covered all the topics that needed to be covered today.
오늘 다뤄야 할 주제를 모두 **다뤘습니다.**

> **대표표현** **So, that concludes my presentation on improving our bottom line.** 자, 이것으로 우리의 순익 신장에 관한 제 프레젠테이션을 마치겠습니다.
> · bottom line 순이익

So, that concludes my speech on why we need to manage software.
이것으로 왜 소프트웨어 관리가 필요한지에 대한 **제 발표를 마치겠습니다.**

So, that concludes my talk on the impact of the FTA with China on the Korean agricultural industry.
이것으로 중국과의 자유무역협정이 한국 농업에 미치는 영향에 관한 **제 발표를 마치겠습니다.**

 *Winner's Expression* **마무리 인사를 자연스럽게 꺼내는 방법**

프레젠테이션을 마치겠다는 표현을 불쑥 꺼내는 것이 조금 어색하게 느껴진다면 Okay나 So 같은 말을 앞에 붙여도 좋습니다.

Okay, that ends my talk. 네, 이것으로 제 발표를 마치겠습니다.

So, that's all I have to say. 그럼 이것으로 제 발표를 마치겠습니다.

Well, that brings me to the end of my presentation. 자, 이제 제 프레젠테이션을 마칠 때가 되었습니다.

Thank you all for taking time out of your busy schedules to be with us.
바쁜 와중에도 시간을 내어 함께해 주신 여러분 모두에게 **감사드립니다.**

Thank you again for the opportunity to be here today. It has been a great pleasure to be back here.
오늘 이 자리에 설 기회를 주셔서 **다시 한 번 감사드립니다.** 이 자리에 다시 서서 정말 기뻤습니다.

Thank you for coming. I hope that I've shown you some ways to increase sales in this coming year, and I look forward to seeing you again at next year's conference.
와 주셔서 **감사합니다.** 제가 여러분에게 다가오는 해에 매출을 신장시킬 몇 가지 방법을 보여 드렸기를 바랍니다. 내년 컨퍼런스에서 다시 뵙기를 기대합니다.

 *Winner's Expression* **기타 프레젠테이션을 마무리하는 방법**

The formal part of my presentation is drawing to a close.
제 프레젠테이션의 공식적인 부분은 여기서 종료됩니다.

That is pretty much the end of my presentation.
이것으로 제 프레젠테이션을 마치겠습니다.

🎧 24-3.mp3

2단계

문장 만들기

문제를 풀고 정답을
확인한 후 mp3를
들으며 소리 내어 연습
하세요.

① 우리 회사의 변화를 주도하는 데 참여하라고 제안하고 싶습니다.

propose, take part in, lead

🎤 ....

② 저희 고객의 신뢰를 강화하는 것이 매출을 늘리는 데 가장 중요한 것이라는 것을 여러분께 촉구하고 싶습니다.   urge, consolidate, trust, boost up

🎤 ....

③ 이 프레젠테이션을 마치면서 드리고 싶은 말씀은 흥미로운 사내 연수를 하기 위해서 초청 강사는 다양한 시각자료를 활용해야 한다는 것입니다.

in-house training, invited lecturer, employ, visual aid

🎤 ....

④ 발표를 마치기 전에 작가에게 인내는 성공의 가장 중요한 요소라는 것을 다시 강조할까 합니다.   persistence, success, writer

🎤 ....

⑤ 마지막으로 중요한 말씀을 드리자면 조직은 조화와 상호 신뢰 속에서 운영됩니다.

organization, harmony, mutual trust

🎤 ....

⑥ 여러분이 놀라실 만한 이야기로 마치겠습니다.   leave, find surprising

🎤 ....

모범 영작

① I'd like to propose that you should take part in leading the change in our company. **②** I'd like to urge you that consolidating the trust of our customers is the most important thing in boosting up sales. **③** As I finish this presentation, I'd like to say that in order to give an interesting in-house training, an invited lecturer should employ a variety of visual aids. **④** Before I finish, let me emphasize that persistence is the most important part of success as a writer. **⑤** Last but not least, an organization runs on harmony and mutual trust. **⑥** I'd like to leave you with a story that I believe you will find surprising.

25 질의응답 시간 갖기

질문사항이 있으시면 기꺼이 답변해 드리겠습니다.

강의 및 예문듣기

대부분의 프레젠테이션은 질의응답으로 마무리합니다. 질의응답 시간은 지금까지 발표를 경청해 준 것에 대한 예의로 청중이 궁금해 하는 질문을 받는 시간입니다. 따라서 대답하기 곤란한 질문을 받는 것이 두려워서 건성으로 진행한다면 지금까지 논리정연한 발표를 했다고 해도 청중에게 부정적인 인상을 남길 수 있습니다. 답변하기 어려운 질문이 들어와도 당황하지 말고 개괄적인 대답만 한 뒤 시간 관계상 다른 질문자에게도 기회를 줘야 하므로 프레젠테이션이 끝나고 따로 설명을 하겠다고 말하면 상황을 무난하게 넘길 수 있습니다. 중요한 것은 성의 있게 대답해 주고자 하는 발표자의 마음가짐과 자세입니다.

🎧 25-1.mp3

준비 단계
패턴 미리보기

질의응답 대표 패턴 👤💬

* 어떤 질문이든 기꺼이 남아서 답변해 드리겠습니다.
  I'd be happy to stay and answer any questions you might have.

* 질문사항이 있으시면 기꺼이 답변해 드리겠습니다.
  If you have any questions, I'll be happy to answer them.

* 제가 제대로 이해했는지 확실치는 않지만 저희 네트워크 시스템이 전부 업그레이드되어야 한다는 말씀이신가요?
  I'm not sure whether I understand you correctly, but are you saying that all our network systems should be upgraded?

* 질문을 좀 더 구체적으로 해 주시겠습니까?
  Could you be a little more specific with your questions?

* 무슨 말씀을 하시는지 잘 모르겠네요. 다시 한 번 말씀해 주시겠습니까?
  I'm not sure what you're getting at. Could you say that again?

🎧 25-2.mp3

1단계

핵심표현 익히기

프레젠테이션을 마무리
할 때 유용한 패턴을
익히세요.

상황 01 질문을 받을 때

질문을 받을 때는 누구나 질문할 수 있는 편안한 분위기를 조성해 주고 질문을
제한하거나 질문 자체를 꺼리는 듯한 분위기가 되지 않도록 주의하세요.

대표표현 **I'd be happy to stay and answer any questions you might have.**
어떤 질문이든 **기꺼이** 남아서 답변해 드리겠습니다.

I'd be happy to try and answer any questions.
어떤 질문이든 **기꺼이** 대답해 드리**도록 하겠습니다**.

I'd be glad to take any questions you may have now.
이제 여러분의 질문을 받**도록 하겠습니다**.

I'd be glad to listen to your concerns.
여러분의 궁금증을 들어보**도록 하겠습니다**.

대표표현 **If there is anything you are not clear about**, please ask.
뭐든 **명확하지 않은 부분이 있으시면** 질문해 주세요.

If there is anything you are not clear about, please feel free to ask.
뭐든 **명확하지 않은 부분이 있으시면** 맘껏 질문하세요.

If there is anything you are not clear about, please contact me via email.
뭐든 **명확하지 않은 부분이 있으시면** 이메일로 연락 주세요.

대표표현 **If you have any questions, I'll be happy to answer them.**
질문사항이 있으시면 기꺼이 답변해 드리겠습니다.

If you have any questions, I'll do my best to answer them.
질문이 있으시면 최선을 다해 대답해 드리겠습니다.

If you have any questions on any of the topics covered today, please contact me. My contact details are on the last page of the booklet.
오늘 다룬 주제에 대해 **의문나는 점이 있으시면** 저에게 연락 주십시오. 제 자세한 연락처는 소책자의 마지막 페이지에 있습니다.

대표표현 **Before I wrap up my presentation, are there any questions about our management programs?**
제 프레젠테이션을 마무리하기 전에 저희 관리 프로그램에 **대해 질문 있으십니까?**

Are there any questions about our fiscal budgets distribution?
저희 회계 예산 분배에 **대해 질문 있으십니까?**

Are there any inquiries about the points that I just mentioned?
제가 방금 언급한 내용에 **대해 문의사항 있으십니까?**

> **대표표현** **I would like to open the floor for any questions that you may have.** 이제 여러분의 질문을 **받도록** 하겠습니다.

Now, I'm going to **open up the floor** for questions. 이제 질문을 **받겠습니다.**

Let me **open up the floor** for any questions. 질문을 위해 **발언권을 부여해 드리죠.**

❗ 격식을 차린 회의에서 쓰이는 표현으로 여기서 floor는 '발언권'을 의미합니다. open 뒤에 부사 up을 써서 그 의미를 강조하기도 하며, have the floor라고 하면 '발언권을 갖다'라는 뜻이 됩니다.

상황 02 동시에 여러 사람이 질문할 때

많은 청중이 발표 내용에 반응을 보이고 질문을 한다는 것은 좋은 상황인데요. 누구부터 질문을 시켜야 할지 혼란스러워서 정리가 필요하다면 한 번에 한 분씩 질문해 달라고 하는 것이 좋습니다.

> **대표표현** **Please, one at a time.** 한 번에 한 분씩만 질문해 주세요.

I will take **one question at a time.** 한 번에 하나씩만 질문을 받겠습니다.

Why don't you go ahead with your question and then I'll take yours next?
이 분 질문을 먼저 받고 다음에 그쪽 분 질문을 받도록 하겠습니다.

 **Winner's Expression** **질문이 더 있는지 묻는 방법**

질문이 더 있는지 물을 때는 further나 other questions라는 표현을 사용하세요. further는 '이것과 관련해서 더'라는 의미이고, other는 별로 연관성이 없어도 되는 '또 다른'이라는 의미입니다.

I think we're out of time, but if anyone has any further questions, please come talk to me after the meeting. 시간이 다 된 것 같으니 질문이 더 있으신 분은 회의가 끝난 후에 저에게 오셔서 말씀해 주세요.

Are there any other questions? 다른 질문 있습니까?

청중이 "질문해도 괜찮겠습니까?"라고 물었을 경우에는 Go ahead.라고 말하면 됩니다.

Please, go ahead. / Certainly. / Sure. 그렇게 하세요. / 물론입니다.

That brings me to the end of my presentation. If you have any questions, please go ahead.
제 프레젠테이션은 여기까지입니다. 질문 있으시면 하세요.

질문을 확인할 때

청중의 질문을 잘 알아듣지 못했거나 정확한 답변을 위해 질문의 요지를 다시 한 번 확인할 필요가 있을 때 유용한 표현입니다.

> **대표표현** **If I understand you correctly, are you saying that the government should not implement the new transportation plan?**
> 제가 제대로 이해한 것이라면 정부가 신 교통 계획을 시행하지 말아야 한다는 **말씀이신 거죠?**

If I understand you correctly, are you saying that our plans are premature?
제가 제대로 이해한 것이라면 저희의 계획이 시기상조라는 **말씀이신가요?**

If I understand you correctly, are you saying we are going to see the results in six months from now?
제가 제대로 이해한 것이라면 지금부터 6개월 후에 결과를 볼 거라는 **말씀이신 거죠?**

> **대표표현** **I'm not sure whether I understand you correctly, but are you saying that all our network systems should be upgraded?**
> 제가 제대로 이해했는지 확실치는 않지만 저희 네트워크 시스템이 전부 업그레이드되어야 한다는 **말씀이신가요?**

I'm not sure whether I understand you correctly, but are you saying that the actual volume of our orders differs from our estimates?
제가 제대로 이해했는지 확실치는 않지만 저희의 실제 주문량이 저희의 견적과 다르다는 **말씀이십니까?**

I'm not sure whether I understand you correctly, but are you asking about our next initiative?
제가 제대로 이해했는지 확실하지 않지만 저희의 다음 선제 전략에 대해 **질문하시는 것입니까?**

• initiative 추진 사항, 선제 전략

> **대표표현** **Could you be a little more specific with your questions?**　　질문을 좀 더 구체적으로 해 주시겠습니까?

What exactly is it that you are asking?
질문하시고자 하는 것이 **정확히 무엇이죠?**

I don't quite follow you. **What exactly do you mean?**
말씀을 이해 못했습니다. **정확히 무슨 뜻입니까?**

Could you elaborate on your question?
좀 더 자세하게 질문해 주시겠습니까?

• elaborate on ~에 대해 상세히 설명하다

대표현 **I'm not sure what you're getting at. Could you say that again?** 무슨 말씀을 하시는지 잘 모르겠네요. 다시 한 번 말씀해 주시겠습니까?

Sorry, I didn't catch that. **Could you repeat it, please?**
죄송하지만 이해하지 못했습니다. **다시 한 번 말씀해 주시겠습니까?**

I'm sorry. I was not paying attention. **What was that again?**
미안합니다만 집중을 못했습니다. **무슨 말씀이셨습니까?**

대표현 **I'm sorry. Could you repeat that a bit more slowly?**
죄송합니다. 좀 더 천천히 다시 말씀해 주시겠습니까?

Could you speak a little more slowly, please? 좀 더 천천히 말씀해 주시겠습니까?

I'm sorry. I couldn't hear you clearly. **Could you speak a little louder, please?**
죄송합니다. 잘 들리지가 않네요. **조금만 더 크게 말씀해 주시겠어요?**

상황 04 **적절한 질문을 받았을 때**

질문의 중요성을 짚어 주고 질문한 청중에게 감사의 말을 합니다.

대표현 **That's a good question.** 좋은 질문입니다.

That's a very important question. 매우 중요한 질문입니다.

That question's a good one, because it allows me to give some extra explanations. 제게 보충 설명할 기회를 주는 **좋은 질문입니다.**

I am glad you raised that point. 그 점을 제기해 주셔서 기쁘네요.

• raise a point 주제를 끄집어내다

상황 05 **슬라이드를 보며 답변할 때**

질문이 나올 법한 내용에 대비하여 추가 슬라이드를 마지막 슬라이드 뒤에 덧붙여 두면 좋습니다. 그럼 슬라이드를 보면서 답변할 수 있습니다.

대표현 **I have some slides to show you to answer your question.** 질문에 답을 드리기 위한 **슬라이드를 보여드리지요.**

Let me show you this slide to answer your question.
질문에 답변을 드리기 위해 **이 슬라이드를 보여드리지요.**

I think this slide will answer your question.
이 슬라이드가 답변이 될 거라고 **생각합니다.**

상황 06 ▶ 답변하기 힘든 질문을 받았을 때

답변하기 힘든 질문을 받았을 때는 당황하지 말고 질문한 사람에게 되묻거나 다른 청중의 의견을 구하는 것도 좋은 방법입니다.

대표표현 What do you think?   선생님은 어떻게 생각하십니까?

How do you think that should be done?   어떻게 해야 한다고 보십니까?

That has been a major concern for me as well. **What is your opinion** on this?
그것은 저에게도 크게 고민되는 부분입니다. 이에 대한 **선생님의 의견은** 어떻습니까?

대표표현 That is a good question. Unfortunately, I don't have the answer. Does anyone in the audience have an opinion on that?
매우 좋은 질문입니다만 아쉽게도 저에게는 그에 대한 해답이 없습니다. **여러분 중에** 그에 대한 **의견을 가지고 계신 분이 있습니까?**

Does anyone in the audience have an experience related to that?
여기 계신 분 중 그와 관련된 경험이 있으신 분이 계십니까?

I don't think I'm the right person to answer that question. Perhaps Mr. Smith **can help with that question.**
저는 그 질문에 답변할 적임자가 아니라고 생각합니다. 어쩌면 스미스 씨께서 **그 질문에 답해 주실 수 있을 겁니다.**

대표표현 You have a good point there, but I don't think this is the place to discuss that matter.
좋은 지적입니다만, 지금은 그 문제를 논의하기에 **적절한 자리가 아닌 것 같습니다.**

I'm afraid that's outside the scope of this presentation.
그것은 제 프레젠테이션의 범위에서 **벗어난 것 같습니다.**

<small>• scope 범위, 영역</small>

I'm afraid that your question is a little off the topic of discussion.
죄송하지만 지금 토론하는 주제에서 **질문이 조금 벗어난 것 같네요.**

대표표현 **I'm sorry, I don't have that information** offhand.

대표표현 **I'm sorry, I don't have that information** offhand.
죄송합니다만 지금 당장은 그 정보를 가지고 있지 않습니다.

• offhand 즉석에서, 사전 준비 없이

I'm sorry, I don't know the answer to that one. I will have to get back to you on that.
죄송하게도 그에 대한 **답은 모르겠습니다**. 그 점은 다음에 알려 드리겠습니다.

I honestly don't know the answer to that question, but I can find out for you.
솔직히 말씀드리자면 그 질문에 대한 **답은 모릅니다**만 추후에 알아보도록 하겠습니다.

Why don't you come talk to me after the presentation?
프레젠테이션이 끝난 후에 저에게 오셔서 말씀해 주시겠습니까?

We are awaiting further information before we can answer that.
저희도 추가 정보를 기다리고 있기 때문에 지금은 그에 대한 답변을 드릴 수가 없습니다.

대표표현 **I'm sorry, but that is confidential** information.
죄송합니다만 그것은 기밀 정보입니다.

I'm sorry, I'm not permitted to give out that information.
죄송합니다만, 그 정보는 알려 드릴 **수 없습니다**.

I can't reveal that information at this time.
지금은 그 정보에 대해 **밝힐 수 없습니다**.

I'm afraid I can't discuss that.
유감이지만 그 점에 대해서는 논의할 **수 없습니다**.

I'm sorry, but we're unable to offer any further information at this point.
죄송합니다만 지금 시점에서는 그 이상의 정보는 드릴 **수 없습니다**.

I'm unable to comment on that at the moment.
지금 당장은 그것에 대해 언급할 **수 없습니다**.

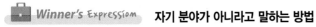

Winner's Expression **자기 분야가 아니라고 말하는 방법**

어려운 질문이나 자기 분야의 질문이 아닐 경우 솔직히 모른다고 인정하는 것도 중요합니다.

I wasn't aware of that. 그 부분은 파악하지 못했습니다.

I'm afraid I don't have much experience in that field. 유감스럽게도 저는 그 분야에 별로 경험이 없습니다.

다음 질문으로 넘어갈 때

대표표현 **Have I made that clear?** 분명한 답이 되었는지요?

Is that clear now? 이제 명확합니까?

Does my answer satisfy you? 제 답변이 만족스러우셨나요?

Does that answer your question? 질문에 답이 되었습니까?

I hope that I've answered your question. 질문에 답변이 되었길 바랍니다.

대표표현 **May we move on?** 다음으로 넘어갈까요?

May we continue? 다음으로 넘어갈까요?

May we go on to the next question? 다음 질문으로 넘어가도 될까요?

질의응답을 마감할 때

더 이상 질문이 없는 경우 질의응답 시간을 자연스럽게 마무리하세요. 질문이 적거나 질문을 전혀 하지 않는 청중의 경우 어색하게 마무리하지 말고, 추가 질문은 이메일로 달라고 하면 좋습니다.

대표표현 **If there are no other questions, why don't we wrap it up here?** 다른 질문이 없으시면 여기서 마무리 짓지요.

If there are no further questions, perhaps we should stop here.
더 이상 **질문이 없으시면** 여기까지 하는 것이 좋겠네요.

If there are no more questions, let us finish up here.
더 이상 **질문이 없으시면** 여기서 마치지요.

대표표현 **If you have no questions, we can end now. Feel free to ask any further questions via email.** 질문이 없으시면 지금 마무리 짓지요. 질문이 더 있으시면 편하게 이메일 주세요.

As we are short of time, let's finish up. **You can email me your questions.**
시간이 부족하니 여기서 마치죠. **질문은 이메일로 주셔도 됩니다.**

My email address is provided here in this slide, so **feel free to contact me for any questions.**
제 이메일 주소가 이 슬라이드에 있으니 **질문이 있으시면 편하게 연락 주세요.**

🎧 25-3.mp3

2단계

문장 만들기

문제를 풀고 정답을
확인한 후 mp3를
들으며 소리 내어 연습
하세요.

❶ 새 교육 프로그램의 내용에 관해 질문 있으십니까? content, training program

🎤 ....

❷ 의견이 있으시면 기꺼이 듣도록 하겠습니다. happy, comment, have

🎤 ....

❸ 죄송합니다만 그것은 기밀 정보입니다. confidential

🎤 ....

❹ 제가 이해한 것이 맞다면 이 제품의 원가 분석에 대해 물으시는 것인가요?
correctly, cost breakdown

🎤 ....

❺ 질문이 더 있으시면 저에게 이메일로 연락 주세요. email

🎤 ....

❻ 이제 질문을 받겠습니다. open up the floor

🎤 ....

❼ 죄송하지만 지금 당장은 그것에 대해 언급할 수 없습니다.
comment, at the moment

🎤 ....

모범 영작

❶ Are there any questions about the contents of the new training program? ❷ I'd be happy to listen to any comments that you have. ❸ I'm sorry, but that is confidential information. ❹ If I understand you correctly, are you asking about the cost breakdown of this product? ❺ If you have any more questions, please email me. ❻ Now, I'm going to open up the floor for questions. ❼ I'm sorry, but I'm unable to comment on that at the moment.

실전 프레젠테이션 훈련 ❽

Unit 23~25에서 배운 표현들이 실제 프레젠테이션에서 어떻게 활용되는지 확인해 보세요.

1. 다음 발표자에게 넘겨주며 마무리하기   p r e s e n t a t i o n

So, that concludes my presentation. Does anyone have any questions? None? Okay, good. That's it for my part of the training program. I want to thank you all for your attendance today and wish you the best of luck in your future careers here at LG Phillips. Now we get into the meat of the training program. For this, I am going to turn you over to our qualified Six Sigma coach from our Hong Kong office, Mr. Larry Goods. Larry?

자, 그럼 이것으로 제 프레젠테이션을 마치겠습니다. 질문 있으신지요? 없으십니까? 네, 좋습니다. 이 교육 프로그램에서 제 파트는 이것으로 마치겠습니다. 오늘 참석해 주셔서 모두 감사드립니다. 그리고 LG필립스에서의 여러분의 향후 업무에 행운을 빕니다. 자, 그럼 이 교육 프로그램의 가장 중요한 부분으로 넘어가지요. 저희 홍콩지사의 식스시그마 전문 코치이신 래리 구즈 씨에게 마이크를 넘기겠습니다. 래리?

· attendance 참석 · get into the meat of ~의 요점으로 넘어가다 · turn A over to B A를 B에게 넘기다 · qualified 자격이 있는

2. 인용구를 활용하며 발표를 마무리하기

Please bear in mind that this has been based on a personal view of mine. I would like to conclude with a quotation that applies to all of us in this industry. Arthur C. Clarke said that "Any sufficiently advanced technology is indistinguishable from magic." To sum up, I can say that the most important part of our management innovation movement was developing new leading technology in the market. As I finish this presentation, I'd like to say that to follow the current trend, we should focus more on developing ubiquitous technologies. So that concludes my speech.

본 프레젠테이션은 제 개인적인 견해를 바탕으로 한 것임을 잊지 마시기 바랍니다. 이 업종에 있는 우리 모두에게 적용되는 인용문으로 오늘 프레젠테이션을 마치겠습니다. 아서 C. 클락은 '충분하게 발전된 기술은 마술과 구분할 수 없을 정도'라고 했습니다. 요약하자면 저희 경영 혁신 운동에서 가장 중요한 부분은 시장에서 선두가 되는 신기술을 개발하는 것입니다. 본 프레젠테이션을 마치면서 드리고 싶은 말씀은 현재 트렌드를 따르려면 유비쿼터스 기술 개발에 좀 더 집중해야 한다는 것입니다. 이것으로 제 발표를 마치겠습니다.

• bear in mind 기억하고 있다, 잊지 않다 • quotation 인용(문) • sufficiently 충분히 • indistinguishable 구별 할 수 없는 • to sum up 요약하면, 결론으로서 • innovation 혁신 • ubiquitous 어디서나 네트워크에 접속할 수 있는

프레젠테이션을 멋지게 마무리하는 방법

1. 정해진 시간을 준수하자

발표자의 말이 길어지면 청중의 집중력이 떨어져 오히려 역효과를 볼 수 있습니다. 프레젠테이션은 정해진 시간보다 일찍 끝내는 편이 늦게 끝내는 것보다 낫습니다. 물론 정해진 발표 시간을 지키는 것이 가장 좋고요. 특히 발표 뒤에 다음 프로그램이 예정되어 있을 경우에는 발표 시간에 더욱 신경 써야 합니다. 간혹 프레젠테이션 진행 중에 예상치 못한 질문이나 상황으로 인해 시간이 지연될 수도 있는데 이러한 경우에는 다음과 같이 대응하세요.

1) 발표 자료를 검토할 때 설명을 줄이거나 생략해도 큰 문제가 없는 부분을 미리 확인해 둔다.
2) 발표가 일찍 끝날 경우를 대비해 재미있는 이야기를 몇 가지 준비해 두었다가 적절한 순간에 활용함으로써 시간을 조절한다.
3) 예상치 못한 질문으로 발표가 지연되는 것을 막기 위해 발표를 시작할 때 질문 시간은 따로 갖겠다고 청중들에게 미리 알린다.

2. 질의응답 시간을 100% 활용하자

발표가 끝나면 잊지 말고 질의응답 시간을 꼭 가지세요. 질의응답을 통해 발표에 대한 청중들의 반응이나 의문 사항 등을 확인하면서 강조하고자 했던 핵심 내용이나 메시지를 재강조할 수 있습니다. 주제에서 벗어나거나 그다지 중요하지 않은 질문을 받았을 때는 우문현답(愚問賢答)으로 상황을 반전시키는 센스를 발휘하는 것도 잊지 마시고요.

3. 질의응답은 깔끔하고 요령 있게

긍정적이고 우호적인 질문이 나왔을 경우에는 발표 내용을 강조하고 자신의 주장을 다시 한 번 확인시키는 기회로 삼습니다. 반면 대답하기 어렵거나 곤란한 질문이 나왔을 경우에는 개괄적인 대답만 한 뒤 시간 관계상 다른 질문자에게도 기회를 줘야 하기 때문에 프레젠테이션이 끝나고 따로 설명하겠다고 말하는 것이 요령입니다. 어느 경우에든 성의 없이 건성으로 대답한다는 인상을 주지 않도록 하세요.

4. 첫인상만큼이나 마지막 인상도 중요하다

프레젠테이션을 끝낼 때는 정중하게 감사 인사를 하고 가급적 위트를 겸비한 말로 마무리하는 것이 좋습니다. 강렬한 인상을 심어 주는 것도 좋지만 너무 오버해서도 안 됩니다. 프레젠테이션 서론에서 결론을 강조하였던 톤을 유지하되 근거자료로 보충된 결론을 다시 한 번 강하게 어필하면서 요약하는 전략이 효과적입니다. 뿐만 아니라 제안이나 여운을 남기는 멘트로 청중이 생각할 시간을 주세요. 하지만 명심할 점은 절대로 새로운 아이디어나 의견을 뜬금없이 소개해서는 안 된다는 것입니다. 서론에서 설명한 결론이 본론에서 보충되었다는 것을 다시 한 번 상기시켜 주는 정도면 충분합니다.

성공적인 영어 프레젠테이션을 위한 핵심 사전

영어 프레젠테이션 준비로 분주하신가요? 여기 든든한 도우미가 있습니다. 프레젠테이션 시작부터 서론, 본론, 결론, 질의응답까지 상황별로 참고할 수 있는 다양한 표현들을 수록해 놓았습니다. 이 핵심 사전을 보면서 여러분이 발표하고자 하는 주제에 맞춰 필요한 표현들을 발췌하면 전문적인 프레젠테이션 원고를 준비할 수 있습니다. 단순히 영어 문장을 나열하는 데 그치지 않고 보다 설득력 있는 발표를 위한 표현들도 가득하니 꼼꼼히 체크하여 완성도 있는 자료를 준비해 보세요.

아홉째 마디

프레젠테이션
시작 및 소개

많은 사람 앞에서 프레젠테이션을 시작하려고 하면 긴장되고 어색하겠지만, 그럴수록 환하게 웃으며 밝게 인사하는 것이 좋습니다. 이어서 자신이 어느 부서에서 어떤 업무를 담당하는 사람인지 밝혀야 합니다. 자기소개를 명확하게 함으로써 청중은 발표자에 대한 신뢰감을 가질 수 있습니다. 정중하게 예의를 지켜야 하는 자리인지, 친한 회사 사람들과의 자리인지에 따라 사용할 수 있는 표현이 다르니 적절한 표현을 미리 준비해서 충분히 연습해 두세요.

26

프레젠테이션 시작

인사하기 & 감사하기

예문듣기

🎧 26-1.mp3

001	안녕하세요.	Good morning[afternoon, evening].
002	신사 숙녀 여러분, 안녕하세요.	Hello, ladies and gentlemen. ❗ 격식 있는 자리에서 청중의 대부분을 잘 모를 때 사용하세요.
003	안녕하세요.	How are you all? / How are you doing today? / How is everyone doing here today? ❗ 가까운 사람들과의 자리에서 편하게 인사할 때 사용하세요.
004	잘 지내셨어요?	How have you been? ❗ 안면이 있는 청중들과 오랜만에 만났을 때 사용하세요.
005	오늘 모두 별일 없으시죠?	Hope most of you are well today.
006	오늘 이 자리에 여러분과 함께하게 되어 기쁩니다.	It's great to be here with you today. / It's my pleasure to be here today. / I'm glad to be here with you today.
007	이 자리에 여러분과 함께하게 되어 영광입니다.	It's my honor to be here with you.
008	여러분 모두와 이 자리에 함께하게 되어 무척 기쁩니다!	How nice to be here with you all! / Very nice to be with you all!
009	와 주셔서 감사합니다.	Thank you for coming.
010	참석해 주셔서 감사합니다.	I appreciate your attendance.
011	바쁘신 와중에 시간을 내서 오늘 이 자리에 참석해 주셔서 대단히 감사합니다.	Thank you very much for taking the time out of your busy schedule to be here today.
012	이 프레젠테이션을 들으러 서울까지 와주셔서 감사드립니다.	Thank you for coming all the way to Seoul for this presentation.
013	수고를 무릅쓰고 오늘 이 자리에 와주셔서 정말 감사드립니다.	Thank you very much for making the effort to be here today.
014	오늘 이 회의에[제 발표에] 참석해 주셔서 감사드립니다.	Thank you for participating in this meeting today. / Thank you for attending my presentation today. / Thank you for taking part in this presentation today.

213

015	저희 부서를 대표해서 여러분들을 진심으로 환영합니다.	On behalf of my department, allow me to extend a warm welcome to you.
016	오늘 이곳에 오시기 위해 특별히 노력해 주신 것에 대해 감사의 말씀을 드리면서 시작하려 합니다.	I would like to begin by expressing my thanks for the special effort that each of you made to be here today.
017	오늘 이 자리에 와주신 모든 분께 감사를 드립니다.	I would like to thank you all for coming here today.
018	오늘 여기 참석하신 분들에게 따뜻한 환영의 말씀을 드립니다.	I would like to extend a warm welcome to those present here today.
019	GHI 인터내셔널에 오신 것을 환영합니다.	Welcome to GHI International.
020	GMT 코리아의 연례 회의에 오신 것을 환영합니다.	Welcome to the annual meeting of GMT Korea.
021	모두들 환영합니다.	We welcome all of you.
022	착석해 주시기 바랍니다.	Please be seated.
023	간단히 주간 프레젠테이션을 하겠습니다.	We will have a short weekly presentation. ❗ 사내에서 정기적으로 갖는 프레젠테이션의 경우 굳이 격식 있는 표현을 쓸 필요 없이 이렇게 간단하게 말하고 시작하는 것이 좋습니다.
024	이 프레젠테이션을 하게 되어 기쁩니다.	It's my pleasure to present this presentation.
025	오늘 이 프레젠테이션을 하게 되어 영광입니다.	It's my honor to give this presentation today.
026	오늘 여러분 앞에서 말할 수 있게 되어 기쁩니다.	I'm glad to be able to speak in front of you today.
027	이 문제에 관한 발표 기회를 주셔서 감사합니다.	Thank you for giving me this opportunity to present this issue. / Thank you for granting me this presentation opportunity.
028	오늘 저녁 발표 기회를 주셔서 모두 감사드립니다.	Thank you all for letting me talk tonight.
029	오늘 여러분에게 프레젠테이션을 할 기회를 갖게 되어 정말 기쁩니다!	What a wonderful opportunity it is to give a presentation to you today!
030	이 프레젠테이션 동안 여러분이 졸지 않길 바랍니다.	I hope this presentation doesn't make you doze off. • doze off (낮에) 잠이 들다
031	자, 슬슬 시작해 봅시다.	Let's get the show on the road. ❗ 청중들에게 재미를 제공할 것 같은 뉘앙스를 전하고 싶을 때 사용할 수 있습니다.
032	시작하겠습니다.	Let me begin.

27

프레젠테이션 소개

자기소개 하기

예문듣기

🎧 27-1.mp3

033	저에 대해 몇 마디 하면서 시작하죠.	Let me start by saying just a few words about myself.

034	우선 간단히 제 소개를 하면서 시작하겠습니다.	Let me start off by briefly introducing myself first.

035 제 소개를 하겠습니다.

Let me introduce myself. /
I'd like to introduce myself. /
Let me tell you who I am first.

> ❶ 자기소개를 한다고 해서 나이, 고향, 가족 관계 등을 장황하게 늘어놓는 실수는 하지 않도록 합시다. 자기소개는 이름과 부서, 직책 정도면 충분합니다.

036 저를 모르시는 분들을 위해 제 소개를 하죠. 저는 수잔 김입니다.

For those of you who don't know me, let me introduce myself. I'm Susan Kim.

037 저를 이미 아시는 분도 계시죠. 저는 마케팅부의 수잔 김입니다.

As some of you already know, I'm Susan Kim of the Marketing Department.

038 대부분 저를 이미 알고 계실 텐데, 혹시 기억을 못 하실까 봐 말씀드리면, 저는 제임스 김입니다.

Most of you should know me already, but in case you don't remember, I am James Kim. /
I think most of you know me already, but just in case you don't remember, I'm James Kim.

> • (just) in case ~할 경우를 대비해서

039 제가 누구인지 말 안 해도 다 아시죠?

It's needless to mention who I am, right?

> ❶ 조금 건방지게 들릴 수도 있으므로, 이미 잘 알고 있는 사람들을 대상으로 하는 캐주얼한 발표에서만 사용하세요.

040 여러분 대부분이 이미 저를 아실 거라고 믿습니다.

I'm sure most of you already know me.

041 저는 해리 박이고 XYZ사 소속입니다.

I'm Harry Park and I'm from XYZ. /
I'm Harry Park and I'm with XYZ.

> ❶ 회사 앞에 전치사 with를 쓰면 from을 쓸 때보다 회사에 소속되었거나 회사를 대표하는 느낌이 좀 더 강합니다.

042 저는 새로 온 프로젝트 매니저입니다.

I'm a new project manager.

043	저는 연구개발 컨설턴트입니다.	I'm an R&D consultant.
044	저는 수석 엔지니어입니다.	I'm a senior engineer.
045	저는 (우리 회사의) 기업 재무를 담당하고 있습니다.	I'm in charge of corporate finance. / I'm responsible for corporate finance at our firm. • corporate finance 기업 재무
046	저는 홍보 분야에 있습니다.	I'm in public relations.
047	저는 기획부의 임수진입니다. 저는 현재 비즈니스 전략 개발을 담당하고 있습니다.	I'm Sujin Lim from the Planning Department. I'm currently working on the development of business strategies. ❗ 직책을 소개할 때는 담당하고 있는 업무나 프로젝트 등도 함께 밝혀 주세요.
048	저는 새로운 관리 시스템의 실행 및 운영을 맡고 있는 새로 온 프로젝트 매니저입니다.	I'm a new project manager in charge of implementing and running our new management system. • implement 시행하다
049	저는 지난 몇 달 간 이 프로젝트를 담당해 왔습니다.	I have been in charge of this project for the last few months.
050	저는 마케팅 프로모션 부서에서 팀장으로 근무하고 있습니다.	I work in the department of marketing promotion as the team leader.
051	이 회사에서 근무한 지 5년이 되었습니다. 저는 지금까지 3개의 주요 프로젝트를 이끌었으며, 오늘 여러분과 나누고자 합니다.	I have been with this company for five years. I've led three major projects so far that I would like to share with you today.
052	그 말씀과 함께 저희 교육 프로그램에 대해 설명해 주실 박준식 씨에게 마이크를 넘기겠습니다.	On that note, I will hand over the stage to Mr. Park Junsik, who will explain to you about our training program.
053	스미스 씨, 소개를 멋지게 해주셔서 감사합니다.	Thank you for the great introduction, Mr. Smith.
054	이 회장님, 훌륭한 소개를 해주셔서 감사합니다.	Thank you for the wonderful introduction, President Lee.
055	박 과장님, 저를 소개해 주셔서 감사합니다. 말씀하신 것처럼 저는 인사부 대리입니다.	Thanks Mr. Park for introducing me. As he said, I'm the assistant manager of the HR Department.
056	그래요. 제가 돌아왔습니다.	Yes, I'm back.
057	이렇게 돌아와서 기쁩니다.	It's good to be back here.

열째 마디

프레젠테이션 서론

인사와 자기소개를 마쳤다면 프레젠테이션 서론 부분으로 넘어갑니다. 서론 부분에서는 오늘 자신이 발표할 내용의 주제가 무엇인지, 이 프레젠테이션을 통해 궁극적으로 이루고자 하는 목적이 무엇인지를 밝혀 줍니다. 그런 다음 프레젠테이션이 어떻게 구성되는지 3~4개 부분으로 나누어 소개하고, 예상 소요 시간이나 휴식 시간 등을 공지합니다. 여러분의 상황에 맞는 표현들을 골라 청중의 흥미를 끌 만한 멋진 서론을 만들어 완벽하게 연습해 보세요.

28 프레젠테이션 서론

프레젠테이션 주제 소개하기

예문듣기

🎧 28-1.mp3

058	오늘 프레젠테이션의 주제는 저희의 효율성을 어떻게 개선하느냐입니다.	The topic of today's presentation is how to improve our efficiency.
059	오늘 프레젠테이션의 주제는 국제 경제 안정에 있어서 IMF의 역할입니다.	The title of today's presentation is the role of the IMF in international economic stability. • stability 안정
060	제 발표의 주제는 연비 효율성입니다.	The topic of my talk is fuel efficiency. • fuel efficiency 연비 효율성
061	반도체 산업의 최신 기술에 대해 설명드리고 싶습니다.	I'd like to explain the latest technology in the semiconductor industry. ❗ I'd like to는 I would like to(~하고 싶습니다)의 축약형으로서 want to보다 격식 있는 표현입니다.
062	저희 신상품의 특징에 관해 알려 드리고 싶습니다.	I'd like to introduce you to some of the special features of our new product.
063	여러분께 깜짝 놀랄 만한 결과를 발표해 드리고 싶습니다.	I'd like to present to you an astonishing finding. • finding (조사 · 연구 등의) 결과, 결론
064	제가 오늘 말씀드릴 것은 석유 정치에 대한 것입니다.	What I'm going to talk about today is the politics of oil.
065	자, 그럼 주제가 무엇이냐고요? 바로 조직 학습입니다.	So what's the topic? Organizational Learning. • organizational 조직의
066	저는 최근의 지진 패턴에 관해 이야기하려고 이 자리에 나왔습니다.	I'm here to talk about recent earthquake patterns.
067	저희의 사업 목표에 관해 말씀드리겠습니다.	I'm going to talk about our business objectives. • objective 목표, 목적
068	이 프레젠테이션의 핵심은 여러분에게 저희 마케팅 전략을 알려 드리는 것입니다.	The crux of this presentation is to inform you of our marketing strategies. • crux 요점, 가장 중요한 점
069	제가 말씀드리는 다음 사항을 잘 들어 주셨으면 합니다.	I would like to be heard on the following points that I make.

070	아동 학대 피해자들의 이야기를 들려 드리도록 하겠습니다.	I'm going to share some stories of victims of child abuse.
071	옥스팜의 세 가지 철칙을 소개해 드리죠.	Let me introduce the three mottos of Oxfam. • motto 철칙 • Oxfam 옥스팜(영국의 옥스퍼드에 본사를 둔 극빈자 구제 기관)
072	제 프레젠테이션의 주제는 중국 내 제휴사와 협업을 하는 방법입니다.	The subject of my presentation is how to collaborate with our business affiliate in China. • affiliate 협력업체, 제휴업체
073	저는 회사의 생산성 제고 방법을 제안해 드리고 싶습니다.	I would like to suggest how we can improve productivity.
074	저는 오늘 우리의 최종 순익 증대에 대해 이야기하고자 합니다.	Today, I would like to talk about improving our bottom line. • bottom line 최종 결산 결과
075	오늘 저는 이 신상품의 주요 특징들을 살펴보고자 합니다.	Today, I would like to go over the major features of this new product.
076	저는 오늘 새로운 사업 모델에 대한 정보를 드리고자 합니다.	Today, I am going to inform about our new business model.
077	모든 신용카드와 회원카드를 하나의 스마트 카드로 통합하는 것에 대해 토론할 겁니다.	We are going to discuss the integration of credit cards and membership cards into one smart card.

29

프레젠테이션 서론

프레젠테이션 목적 밝히기

예문듣기

🎧 29-1.mp3

078	이 프레젠테이션의 목적은 저희의 새 사업모델의 효율성을 강조하는 것입니다.	**The purpose of this presentation is to emphasize** the efficiency of our new business model.
079	이 프레젠테이션의 목적은 저희의 신상품의 경쟁력을 높이는 몇 가지 방법을 제시하는 것입니다.	**The purpose of this presentation is to suggest** some ways to raise the competitiveness of our latest products.
080	오늘 프레젠테이션의 목적은 작년의 수치들을 점검하고 또한 올해를 위해 사업전략의 틀을 짜는 것입니다.	**The purpose of today's presentation is to explore** the figures from last year, and to also outline some business strategies for the coming year.
081	본 발표의 목적은 저희의 새로운 고용 정책의 몇 가지 사항을 명확히 하는 것입니다.	**The goal of this presentation is to clarify** some issues in our new employment policy. • clarify 명확하게 하다. 분명히 말하다
082	저희의 최근 국제 거래에 관한 정보를 업데이트해 드리는 것이 이 프레젠테이션의 목적입니다.	**The aim of this presentation is to update** you on our latest international deals.
083	이 발표의 목적은 이번 분기에 대한 저희 사업계획에 관해 토론하는 것입니다.	**The purpose of this talk is to discuss** our business plans for this quarter.
084	이 프레젠테이션은 여러분이 더 나은 투자 선택을 하시도록 돕기 위한 것입니다.	**This presentation is to help you** make a better investment choice.
085	여러분은 오늘 국제 정치에 관한 새로운 관점을 배워 가실 겁니다.	**You will learn about new perspectives on** international politics today. • perspective 관점
086	이 프레젠테이션을 통해 여러분은 녹색 기술을 뒷받침하는 개념을 이해하실 수 있을 겁니다.	**From this presentation, you will be able to understand** the concept behind green technology. • behind ~을 뒷받침하는 🅓 green technology 녹색 기술 (재생 및 청정 에너지 자원을 포함하는 환경 친화적 자원 활용 기술)
087	우리는 오늘 이 자리에 새로운 마케팅 플랜을 결정하기 위해 모였습니다.	**We are here today to decide on** new marketing plans.
088	우리는 사업 전략을 검토하기 위해 오늘 이 자리에 모였습니다.	**We are here today to go over** our business strategies.

089	저는 오늘 이 자리를 빌어 저희 회사와 거래하실 때의 이점에 관해 논의하고 싶습니다.	I would like to take this opportunity to discuss the benefits of doing business with our company.
090	저희의 최신 기술에 대한 흥미로운 조사 결과를 발표해 드리고 싶습니다.	I'd like to present some interesting findings to you about our latest technology.
091	이 발표로 여러분께 NGO 활동에 대한 기본 지식이 제공되길 바랍니다.	I hope this talk will provide you with some basic knowledge about NGO activities.
092	이것은 중국회사와 합작 투자를 고려하는 분들에게 도움이 됩니다.	This is beneficial to those who are considering a joint venture with Chinese companies. • joint venture 합작 투자
093	팀을 어떻게 더 효율적으로 관리할지에 대한 정보를 얻어 가실 겁니다.	You will take away tips on how to manage your teams more efficiently.
094	오늘의 프레젠테이션은 이 시스템을 사용함으로써 어떻게 귀사 조직의 효율성을 높일 수 있는지 보여 드릴 것입니다.	Today's presentation will let you see how you can increase efficiency in your organization by using this system.
095	본 프레젠테이션은 팀에서 적용되는 효율적인 코칭 방법을 소개합니다.	This presentation introduces you to effective coaching methods to be utilized in a team.
096	오늘 프레젠테이션은 다가오는 회계 감사에 관련된 분들에게 꼭 필요할 거라고 생각합니다.	I believe that today's presentation will be essential to those involved in the upcoming audit. • audit 회계 감사
097	오늘 프레젠테이션은 한국에서 투자 기회를 찾고 계신 분들에게 큰 가치가 있을 것이라고 생각합니다.	I believe that today's presentation will be of great value to those seeking investment opportunities in Korea.
098	제 발표는 최근 예산 감축에 대처하는 하나의 지침이 될 것입니다.	My presentation serves as a set of guidelines for dealing with our recent budget cuts. • serve as ~의 역할을 하다
099	이 발표를 통해 전해 드리고자 하는 중요한 메시지는 문화 차이가 고려되어야 한다는 것입니다.	The important message I would like to deliver throughout this presentation is that cultural differences must be taken into account. • take into account ~을 고려하다
100	저희 아웃소싱팀은 이 프레젠테이션을 정말 열심히 준비해 왔습니다. 오늘 발표에서 각 부서가 따라야 할 회사의 아웃소싱 정책에 관한 중요한 지침을 설명해 드릴 것입니다.	Our outsourcing team has been preparing for this presentation really hard. This presentation will explain the important guidelines about our company's outsourcing policy for each department to follow.

프레젠테이션 서론

프레젠테이션 개요 설명하기

예문듣기

🎧 30-1.mp3

101	프레젠테이션을 간단히 요약해 드리는 것으로 시작하겠습니다.	Let me start off by giving you a brief summary of my presentation.
102	자, 간단한 개요를 말씀드리는 것으로 발표를 시작하지요.	Now, let's begin the presentation by giving you a brief outline.
103	저희 안건을 소개하면서 시작하고 싶습니다.	I'd like to open up by introducing our agenda.
104	이 프레젠테이션에서 다룰 사항들을 소개하면서 시작하겠습니다.	I will begin by introducing some of the issues to be dealt with in this presentation.
105	프레젠테이션의 주요 사항들을 살펴보면서 시작하겠습니다.	I will begin by going over the main points of my presentation.
106	프레젠테이션의 목차를 요약해 드리며 시작하겠습니다.	I will begin by summarizing the contents of my presentation.
107	발표의 개요를 말씀드리면서 시작해 보지요.	Let's get the ball rolling by giving you a brief outline of the presentation. · get the ball rolling 시작하다
108	필수적인 배경 지식으로 들어가기 전에 프레젠테이션의 개요를 말씀드리고 싶습니다.	I'd like to outline my presentation before jumping into some essential background information.
109	저는 제 프레젠테이션을 세 파트로 나누었습니다.	I've divided my presentation into three parts.
110	모든 훌륭한 고전 연극들이 그렇듯이, 오늘 저는 제 프레젠테이션을 3막으로 구성했습니다.	Like every great classic play, I've divided my presentation into three acts.
111	모든 훌륭한 프레젠테이션처럼 저도 제 발표를 세 가지 주제로 나누었습니다.	Like every great presentation, I've divided my talk into three main subjects.
112	대부분의 훌륭한 고전 음악회처럼 제 프레젠테이션은 세 부분으로 되어 있습니다.	Just like most great classical music concerts, there are three parts in my presentation.
113	제 발표의 주제인 '3단계 정보 수명 관리'와 같이 이 프레젠테이션도 3단계로 나누어져 있습니다.	Just like the topic of my presentation, "3-Step Information Lifecycle Management," the presentation itself is divided into three phases.

114 먼저, 이론적인 정의를 제공해 드리겠습니다. 두 번째로, 저희의 설문 조사 결과와 그 의미를 점검해 보겠습니다. 세 번째로, 각각의 시나리오에 대한 실질적인 조언을 제공해 드릴 것입니다.	Firstly, I will present you with some theoretical definitions. Secondly, our survey results and their implications will be examined. Thirdly, I will provide some practical advice for each scenario. • theoretical 이론적인 • definition 정의 • implication 이면의 뜻
115 먼저, 저희의 시나리오에 대해 말씀드리겠습니다.	First, I'll talk about our scenario.
116 먼저, 저희 연구의 최근 조사 결과를 보여 드리겠습니다.	To begin, I will show you the latest findings of our study. / To begin, let me bring you up to date on the latest findings of the study. • bring ~ up to date ~에게 최신 정보를 제공하다
117 그리고 나서 향후 저희가 직면하게 될 어려움에 대해 집중적으로 살펴볼 것입니다.	And then, I will focus my attention on the difficulties that we are likely to face in the future.
118 다음으로 12개월 프로젝트 계획과 일정을 검토해 보고자 합니다.	Next, I'd like to review the twelve-month project plan and timeline.
119 그 후에 현 지출 품의서 절차에 관해 여러분께 단계별로 알려 드리겠습니다.	Following that, I will walk you through the current expense reporting procedure. • walk A through B (단계별로 차례차례) A에게 B를 보여주다
120 마지막으로 경쟁업체에 비해 저희가 가지고 있는 많은 강점들에 대해 말씀드리겠습니다.	Finally, I'll talk about the many advantages we possess over our competitor.
121 프레젠테이션은 다음 세 가지 부분으로 구성될 것입니다. 첫째, 우리 상품에 대한 수요 창출 방법. 둘째, 우리 상품을 보다 효과적으로 유통시키는 방법. 그리고 셋째, 시장에서 보다 효과적으로 경쟁하는 방법입니다.	The presentation will have the following three parts: First, how to create a demand for our products. Secondly, how to distribute our products more effectively. And thirdly, how to compete more effectively in the market. • distribute 유통시키다, 배급하다
122 저는 훌륭한 프레젠테이션의 세 가지 요소에 대해 다음과 같이 말씀드리겠습니다. 첫째는 콘텐츠, 둘째는 전달, 그리고 마지막은 청중에 맞추고 교감할 수 있는 능력입니다.	I will talk about the following three aspects of any good presentation: first, the content; second, the delivery; and last, the ability to adjust to and connect with the audience.
123 제 프레젠테이션에는 세 가지 주요 부분이 있습니다. 첫째는 문화, 둘째는 전달, 그리고 마지막으로 스피치 요령입니다.	There are three main sections in my presentation: firstly, the culture, secondly, the delivery, and lastly, the speech tips.
124 제 프레젠테이션에는 세 가지 중요 사항이 있습니다. 그것들은 다음과 같습니다. 브랜드 충성도, 브랜드 이미지, 그리고 가격 책정입니다.	I have three important parts in my presentation. They are as follows: brand loyalty, brand image and pricing.
125 저는 오늘 이것에 대해 세 가지를 말씀드리려고 합니다.	I'm going to tell you three things about this today.

126	저는 이것을 다루는 데 있어 처음 몇 가지 단계에 관해 말씀드리려고 합니다.	I'm going to tell you about our first few steps in dealing with this.
127	프레젠테이션 서두에서는 저희의 의류 제품의 견본을 몇 가지 보여드리겠습니다.	In the first part of my presentation, I'll show you several models of our clothing lines.
128	프레젠테이션의 첫 번째 파트에서는 저희의 새로운 의류 제품의 샘플 사진을 몇 개 보여드리겠습니다.	In the first part of my presentation, I'll show you pictures of several samples from all of our new clothing lines.
129	그 후에 저희와 주요 경쟁업체 간의 품질 비교를 발표하겠습니다.	After that, I would like to present a quality comparison between our company and our major competitor.
130	그 후, 이 문제에 관한 저희의 의견을 제시해 드리겠습니다.	After that, I'd like to present our views on this issue.
131	그리고 난 후, 저희의 5개년 계획에 대해 말씀드리겠습니다.	After this, I'll talk about our five-year plan.
132	다음으로 12개월 프로젝트 계획과 일정을 검토해 보고 싶습니다.	Next, I'd like to review the twelve-month project plan and timeline.
133	다음으로 저희 계획을 실천 가능하게 하는 방법을 논의하는 것으로 넘어가겠습니다.	Then I'll move on to discuss how to make our plans feasible. • feasible 실현 가능한
134	그리고 마지막으로 저희의 제안을 말씀드리며 마치겠습니다.	And finally, I'll finish with our suggestions.
135	마지막으로 저희의 구조조정 계획에 대해 말씀드리겠습니다.	Finally, I'll talk about our restructuring plan. • restructuring 구조조정
136	마지막으로 내년 매출액을 늘리기 위한 몇 가지 세부 전략을 제안할 것입니다.	Lastly, I'd like to propose some detailed strategies to increase next year's sales revenues. • revenue 수입, 수익
137	마지막으로 중요한 얘기입니다만, 우리 회사의 구조조정 계획에 대해서 다루겠습니다.	And last but not least, I'll cover our corporate restructuring plan.

31

프레젠테이션 서론

공지사항 알리기

예문듣기

🎧 31-1.mp3

138	이 프레젠테이션은 약 30분 정도 걸릴 것입니다.	This presentation will take about 30 minutes. / This presentation will last about 30 minutes. / My presentation will take only 30 minutes of your time.
139	10분이면 끝납니다.	I shall only take 10 minutes of your time. / I will speak for about 10 minutes.
140	제 발표는 한 시간 정도 걸릴 예정이나, 중간에 10분간 휴식 시간이 있을 것입니다.	This presentation will take about one hour, but there will be a ten-minute break in the middle.
141	간단히 할 예정입니다.	I plan to be brief.
142	한 시간 정도 발표할 예정입니다.	My intention is to present for about an hour.
143	이 발표에는 15분이 할당되었습니다.	I've been allotted 15 minutes for this presentation.
144	두 번째 세션이 시작하기 전에 짧은 휴식 시간을 갖겠습니다.	We will take a short break before the second session begins.
145	이 프레젠테이션 후 30분 동안 짧은 휴식 시간이 있겠습니다.	We will take a short break for 30 minutes after this presentation.
146	질의응답 시간 전에 짧은 휴식 시간을 갖겠습니다.	We'll take a short break before the question and answer session.
147	미스터 김의 발표 후 짧은 휴식 시간을 갖겠습니다.	We'll take a short break after Mr. Kim gives his speech.
148	휴식 시간에 다과가 제공될 것입니다.	Refreshments will be provided for you during the break. / Some snacks and drinks will be provided during the break. • refreshments 다과, 음식물
149	짧은 휴식을 가진 후, 지식 관리팀의 리더이신 이 팀장님의 간략한 프레젠테이션이 있겠습니다.	We'll take a short break afterwards, followed by another short presentation by Mr. Lee, the team leader of Knowledge Management Team.
150	프레젠테이션 후 오찬이 제공될 것입니다.	Lunch will be provided after the presentation.

225

151	발표 후 짧은 토론이 있겠습니다.	There will be a short discussion after the talk.
152	이 프레젠테이션 후에 패널 발표가 몇 개 있겠습니다.	There will be several panel talks after this presentation.
153	발표 후 발표자가 최근 출간한 책을 구입하실 수 있습니다.	The recently published books of the speaker can be purchased after the presentation.
154	질문이 있으시면 언제라도 말씀하십시오.	If you have any questions, please feel free to interrupt me.
155	언제라도 마음껏 질문해 주세요.	Please, feel free to ask questions at any time.
156	질문이 있으시면 언제라도 말씀해 주세요.	Please feel free to interrupt me if you have any questions. / Please don't hesitate to stop me if you have a question. / Please feel free to ask questions as we go along.
157	질문은 프레젠테이션 후에 받겠습니다.	I will take questions after the presentation.
158	본 프레젠테이션 끝부분에서 모든 질문에 대해 답변 드리도록 노력하겠습니다.	We will endeavor to answer all your questions at the end of this presentation.
159	제 프레젠테이션 후에 토론과 질문 시간이 있겠습니다.	After my presentation, there will be time for a discussion and any questions that you may have.
160	프레젠테이션 후에 질의응답 시간이 있겠습니다.	After my presentation, there will be a question and answer period.
161	제 프레젠테이션이 끝난 후에 10분 동안 질문 받는 시간이 있겠습니다.	After my presentation, there will be time for questions, which will last 10 minutes.
162	제 프레젠테이션 마지막에 어떤 질문이든 기꺼이 답해 드리겠습니다.	I'd be glad to answer any questions at the end of my presentation.
163	질문이 있으시면 끝날 때까지 기다려 주세요.	If you have any questions, please save them for the end.
164	발표 마지막에 어떤 질문이든지 기꺼이 대답해 드리겠습니다.	I will be happy to answer any questions at the end of my talk.
165	그럼 이제 자료를 나누어 드리겠습니다.	Then, I will now distribute some information sheets. / Then, I will now distribute the information packets. • information packet 자료묶음
166	그럼 참고하시라고 소책자를 나누어 드리겠습니다.	Then, I will now hand over some booklets for your information.
167	이 자료집에는 여러분이 이 상황에 대해 더 잘 이해하실 수 있도록 추가적인 자료와 정보가 담겨 있습니다.	This information packet contains additional data and information so that you may have a better understanding of the situation.

프레젠테이션
본론 1 – 진행

본격적인 프레젠테이션의 본론으로 들어가면서 무슨 내용부터 시작할지 알려주세요. 내용을 전개해 나갈 때는 Firstly, Secondly 등을 붙여서 순차적으로 조목조목 설명해야 청중이 이해하기 쉽습니다. 또 중간중간 질문을 던져서 청중이 주제에 관심을 갖고 적극적으로 참여하도록 유도해 보세요. 효과적인 내용 전달을 위해서는 그래프, 차트 등의 시각자료도 필수입니다. 각종 시각자료를 이용하여 설명할 때, 수치의 증감을 설명하고 그 의미를 해석할 때 필요한 표현도 수록했으니 적극 활용해 보세요.

32 프레젠테이션 본론 1–진행

본론 시작하기

예문듣기

🎧 32-1.mp3

168	이 수치에 관해 논의하는 것부터 시작하죠.	Let me start off by discussing these figures.
169	판매 수치를 살펴보면서 시작하겠습니다.	I will begin by looking at some sales figures.
170	자, 몇 가지 수치를 보여드리는 것으로 발표를 시작할까 합니다.	Now, let me begin the presentation by showing you some numbers.
171	저희 마케팅 계획을 개략적으로 살펴보며 시작하고 싶습니다.	I'd like to open up by giving you an overview of our marketing plans. • give an overview of ~을 개략적으로 설명하다
172	자, 회사 정책의 개요를 알려드리면서 발표를 시작해 보지요.	Now, let's begin the presentation by outlining company policy.
173	몇 가지 질문을 드리며 발표를 시작할까 합니다.	Now, let's begin the presentation by asking you some questions.
174	여러분에게 질문을 하나 드리면서 시작하고 싶습니다.	I'd like to open up by asking you a question.
175	저희의 현황을 간단히 살펴보는 것부터 시작하죠.	Let me start off by outlining our current status.
176	저희 회사의 최근 프로젝트 결과부터 시작해 보죠.	Let's start with our company's recent project outcomes.
177	새 시스템의 장점을 살펴보며 시작하죠.	Let's begin by looking at the advantages of the new system.
178	저희의 마케팅 전략에 관한 몇 가지 관찰 보고와 함께 시작하겠습니다.	Let's get the show on the road with a few observations about our marketing strategies. • get the show on the road (활동 · 여정 등을) 시작하다
179	연구 개발에 관한 몇 가지 관찰 보고와 함께 시작하겠습니다.	Let's get the show on the road with a few observations about R&D.
180	최근 조사 결과를 설명해 드리면서 바로 시작하겠습니다.	Let's get cracking by explaining the latest findings. • get cracking (서둘러) 시작하다

181	더 지체하지 않고 저희의 현 판매 전략을 요약해 드리죠.	Without further delay, let me summarize our current sales strategies.
182	자, 중요한 것을 먼저 말씀드리면 자가용은 연료 효율이 좋아야 합니다.	So first things first, cars should be energy efficient.

프레젠테이션 본론 1-진행

순차적으로 설명하기

예문듣기

🎧 33-1.mp3

183	제 첫 번째 사항은 기술적인 특징에 관한 것입니다.	My first point is on its technical features. • feature 특징
184	첫째로, 지금까지의 프로젝트 진행 상황에 관해 간략히 말씀드리겠습니다.	Firstly, I'll give you a brief history of the project to date.
185	첫째로, 저희 투자 계획의 현황에 대해 말씀드리겠습니다.	Firstly, let me tell you the current status of our investment plan.
186	제일 먼저 다루고 싶은 주제는 저희의 반품과 교환에 관한 정책입니다.	The first subject I'd like to cover is our policy on returns and exchanges.　• return 반품 • exchange 교환
187	그 다음으로, 2016년도 재무보고를 살펴보도록 하겠습니다.	Then, I am going to go over our financial report for the year 2016.
188	문화에 관한 제 두 번째 사항으로 넘어가겠습니다.	Let me move on to my second point about culture.
189	다음으로 이 수치들을 살펴보도록 하겠습니다.	Next, I'd like to go over some of these figures.
190	두 번째로, 여러분의 파워포인트 프레젠테이션을 활기 있게 만드는 방법으로 넘어가겠습니다.	Secondly, I would like to move on to some methods to spice up your PowerPoint presentations.　• spice up ~을 활기 있게 하다
191	여기서 제 프레젠테이션의 다음 부분인 저희의 현재 전략의 개요로 넘어가겠습니다.	This brings me to the next part of my presentation which is an overview of our current strategies.
192	이 내용은 다음 단계인 신임 관리자들을 위한 경영 훈련 과정의 중요성으로 이어집니다.	This brings us to the next point, which is the importance of a management training course for new managers.
193	계속해서 미국 시장 문제로 넘어가면, 전망이 긍정적이라고 말씀드리겠습니다.	Moving on to the question of the U.S. market, I would say that the prospect is positive.
194	새로운 방침에 대하여 다음과 같은 말씀을 좀 드리겠습니다.	Please allow me to make the following remarks about the new policy.

195	면접 기준을 만드는 것과 관련하여 6개의 단계가 있습니다.	There are six different stages involved in making an interview standard.
196	이 제안서에는 세 가지 장점과 두 가지 단점이 있습니다.	There are three advantages and two disadvantages to this proposal.
197	마지막으로, 신상품에 관한 몇 가지 의견을 말씀드리겠습니다.	Finally, I will provide some comments on our new product.

34

프레젠테이션 본론 1-진행

청중의 관심 유도하기

예문듣기

🎧 34-1.mp3

198	여러분은 우리 신제품을 어떻게 마케팅하시겠습니까?	How would you like to market our new product?
199	여러분은 우리 신규 고객을 어떻게 만족시키시겠습니까?	How would you like to satisfy our new customers?
200	여러분은 우리의 마케팅 전략을 어떻게 개선하시겠습니까?	How would you go about improving our marketing strategies?
201	이 문제를 해결하기 위해 우리가 할 수 있는 일이 무엇일까요?	What can we do to solve this problem?
202	환경 오염을 줄이기 위해 우리가 해야 할 일은 무엇일까요?	What should we do to reduce pollution?
203	우리 고객들의 관심사에 대해 생각해 보셨습니까?	Have you ever thought about the interests of our customers?
204	일본인과 협상을 해야 했던 경험이 있으십니까?	Have you ever had to negotiate with the Japanese?
205	고위 간부급에 왜 여성들이 거의 없는지 생각해 보신 적 있으십니까?	Have you ever wondered why there are few women at the executive level?
206	상사와 대립해야만 하는 상황에 처해 본 경험이 있으십니까?	Have you ever been in a situation where you had to confront your boss?
207	회사의 가치에 우선 순위를 둬야 하는 상황에 처한 적 있으십니까?	Have you ever been in a situation in which you had to prioritize the company's values? • prioritize 우선 순위를 매기다
208	작년 매출이 10년 만에 가장 높았다는 것을 알고 계셨나요?	Did you know that our sales last year were the highest they have been in 10 years?
209	인터넷이 텔레비전보다 효과가 더 큰 광고 매체인 이유를 알고 계십니까?	Do you know why the Internet is a more effective advertising media than television?
210	소규모 사업을 시작하기가 더 힘들어지고 있다는 것에 동의하십니까?	Do you agree that it's getting more challenging to open a small business?

211	고객이 우리 상품에 절대 완전히 만족하지 않는 이유를 짐작하실 수 있겠습니까?	Can you guess why our clients are never fully satisfied with our products?
212	여기 계신 여러분 가운데 몇 분이나 인터넷이 어린이들에게 치명적일 수 있다는 제 의견에 동의하십니까?	How many of you here agree with me that the Internet can be fatal to children?
213	귀사의 인사 시스템이 바뀌어야 한다고 동의하시면 손들어 주세요.	Raise your hand if you agree that your HR system should be modified. • modify 수정하다, 변경하다
214	미래에 대해 잠시 생각해 보죠. 40년 후에는 인구의 25%만 일을 하고 놀랍게도 50%는 연금을 탈 것이라는 것을 알고 계셨나요?	Let us think for a moment about the future. Did you know that in 40 years, only 25 percent of the population will be working, and a surprising 50 percent will be collecting a pension?
215	인터넷 사업에 관해 잠시 생각해 보죠. 모든 온라인 쇼핑 구매자 중 84%가 웹페이지가 뜨기까지 5초밖에 기다리지 않는다는 것을 알고 계셨나요?	Let us think for a moment about e-business. Did you know that 84 percent of all Internet shoppers will only wait 5 seconds for a web page to load?
216	시간 관리에 관해 잠시 생각해 봅시다.	Let us think for a moment about time management.
217	현 경제 동향에 대해 잠시 생각해 봅시다.	Let us think for a moment about current economic trends.
218	여기서 잠깐 멈추고 우리 회사의 창립 이념을 되새겨 봅시다.	Let us pause for a moment here and be reminded of our company's founding philosophy.
219	급변하는 시장에 대해 생각해 보세요.	Give some thought to the rapidly changing market.
220	경영진이 인력의 절반을 해고하라고 여러분에게 요구했다고 가정해 보세요.	Suppose that management asked you to layoff half of your work force.
221	임원들의 입장에서 생각해 보세요. 어떤 직원에게 호감을 느끼겠습니까?	Put yourselves into the shoes of executives. What kinds of employees would you be fond of? • put oneself in someone's shoes ~의 입장이 되어 보다
222	CEO와 면접을 본다고 상상해 보세요. CEO가 여러분께 묻는 첫 번째 질문이 무엇일까요?	Imagine yourself at a job interview with a CEO. What do you think the first question that he or she asks will be?
223	저는 창의력이란 단어를 생각할 때마다 약 6천 년 전에 화장품을 발명한 고대 이집트 사람들이 떠오릅니다.	When I think about creativity, I'm reminded of the ancient Egyptians who invented cosmetics over 6,000 years ago.
224	십대 청소년들이 무엇 때문에 우리 상품을 구입하지 않는 것인지 보여드린다면 관심이 가시겠습니까?	If I could show you what stops teenagers from buying our product, would you be interested?

35

프레젠테이션 본론 1-진행

시각자료 활용하기

예문듣기

🔊 35-1.mp3

225	여기서 잠시 이 자료를 보여드리죠.	Let me show you this data for a second here.
226	참고로 이 그래프를 보여드리죠.	By the way, let me show you this graph.
227	여러분께 보여드릴 순서도[슬라이드, 원그래프, 도표]가 있습니다.	I have some flow charts[slides, pie charts, diagrams] to show you.
228	몇 가지 차트를 통해 이 부분을 설명해 드리겠습니다.	Let me explain this part with some charts.
229	이 점을 상세히 설명해 드리고자 몇 가지 시각자료를 준비했습니다.	I have prepared some visuals to explain this point in detail.
230	이 표를 통해 2015년 밀 소비량을 설명해 드리겠습니다.	Let me illustrate the consumption of wheat in 2015 with this table.
231	1/4분기의 판매 수치를 막대그래프로 보여드리겠습니다.	Let me show you the sales figures for the first quarter with a bar graph.
232	이 그래프에 주목해 주시기 바랍니다.	I'd like to draw your attention to this graph.
233	이 차트에 잠깐 집중해 봅시다.	Let us focus on this chart for a moment.
234	자기 자본 수익률에 주목해 봅시다.	Let us pay attention to equity returns. • equity return 자기 자본 수익(률)
235	이 슬라이드에 집중해 봅시다.	Let us concentrate on this slide.
236	이제 이쪽을 봐 주십시오.	Now I want you to look over here, please.
237	가지고 계신 책자의 25쪽입니다.	I am now on page 25 of your booklet.
238	3페이지에 있는 재무제표를 봐 주시겠습니까?	Could you please turn to page 3 of the financial statement?
239	이 차트는 여러분이 전체적인 그림을 좀 더 잘 보는 데 도움이 될 것입니다.	This chart will help you see the whole picture a little better. • see the whole picture 큰 그림을 보다, 전체 윤곽을 잡다
240	여기서는 저희의 최근 판매 수치를 볼 수 있습니다.	Here we can see our latest sales figures.

241	주요 수치들 중 몇 개에 주목해 주셨으면 합니다.	I'd like to draw your attention to some of the key figures.
242	꺾인 선은 이익을, 실선은 매출을 나타냅니다.	The broken line represents the profit, and the solid line represents the turnover.
243	숫자들은 1000달러 단위로 되어 있습니다.	The numbers are in units of 1000 dollars.
244	가로축은 매출액을 나타냅니다. 세로축은 시간대를 보여 줍니다.	The horizontal axis represents the sales volume. The vertical axis shows the time period. • horizontal axis 수평축, 가로축 • vertical axis 수직축, 세로축
245	이 표는 매트릭스를 더욱 잘 이해하는 데 도움이 될 것입니다.	This table will help you understand the matrix better.
246	여기 보시는 세 가지 색깔들은 다른 연령대의 그룹을 보여줍니다.	The three colors you see here show different age groups.
247	이 차트를 주목해 주시기 바랍니다. 이 설문 결과를 절대로 간과할 수 없기 때문입니다.	Let me bring your attention to this chart, for we really can't afford to ignore the survey results.
248	이 그래프에 우리의 매출과 수익성을 모두 나타냈습니다.	On this graph, I have displayed both our turnover and profitability.
249	이 표는 제가 지금까지 말씀드리고 있는 것을 보여줍니다.	This table shows what I have been talking about.
250	지난 분기의 판매 수치가 나타나 있는 막대그래프를 여러분께 보여드리고자 합니다.	I'd like to show you a bar graph, which shows you the sales figures for the last quarter.
251	가로줄에는 국가별 1인당 연간 석유 소비량이, 세로줄에는 연도가 나와 있습니다.	In the rows, we have the yearly consumption of oil per capita for each country. In the columns, we have the different years. • per capita 1인당

36

프레젠테이션 본론 1-진행

수치 증가 설명하기

예문듣기

🎧 36-1.mp3

252　이윤이 19% 치솟았습니다.	Profits soared by 19%.
253　이윤이 11% 올라 27억 달러가 되었습니다.	Profits rose by 11% to $2.7 billion.
254　작년 우리 사업이 10% 성장했습니다.	Our business grew by 10% last year.
255　주식이 12달러에서 25달러로 올랐습니다.	Shares have gone up from 12 dollars to 25 dollars.
256　수익성이 20% 올라 순이익은 3만 5천 달러입니다.	Profitability has gone up by 20% to 35,000 dollars of net profit.　• profitability 수익성
257　금년과 작년의 수치를 비교해 보면 탈세 건이 크게 증가하였습니다.	If you compare this year's figure and last year's, there is a huge increase in the tax evasion cases.　• tax evasion 탈세
258　2015년 결과에서 이분기와 삼분기를 비교해 보면 매출이 크게 향상된 것으로 나타납니다.	A comparison between the second and third quarters of the 2015 results reveals a substantial improvement in sales.　• substantial 상당한, 현저한
259　올 총 매출이 20% 올랐습니다. 그럼에도 불구하고 우리는 여전히 일본에서 고전을 했습니다.	Total sales were up by 20% this year. In spite of this, we were still faced with a lot of trouble in Japan.
260　마찬가지로, 수출 기업의 매출은 지난 분기의 2.1% 감소에 비해 2.1% 상승하였습니다.	Likewise, sales by exporting companies rose by 2.1 percent, compared to the previous quarter's decrease of 2.1 percent.
261　지난 분기 이전에 당사 수익은 연간 20% 성장했습니다.	Prior to last quarter, our revenues grew at an annual rate of 20%.
262　그 연구에 의하면 수요에서 급격한 증가가 보입니다.	The research indicates a sharp rise in demand.
263　새로운 캠페인의 결과로 4월에는 매출이 급격하게 올랐습니다.	Sales rose steeply in April as a result of the new campaign.
264　매출이 늘고 있습니다.	Sales are on the rise.

265	이 시점부터는 매출이 꾸준히 늘어나고 있습니다.	Sales are increasing steadily from this point on.
266	작년 매출은 미화 10억 달러의 기록을 달성했습니다.	Sales hit a record high of 1 billion USD last year.
267	소득세가 30%에서 35%로 인상되었습니다.	Income tax has gone up from 30% to 35%.
268	소득세는 10%가 인상되어 현재 40%입니다.	Income tax has gone up by 10% to 40%.
269	임금 인상은 약 4% 선입니다.	The increase in salary is around 4%.
270	이 그래프에서 볼 수 있듯이, 한국에서 이혼자들의 숫자가 증가하고 있습니다.	As you can see from this graph, the number of divorcees is on the rise in Korea.
271	지난 10년간 우리 수익은 매년 두 자리 수로 증가했습니다.	Over the past decade, our revenues have had double digit increases annually.
272	올 한 해 동안 공장의 수는 수만 개로 증가할 것입니다.	Over the course of this year, the number is going to grow into tens of thousands of factories.
273	그러는 동안 우리는 수익을 증대시켜야 합니다.	Meanwhile, we have to increase our revenues.
274	1/4분기에 우리 경제는 마이너스 성장을 했습니다. 그럼에도 불구하고 우리는 기록적인 수익을 냈습니다.	We had negative growth in our economy in the first quarter. In spite of this, we made record profits. • negative growth 마이너스 성장 • record profits 기록적인 수익

예문듣기

37

프레젠테이션 본론 1-진행

수치 감소 설명하기

🎧 37-1.mp3

275	4월에는 1년 전에 비해 광고 페이지가 15.9% 줄었습니다.	In April, ad pages were down by 15.9 percent, compared with a year earlier.
276	연 매출이 백만 달러 감소했습니다.	There's been a decrease in annual sales of 1 million dollars.
277	이윤이 하락하고 있습니다.	Profits are falling.
278	1월에 매출이 곤두박질쳤습니다.	Sales plummeted in January. ・plummet 수직으로 떨어지다
279	이직률이 9퍼센트에서 5.5퍼센트로 감소했습니다.	The turnover rate has gone down from 9 percent to 5.5 percent. ・turnover rate 이직률
280	이 그래프를 보시면 저희의 매출이 하락하고 있다는 것을 알 수 있습니다.	If you take a look at this graph, you will see that our sales have been decreasing.
281	9월 이후 총 지수는 7개월째 줄곧 50을 밑돌았습니다.	Since September, the total index has remained below 50 for the 7th consecutive month. ・consecutive 연속되는
282	그 이후로 수익이 월 15% 정도 계속 감소하고 있습니다.	From then on, our profits have been decreasing by about 15% a month.
283	정치적 불안으로 인해 매출이 4월에 급감했습니다.	Sales fell sharply in April due to the political instability.
284	매출액이 이번 달에 상당히 줄었습니다.	Sales volume dropped considerably this month.
285	수출액 감소는 15%였습니다.	The decrease in exports was 15 percent.
286	저희의 시장 점유율이 23퍼센트 감소되어 현재 약 15퍼센트입니다.	Our market share has gone down by 23 percent to about 15 percent.

38

프레젠테이션 본론 1-진행

분석하며 설득하기

예문듣기

🎧 38-1.mp3

287	치솟는 물가와 비교했을 때 인건비는 제자리에 머물고 있습니다.	In comparison with the rapidly rising cost of living, the cost of labor has stayed the same.
288	작년 이윤은 240만 파운드에 머물렀습니다.	Last year's profits stood at 2.4 million pounds.
289	저희 매출은 지난 몇 년간 변동이 없었습니다.	Our profits have remained constant in the last few years.
290	우리는 매출을 작년 수준으로 간신히 유지하고 있습니다.	We have managed to maintain our sales at last year's level.
291	올해 국내 경기가 침체되었지만, 우리는 3년째 연 15% 성장률을 유지할 수 있었습니다.	Even though the domestic economy has been stagnant this year, we have managed for the third year in a row to sustain a 15% annual growth rate.　• stagnant 침체된, 불경기의
292	올 국내 경기가 좋았지만, 우리는 연 15% 성장률을 유지하지 못했습니다.	Even though the domestic economy boomed this year, we were unable to sustain our 15% annual growth rate.　• sustain 지속시키다
293	비록 경쟁은 심했지만, 우리는 결국 이윤을 남겼습니다.	Although competition was stiff, we managed to make profits.
294	유가가 오르락내리락합니다.	The oil price is fluctuating.　• fluctuate 변동을 거듭하다
295	지난주에 주가가 오르락내리락했습니다.	Stock prices roller-coastered last week.
296	이번 주 코스피 지수가 많이 오르락내리락했습니다.	The KOSPI index has had a lot of ups and downs this week.
297	이 수치들은 그렇게 일관성이 있지 않습니다. 그보다는 요동치고 있습니다.	The figures are not very consistent. Rather, they have been fluctuating.
298	이 그래프는 최근의 판매 경향을 명확하게 보여주고 있습니다.	Recent sales trends are clearly represented in this graph.
299	이 차트는 무료 콘텐츠가 인터넷에서 인기를 끌고 있다는 것을 보여줍니다.	This chart shows that free contents are booming on the Net.

300	이 통계 자료에 따르면 고객들의 기대는 꽤 높고 복잡합니다.	These statistics show that customers' expectations are fairly high and sophisticated. • sophisticated 세련된, 복잡한, 정교한
301	1990년대 말에 우리와 같은 중소기업들은 한국 시장에서 어려움을 겪었습니다.	Back in the late 1990s, small and medium-sized businesses like us had a tough time in the Korean market.
302	그러는 동안 우리는 새로운 변화에 대비해야 합니다.	In the meantime, we should be ready for new changes.
303	저희의 목표는 향후 5년 내에 수익 1,000억 원을 달성하는 것입니다.	In the coming five years, our goal is to reach 100 billion KRW in revenue.
304	일본 정부는 지난 10년 동안 새로운 일자리 창출에 힘써 왔습니다.	The Japanese government has made great efforts in creating new jobs in the past decade.
305	그렇기 때문에 우리는 가능한 한 빨리 시장으로 진입을 해야 한다고 제안하는 바입니다.	This is why I am suggesting that we enter the market as soon as possible.
306	이 그래프에서 볼 수 있는 것처럼, 우리는 영업 인력을 재편할 필요가 있습니다.	As you can see from this graph, we need to reorganize our sales force.

39

프레젠테이션 본론 1-진행

자사의 성과 어필하기

예문듣기

🔊 39-1.mp3

307	고객 만족도에 관한 한 우리는 누구한테도 지지 않습니다.	As far as customer satisfaction is concerned, we are second to none.
308	대체로, 우리는 경쟁사가 예상했던 것보다 훨씬 더 잘해 왔습니다.	Generally, we have done much better than our competitors expected.
309	무엇보다도, 우리 회사는 5년 이상 흑자를 유지했습니다.	Above all, our company has been in the black for more than 5 years.
310	국내 경제 여건에서 보면, 국제 시장에서 우리 회사의 위상은 최상입니다.	With regard to local economic conditions, our position in the global market has never been better.
311	북부 악어 가죽으로 만들어진 가죽 제품은 여러 나라에서 호평을 받는데, 특히 동유럽의 신흥 부유층 사이에서 그렇습니다.	Leather goods made from the skin of the northern crocodile are prized in many countries, especially among the newly rich in Eastern Europe.
312	이 프로젝트의 결과에 대해 우리는 매우 흥분해 있습니다.	We are extremely excited about the outcome of this project. • outcome 결과
313	재정적 어려움에도 불구하고, 올해 중국으로 2억 달러의 수출을 했습니다.	Despite financial difficulties, we exported $200 million to China this year.
314	BJ 케미컬 사는 특수 코팅재료 제조사 중 선도 기업입니다.	BJ Chemicals is the leading special coating material manufacturer.
315	테크투데이 사는 한국 정보통신 산업의 떠오르는 샛별입니다.	TechToday is an emerging player in the telecommunications industry in Korea. • emerging player 떠오르는 업체
316	저희는 전 세계적으로 회계 전문가들의 네트워크를 보유하고 있습니다.	We have a worldwide network of accounting specialists.
317	한스 베이커리는 2002년 문을 열었고, 현재 1,000개가 넘는 지점을 보유한 세계적인 회사로 성장하였습니다.	The first branch of Han's Bakery opened in 2002, and it has since grown into a worldwide operation with more than 1,000 stores.
318	우리는 전 세계에 15개가 넘는 공장을 소유하고 있는 특수 화학 물질업계의 시장 선두 기업입니다.	We are the market leader in specialty chemicals with over fifteen factories all over the world.

•

프레젠테이션
본론 2 – 내용 전개

청중에게 발표 내용을 효과적으로 전달하기 위해서는 중요 내용 강조하기, 비슷한 상품 비교나 대조하기, 긴 내용을 요약하면서 반복하기, 원인과 결과 규명하기 등 다양한 기술이 필요합니다. 또 주장에 신빙성을 더하기 위해 근거를 찾아서 제시하는 것도 좋은 방법입니다. 여러분이 발표하고자 하는 내용과 어울리는 전개 기법을 찾아서 해당 표현을 익혀 보세요.

40

프레젠테이션 본론 2-내용 전개

중요 내용 강조하기

예문듣기

🎧 40-1.mp3

319	제가 강조하고자 하는 점은 저희 경영진을 개편할 필요가 있다는 것입니다.	The point that I'd like to emphasize is that we need to reshuffle our management.
		• reshuffle 개조하다. 개편하다
320	제가 강조하고자 하는 것은 협상 가이드라인을 제시해야 한다는 것입니다.	What I'd like to stress is that we need to come up with negotiation guidelines.
		• come up with ~을 제시하다[내놓다] • negotiation 협상
321	제가 강조하고 싶은 것은 우리는 영업 교육 워크숍을 마련할 필요가 있다는 것입니다.	What I'd like to stress is that we need to arrange sales training workshops.
322	제가 집중적으로 살펴보고자 하는 것은 바로 이 22인치 LED 모니터입니다.	What I'd like to focus on is this 22-inch LED monitor.
323	제가 여기서 강조하고 싶은 중요한 점은 우리에게는 구조조정이 필요하다는 것입니다.	The important point here that I'd like to emphasize is that we need restructuring.
324	이게 가장 중요한 점이라고 말씀드릴 수 있겠습니다.	I would say that this is the most important point.
325	즉, 여기서 제가 강조하고자 하는 것은 그 아이들에 대한 개별적인 관심이 필요하다는 것입니다.	So what I'm pointing out here is that we need individual care for those children.
326	여러분은 자신의 일을 즐기는 것이 특히 중요합니다.	It is especially important that you enjoy your job.
327	무엇보다도 우리의 주 목적은 새로운 네트워크 시스템을 구축하는 것입니다.	More significantly, our main objective is to build a new network system.
328	더욱 중요한 것은 너무 많은 것을 너무 빨리 기대할 수는 없다는 것입니다.	More importantly, the point is that we can't expect too much too soon.
329	저희가 여기서 제안하는 가이드라인은 많습니다. 특히 3번은 제가 오늘 강조하고 싶은 점입니다.	There are many guidelines we suggest here. Number 3 in particular is the point that I'd like to emphasize today.
330	우리 회원들은 런던 증권 거래소의 운영 상황을 아주 상세히 듣는 것에 특히 관심을 가질 것입니다.	Our members will be particularly interested to hear in great detail the workings of the London Stock Exchange.

41

원인과 결과 규명하기

예문듣기

🎧 41-1.mp3

| 331 | 직장에서 소통이 잘 안 되는 원인이 무엇일까요? | What causes miscommunication in work places? |

| 332 | 주의 집중 부족이 의사소통 오류의 원인이 됩니다. | Lack of attention causes miscommunication. |

| 333 | 이 문제의 원인은 소득 격차에 있습니다. | The cause of this problem is income disparities. |
| | | • disparity (특히 한쪽에 불공평한) 차이 |

| 334 | 그렇다면 허리 통증이나 부상을 예방하는 방법에는 무엇이 있을까요? | So what can you do to prevent back strain or injury? |
| | | ❗ so는 이전의 내용(원인)과 앞으로 말하게 될 내용(결과)을 자연스럽게 연결해 줍니다. therefore나 thus보다는 덜 강조된 느낌입니다. |

| 335 | 따라서 융자금을 상환하거나, 노후를 대비해 저축하거나, 혹은 인생의 기타 목적을 달성하기 위해 자금을 모을 수도 있습니다. | So you can accumulate funds to pay off your mortgage, to save for retirement or to accomplish other goals in your life. |
| | | • mortgage 융자금 • pay off 상환하다 |

| 336 | 따라서 재무팀은 연구개발 예산을 늘리는 것이 바람직합니다. | Therefore, it's desirable for the Finance Department to raise the research and development budget. |

| 337 | 따라서 우리가 시장의 차기 선두주자가 될 가능성이 무척 높습니다. | Thus, the possibility is very high that we may be the next market leader. |

| 338 | 결과적으로 노사간 협상을 해야 합니다. | As a result, labor and management need to negotiate. / As a result, labor needs to negotiate with management. |

42 프레젠테이션 본론 2-내용 전개

문제 규정하기 & 해결책 제시하기

예문듣기

🎧 42-1.mp3

339	당면한 문제는 우리가 시장 선두주자가 아니라는 것입니다.	The problem at hand is that we are not a market leader.
340	여기서 쟁점은 한국 학생들은 창의력과 혁신이 부족하다는 것입니다.	The issue here is that Korean students lack creativity and innovation.
341	중요한 사실은 우리는 중국의 경제력 증가를 경계해야 한다는 것입니다.	The thing is that we need to be alarmed by the increase in China's economic power.
342	기업들은 경기 불황 때 방어적인 태도를 취하는 경향이 있습니다.	Businesses tend to be defensive during a recession.　• defensive 방어적인 • recession 경기 불황
343	점점 더 많은 신기술이 개발되고 있지만, 우리 고객들은 그 변화를 불편해 하는 것 같습니다.	More and more new technology is being developed, but our customers seem uncomfortable with the changes.
344	지난번에 실시한 해결책에도 불구하고 우리 부서 내 의사소통 문제는 여전히 남아 있습니다.	Despite the solutions we implemented last time, communication problems still remain in our department.
345	어느 정도는, 그 회사는 고객을 유치하는 데 실패했습니다.	To some extent, the company failed to attract customers.
346	비용을 걱정하시는 것은 아주 당연한 일이죠.	You are absolutely right to worry about the cost.
347	약간 늦었습니다.	It's a little bit behind.
348	아마도 우리는 구조조정을 고려해야겠군요.	Perhaps we should consider downsizing.　• downsizing 인원 삭감, 구조조정
349	뭔가 해결 방안이 있을 것입니다.	There might be some solutions.
350	기본적으로 우리는 해결책이 필요하며, 바로 지금 필요합니다.	Basically, we need a solution and we need it now.
351	한 번 더 시도해 보는 수밖에 없습니다.	There is no other choice but to give it one more try.
352	우리는 생산성은 높이는 반면, 비용은 감소시켜야 합니다.	We have to increase our productivity; on the other hand, we must cut down on cost.

353	무엇보다도 인수합병은 사업을 확장하는 데 가장 효과적인 방법입니다.	Among other things, M&As are the most effective way to expand business.
354	일부 직원들을 해고하는 수밖에 없습니다.	There is no alternative but to lay off some staff. · lay off (일시) 해고하다
355	불법 거래 문제와 관련해서 증권사들은 좀 더 엄격하고 통합된 규정을 적용하기 시작했습니다.	In connection with the issue of illegal transactions, brokerages have launched unified and stricter regulations. · illegal transaction 불법 거래 · brokerage 증권사
356	저희는 무선 통신 유통과 관련된 문제 해결에 있어 SP텔레콤 사의 역할 증대를 기대할 수 있습니다.	We can anticipate an increase in SP Telecom's role in settling issues concerning the distribution of wireless communication.

43
프레젠테이션 본론 2-내용 전개

요점 정리하기 & 바꿔서 설명하기

예문듣기

🔊 43-1.mp3

357	간단히 말하자면 가격을 내려야 합니다.	Simply put, we need to cut prices.
358	간단히 말하자면, 식스 시그마 도입이 생산성 증대에 도움이 되었습니다.	To put it simply, the introduction of Six Sigma has helped to increase productivity.
359	간단히 말해 이것은 유럽에 투자할 좋은 기회입니다.	In brief, this is a great opportunity to invest in Europe.
360	요약컨대 저희 경영혁신운동에서 가장 중요한 부분은 경영진과 직원들의 협력이었습니다.	To sum up, I can say that the most important part of our management innovation movement was the cooperation between the management and the employees.
361	제가 말씀드리는 것은 바로 기후 변화가 우리의 일상생활에 영향을 미치고 있다는 것입니다.	What I'm saying is climate change is affecting our daily lives.
362	달리 말하자면, 시에서는 올해 판매세 수입이 7% 감소할 것으로 추정합니다.	In other words, the city estimates that sales tax revenues will be down by 7 percent this year.
363	방금 제가 말한 것을 바꿔 표현하면, 광고의 본질은 특정 제품을 사도록 사람들을 설득하는 것입니다.	If I can rephrase what I just said, the essence of advertising is to persuade people to buy a particular product.
364	달리 표현하면 올해는 전세금이 급등할 것입니다.	To put it another way, rental deposits will skyrocket this year. • skyrocket 급상승하다, 급등하다
365	좀 더 엄밀한 의미에서, 미디어에 관한 견해는 사람마다 다릅니다.	In more technical terms, the view of the media varies from person to person.
366	즉, 점점 더 많은 사람들이 친환경 제품에 관심을 보이고 있습니다.	That is, more and more people are interested in environmentally-friendly products.
367	그래서 제 요점이 뭐냐고요? 제 요점은 R&D 부서에 연구원을 더 고용해야 한다는 것입니다.	So what is my point? My point is that we should hire more researchers in our R&D Department.
368	그래서 우리의 주 목적이 무엇이냐고요? 우리의 주 목적은 환경 오염을 줄이는 것입니다.	So what's our main objective? Our main objective is to reduce pollution.
369	그 결과가 어땠을까요? 결과는 대실패였습니다.	What was the result? The result was a disaster.

44

비교해서 설명하기

예문듣기

🎧 44-1.mp3

370	플랜 B는 플랜 A보다 덜 위험합니다.	Plan B is less risky than Plan A.
371	저희의 245 모델은 지난번 모델만큼이나 멋지죠.	Our 245 model is as stylish as the previous model.
372	우리는 BWC 사보다 교육 면에서 더 전문적입니다.	We are more specialized in training than BWC.
373	제 생각에는 장기 투자를 하기에는 인도가 중국보다 낫습니다.	In my opinion, India is a better place for a long-term investment than China.
374	윈도우 XP와 윈도우 비스타는 비교가 안 됩니다.	There is no comparison between Windows XP and Windows VISTA.
375	저희 신상품을 경쟁사의 신상품과 단순히 비교할 수는 없습니다.	You just cannot simply compare our new products and our competitor's.
376	제가 생각하기로는 우리 가격이 경쟁사의 가격보다 좀 더 비쌉니다.	My own assessment is that our prices are slightly more expensive than our competitors'. • assessment 평가
377	사실은 이 새로운 시스템은 추가로 십만 달러가 더 듭니다.	In fact, this new system costs an extra 100,000 dollars.
378	비록 저희 상품은 다른 비슷한 상품보다 15퍼센트 가량 값이 더 나가지만, 이것은 시장의 다른 어떤 상품보다 더 믿을 만하고 오래갑니다.	Although our product costs about 15 percent more than other similar products, it is more reliable and durable than any other products in the market. • reliable 믿을 만한 • durable 내구성이 있는, 오래가는
379	시중 다른 제품과 비교했을 때, 우리 가격으로 이만한 품질을 구할 수 있습니다.	In comparison with other products in the market, we can get this sort of quality at our prices.
380	매출과 이윤을 비교해보면, 우리의 생산력이 얼마나 빠른 속도로 증가해 왔는지를 알 수 있습니다.	If you compare sales and profits, it is easy to see how our productivity has been growing at a faster rate.
381	국내 제조시설과 유럽 공장을 비교해 보면 국내 제조시설의 이윤이 더 높습니다.	A comparison between domestic plants and factories in Europe shows that profits are higher in domestic plants.

45

프레젠테이션 본론 2-내용 전개

대조해서 설명하기

예문듣기

🔊 45-1.mp3

382	반면 예스피는 무료 음악과 영화 이용이 제한되어 있습니다.	**In contrast,** Yespi has limited access to free music and movies.
383	반면 저희 제품은 3년 품질 보증 기간이 있습니다.	**Contrarily,** our product has a three-year warranty period. • warranty 보증(서)
384	그에 비하여 리렌자는 흡입기를 사용하여 투여되어야 합니다.	**On the contrary,** Relenza has to be administered using an inhaler. • administer (약을) 투여하다 • inhaler 흡입기
385	그에 비하여 VK와 같은 소규모 회사는 의사결정을 매우 빠르게 할 수 있습니다.	**On the contrary,** small firms like VK can move very quickly in making decisions.
386	반면에 K6는 월 유지비가 20퍼센트 더 듭니다.	**On the other hand,** a K6 costs 20 percent more for monthly maintenance. • maintenance 유지, 보수 관리
387	이 둘은 여러 각도에서 대조될 수 있습니다.	The two can be contrasted in many different lights.
388	우리에게는 많은 어려움이 있었습니다. 이와는 대조적으로 중국에게는 아무런 어려움도 없었습니다.	We had a lot of barriers. **In contrast,** China had nothing.
389	현행 세법은 민간인에게 제공된 뇌물만을 포함하고 있을 뿐, 정치인에게 제공된 정치적 뇌물에 대해서는 그러한 법이 적용되지 않습니다.	The current tax laws only include bribes given to civilians, **whereas** political bribes given to politicians are not covered by those laws. • bribe 뇌물 • civilian 민간인
390	하지만 저희의 새로운 시스템은 2회 교육만 요구됩니다.	**However,** our new system requires only two training sessions.
391	저희 회사는 직원들에게 근무시간 자유선택제를 제공합니다. 하지만 하계 근무시간 자유선택제는 부서마다 다를 것 같습니다.	Our company is offering staff flexible working hours. **However,** summer flextime policies are likely to be different in each department.

46

프레젠테이션 본론 2 - 내용 전개

다른 점 · 유사한 점 규명하기

예문듣기

🔊 46-1.mp3

392	우리 기술은 일본 기술과 완전히 다릅니다.	Our technology is completely different from Japan's.
393	저희의 새로운 전략은 지난번 전략과 많은 점에서 다릅니다.	Our new strategy is different from the previous one in many ways.
394	경제 불안정과 정치 불안정은 여러 가지 면에서 다릅니다.	Economic instability and political instability are different in several ways. · instability 불안정성
395	우리는 영업 전략 면에서 우리 경쟁사와 다릅니다.	We differ from our competitors in sales strategies.
396	M사 스마트폰은 디자인이 특이하다는 점에서 S사 스마트폰과 다릅니다.	Company M's smartphones differ from Company S's smartphones as their designs are unique.
397	미국과 영국은 공통점이 거의 없다고 말하는 것이 아마 보다 정확할·것입니다.	Perhaps it would be more accurate to say that the United States and Britain have very little in common.
398	우리 제품은 2015년 제품과 다르지 않습니다.	Our products do not differ from those in 2015.
399	새로운 영업 전략은 저희의 과거 관행과 매우 유사합니다.	The new sales strategy is quite similar to our past practices. · practice 관행, 관례
400	이 새 기계는 저희가 사용했던 예전 기계와 유사합니다.	This new machine is similar to the old one we used.
401	우리 회사의 500기가바이트 저장 장치와 경쟁 업체의 제품은 몇 가지 공통점이 있습니다.	Our 500-gigabyte storage devices and our competitor's have several things in common.
402	우리의 새로운 소프트웨어는 지난번 것과 많은 면에서 유사합니다. 그래서 사용하시기에 어려움이 없을 것입니다.	Our new software is similar to the previous one in many ways, so you won't have difficulties using it.
403	우리의 전략은 몇 가지 점에서 경쟁사의 전략과 너무 흡사합니다.	Our strategy is way too similar to our competitor's in several ways. · way too 너무 ~하다
404	중산층과 고소득층 사이에는 저희의 상품에 대한 의견에 많은 유사점이 있습니다.	There are a lot of similarities in the views of our products between the middle class and high income earners.

405	그것은 우리가 과거에 해 오던 것과 꽤 유사합니다.	It is quite similar to what we have done in the past.
406	경제적 불확실성과 정치적 불확실성 사이에는 많은 유사점이 있습니다.	There are many similarities between economic uncertainty and political ones.
407	세 가지 연령 그룹들 전부에서 부모가 되는 것에 대한 의견이 대략 비슷하게 나왔습니다.	The views on parenthood were approximately the same in all three age groups.
408	인건비와 소비자 물가는 몇 가지 공통점이 있습니다.	Labor cost and consumer living cost have some things in common.
409	아이폰4와 갤럭시4는 몇 가지 비슷한 점이 있습니다.	There are several similarities between the i-Phone 4 and the Galaxy 4.
410	토크준의 디스플레이는 아이폰의 디스플레이와 꽤 비슷합니다.	The display of the Talk-Zune is quite similar to that of the i-Phone.
411	같은 방법으로 T폰은 수많은 무료 앱을 받을 수 있습니다.	In the same way, T-Phone has access to hundreds and hundreds of free applications.
412	마찬가지로 T폰2는 인터넷에 접속하기 위해 무선 연결을 이용합니다.	Likewise, T-Phone 2 uses a wireless connection to access the Internet. · wireless 무선의
413	마찬가지로 요리 속도를 높이기 위해 이 버튼을 누르면 됩니다.	In like manner, you press this button to speed up the cooking time. · speed up 속도를 올리다
414	유사하게 플라자 호텔과 힐튼 호텔 양쪽 다 저자극성 객실이 있습니다.	Similarly, both the Plaza Hotel and the Hilton Hotel have hypoallergenic rooms. · hypoallergenic 저자극성의

47

프레젠테이션 본론 2-내용 전개

근거 제시하기

예문듣기

🔊 47-1.mp3

415	이 달 비즈니스 위크 기사에 나왔듯이 사물인터넷은 미래의 기술입니다.	As Business Week said in an article this month, IoT is the technology of the future.
416	보고서에 따르면, 한국은 세계에서 투자하기 가장 좋은 나라라고 합니다.	The report goes on to say that Korea is the best country to invest in in the world.
417	월 스트리트 저널의 한 기사에서 그 해답을 찾을 수 있습니다.	I think the answer can be found in an article by the Wall Street Journal.
418	제 의견을 사실과 수치로 설명해 보겠습니다.	Let me illustrate my point with some facts and figures.
419	이 설문 조사를 근거로 하여, 저희는 온라인 사업을 확장해야 한다고 말할 수 있습니다.	Based on this survey, we can say that we should expand our online business.
420	보고서는 우리가 다음 분기에 적어도 이윤이 20% 상승할 것을 기대한다는 것을 보여줬습니다.	The report demonstrated that we expect our profits to improve by at least 20% next quarter.
421	몇몇 분들은 우리가 온라인 사업을 시작하지 않는 편이 나을 것이라고 주장합니다.	Some argue that we may not go into online businesses.
422	이 통계에서 보시는 것처럼 대부분의 아동학대 피해자는 여자아이들입니다.	As you see in these statistics, most victims of child abuse are girls.
423	웰치 박사의 연구에 기술되어 있듯이 약 80퍼센트의 임산부들은 모유 수유를 계획합니다.	As described in Dr. Welch's research, about 80 percent of pregnant mothers plan on breast feeding. • breast feeding 모유 수유
424	유럽 자동차 협회에 따르면 업계의 미래는 녹색 기술 중심으로 돌아갑니다.	According to the European Automobile Association, the future for the industry revolves around green technology.
425	보도 자료에 의하면 그 회사는 내년에 새로운 기계를 몇 대 도입할 계획입니다.	According to the press release, the company is planning to introduce several new machines in the coming year.
426	전문가들은 2030년쯤에는 한국에서도 열대 과일이 재배될 것이라고 추정합니다.	Experts estimate that by the year 2030, tropical fruits can be grown in Korea. • tropical 열대의

427	광범위한 연구조사를 근거로 저는 우리의 해외 사업을 확장해야 한다고 주장합니다.	Based on extensive research, I would argue that we should expand our overseas businesses.
428	최근 조사에 나타나 있듯이 한국의 자살률이 증가하고 있습니다.	As described in the recent survey, the suicide rate in Korea is on the rise.
429	통계치가 시사하는 바에 의하면, 총 수익이 증가하고 있다는 것을 알 수 있습니다.	Looking behind the statistics, we see that total revenues are on the rise. • statistics 통계자료
430	예를 한 가지만 더 들자면, 경쟁사들은 우리의 전략을 따라 하기 시작했습니다.	To cite just one more example, our competitors have started imitating our strategy.

48

프레젠테이션 본론 2-내용 전개

의견 제시하기

예문듣기

🎧 48-1.mp3

431	제가 볼 때, 우리는 다른 회사들보다 기술 면에서 앞서 있습니다.	As far as I'm concerned, we are ahead of other companies when it comes to technology.
432	제가 아는 한, 우리의 신상품은 시장을 점진적으로 장악하고 있습니다.	To my knowledge, our new product is taking over market share gradually. • take over 장악하다
433	자유무역협정이 한국의 장기적인 경제에 유리하다는 것을 확신합니다.	I'm certain that FTAs are beneficial for the long-term economy of Korea. • FTA 자유무역협정(= Free Trade Agreement) • beneficial for ~에 유리한
434	저는 우리가 프로그래머들을 추가 채용해야 한다고 확신합니다.	I'm convinced that we should hire additional programmers. • additional 추가의
435	우리의 해외 생산을 확대하는 것이 좋겠다고 생각합니다.	I think we should expand our overseas production.
436	저는 모든 교육과정이 모듈로 구성되어 각각이 독자적인 수업으로 활용될 수 있어야 한다고 주장합니다.	I maintain that every training course should consist of modules, each of which can stand alone as an independent lesson.
437	저는 저희의 신상품이 시장에서 굉장히 매력적일 거라고 확신합니다.	I'm sure that our new products will be very attractive in the market.
438	저는 새 회계 연도까지 기다리지 말고 프로그래머들을 더 고용해야 한다고 확신합니다.	I'm quite positive that we should hire additional programmers instead of waiting until the new fiscal year.
439	우리의 영업 인력의 부족 문제뿐 아니라 높은 이직률을 줄일 수 있는 대책을 강구해야 합니다.	In addition to the shortage in our sales workforce, we need to take measures to reduce the high turnover rate. • turnover rate 이직률
440	대부분의 농부들은 자유무역협정이 농업에 치명적이라고 주장합니다.	Most farmers argue that FTAs are lethal to the agricultural industry. • lethal 치명적인
441	이것은 단지 가격을 줄이기 위한 일시적인 해결책일 뿐이라고 주장합니다.	I contend that this is only meant to be a temporary solution to reducing cost.
442	생산을 늘리기 위해서 우리는 이 계획을 밀고 나가야 합니다.	We should pursue this plan to increase output.

443	정부의 새로운 법안은 철회되어야 합니다.	The government's new legislation **ought to be withdrawn.**
444	우리의 협력업체들은 우리와 새로 계약하기 전에 자신들의 현 상황을 확인해야 합니다.	**Our associates must confirm their current status before signing a new contract with us.** • associate 협력업체, 제휴업체 • current status 현황
445	일반적으로 우리의 브랜드 충성도가 중산층 소비자 사이에서 높다고 합니다.	**Generally, it is said that** our brand loyalty is high among middle class consumers.
446	일반적으로 고객들은 우리의 소프트웨어 제품이 비싼 편이라고 생각한다고 합니다.	**Generally speaking, it is said that** customers find our software products rather expensive.
447	또 다른 가능성은 저희의 인터넷 사업을 확장하는 것입니다.	**Another possibility is** expanding our e-business.

49

프레젠테이션 본론 2–내용 전개

부연 설명하기

예문듣기

🎧 49-1.mp3

448	불공평이 무엇을 의미하는 것인지 더 설명해 드리도록 하죠.	Let me explain further what I mean by inequity.

• inequity 불공평

449	그 점에 대해 설명을 드리기 전에 한 가지만 덧붙이겠습니다.	Let me add another thing before I get to that.

450	예컨대 러시아는 1990년에 그 조약을 비준하였습니다.	For example, Russia ratified the treaty in 1990.

• ratify 비준하다, 재가하다

451	예를 들어 이자율이 16%일 경우 72를 16으로 나누면 4.5가 나오므로 돈이 두 배가 되는 데는 4년 반이 걸립니다.	For instance, in the case of a 16% interest rate, 72 divided by 16 equals 4.5, so it takes four and a half years for money to double.

452	일자리 제의를 수락할 때 고려할 요소가 많은데, 예를 들면 직업 안정성, 승진, 편한 출퇴근 등입니다.	There are many factors to consider when accepting a job offer, such as job security, promotion, and an easy commute.

453	무엇보다도 한국이 성장 속도를 회복하기 위해서는 보다 많은 투자가 관건입니다.	Above all, more investment is the key for Korea to recover its growth momentum.

• growth momentum 성장 속도[탄력, 추진력]

454	뿐만 아니라 선물은 뇌물로 오해 받을 수 있습니다.	What's more, a gift can be misunderstood as a bribe.

455	또한 대부분의 회사들은 제공하는 제품과 서비스의 변화를 통해 시장의 힘에 대응합니다.	What's more, most businesses react to market forces by making changes to the goods and services they offer.

456	뿐만 아니라, 오늘 미 달러화는 일본 엔화에 대해 급락했습니다.	Moreover, the U.S. dollar dropped sharply against the Japanese yen today.

• drop against ~에 대해 떨어지다 • sharply 급격히

457	게다가, GXP는 주주 가치를 개선했습니다.	On top of that, GXP has improved shareholder value.

• shareholder 주주

458	특히, 우리는 꼭 필요한 경우에만 우리 체제를 바꿀 것입니다.	In particular, we will change our system only when it is necessary.

459	아울러 말씀드리고 싶은 것은 한국 어디를 가더라도 우리보다 더 좋은 가격은 없다는 것입니다.	Let me also note that you can't beat our prices anywhere in Korea.

460	잠시 본론에서 벗어나 융통성 있는 정책이 무엇을 의미하는지 설명하고자 합니다.	I'd like to digress for a minute and explain what a flexible policy means. • digress 빗나가다, 벗어나다
461	잠깐 옆길로 새서 우리가 가진 다른 옵션에 대해 이야기해 봅시다.	To digress a little bit, let us talk about some other options we have.
462	잠깐 옆길로 새서 영화 검열절차에 대해 설명해 드리지요.	Digressing for a moment, let me explain the process in censoring a film.
463	불법 노동자 문제로 돌아갑시다.	Let's go back to the issue of illegal workers.
464	기업 합병 문제로 되돌아가서 말씀드리자면, 저희는 선택의 여지가 없다고 봅니다.	Going back to the question of M&As, I would say we have no choice.
465	제가 앞서 하던 얘기로 돌아가겠습니다.	Let me return to what I was talking about before.
466	설명을 위해 이전 슬라이드로 돌아가도록 하죠.	Let's get back to the previous slide for clarification. • clarification 설명, 해명

50

프레젠테이션 본론 2-내용 전개

소주제 설명 마무리하기

예문듣기

🎧 50-1.mp3

467	바로 이것이 우리의 새로운 사업 전략에 관한 제 첫 번째 의견을 요약해 줍니다.	So this sums up my first point on our new business strategies. • sum up 요약하다
468	정리하자면, 이것은 우리의 초기 목표를 지체 없이 밀고 나갈 필요가 있다는 것을 의미합니다.	In sum, this means we need to pursue our initial goal without delay.
469	마무리 짓기 위해, 지금까지 말씀드린 네 가지 요지를 다시 정리해 드리고자 합니다.	To wrap up, I'd just like to recap the four key points I've discussed. • recap 개요를 말하다(= recapitulate)
470	여러분이 지금 변해야 한다는 것을 다시 한 번 강조하고자 합니다.	Once more, I'd like to emphasize that you have to make the change now.
471	자, 이 내용은 저의 다음 요지로 넘어갑니다. 그것은 바로 변화를 가져오기 위한 조치를 취하는 것에 관한 것입니다.	So this brings us to my next point, which is about taking action to make changes.
472	즉, 제가 지금까지 말씀드린 내용은 나노 기술의 효과에 관한 것입니다.	So what I have been telling you so far concerns the effectiveness of nanotechnology. • effectiveness 유효성, 효과 • nanotechnology 나노기술
473	이 주제에 관해서는 이것으로 마치겠습니다.	That's all for this topic.
474	이것이 구조조정 문제에 관해 제가 말씀드릴 수 있는 전부입니다.	This is all I have for the issue of restructuring.
475	이것이 저소득층을 위한 주택 정책에 대해 제가 말씀드리고 싶었던 전부입니다.	That's all I wanted to say about the housing policy for low-income earners.
476	이것으로 프레젠테이션의 이 부분은 마무리가 된 것 같습니다.	I guess this concludes this part of my presentation.
477	지금까지 내용이 대체로 제 요지의 결말입니다.	I think that pretty much concludes my point here.

열셋째 마디

•

프레젠테이션 결론

결론 단계에서는 지금까지 설명했던 내용을 요약하고 반복하면서 중요한 부분을 다시 한 번 강조해 줍니다. 청중에게 특별히 당부하고 싶은 말이나 발표자의 제안도 이 부분에서 다뤄줍니다. 인상적인 마무리를 위해 주제와 관련된 인용구나 일화를 이용하는 것도 좋은 방법입니다. 여러분의 프레젠테이션을 깔끔하게 마무리할 만한 표현들을 찾아서 익혀 보세요.

51 프레젠테이션 결론

요약하며 마무리하기

예문듣기

🎧 51-1.mp3

478	이제 발표의 마지막 부분이 되겠습니다.	That brings me to the end of my presentation. / That brings us to the end of my presentation.
479	자기요법에 관한 오늘 발표의 주요 사항을 정리해 드리면서 마무리 짓겠습니다.	Let me wrap up the main points of today's talk on magnetic therapy. · magnetic therapy 자기요법
480	간단하게 핵심 내용을 다시 요약해 드리겠습니다.	I will briefly summarize the key points again.
481	지금까지 제가 설명해 드린 것을 요약해 드리겠습니다.	Let me give you a recap of what I have explained throughout. · recap 요약 (= recapitulation) · throughout ~하는 동안 내내
482	새로운 정부 정책에 관한 제 의견을 요약해 드리겠습니다.	Let me sum up my points regarding the new government policy.
483	주요 사항을 간단히 요약하겠습니다.	I will briefly summarize the main issues.
484	주요 사항들을 한 번 더 짚어 보도록 하겠습니다.	I would like to go over the main points one more time.
485	오늘 다루었던 내용을 다시 훑어보겠습니다.	Let me run over what I covered today. · run over ~을 재빨리 훑어보다
486	핵심 내용을 다시 정리해 보도록 하겠습니다.	Let me run over the key points again.
487	주요 사항을 다시 한 번 요약해 드리죠.	Let me sum up the main points again.
488	다시 요약해 드리면 주요 사항은 다음과 같습니다.	So to recapitulate, the main points are as follows. · recapitulate 요약하다 (줄여서 recap이라고도 많이 쓰임)
489	마무리하자면, 제가 강조하고 싶은 것은 그 변화를 지금 만들어야 한다는 것입니다.	To wrap up, I would like to emphasize that we need to make the change now.
490	요약하자면, 우리 생산을 증진시키기 위해 필요한 것은 바로 새로운 IBT50 기술입니다.	To sum up, the new IBT50 technology is what we need to boost our production. · boost 증진시키다
491	요약하자면, 우리 경영 스타일에는 소프트 파워가 사용될 필요가 있습니다.	Briefly, we need soft power to be used in our management style.

| 492 | 간단히 말씀드리자면, 저희는 곧 새로운 투자 선택을 해야 합니다. | In short, we need to make new investment choices soon. |
| 493 | 이 새로운 기술로 우리의 생산력을 증진시킬 수 있다는 것을 명심해 주시기 바랍니다. | Please bear in mind that with this new technology, we will be able to increase our production capacity. |

52

프레젠테이션 결론

강조하기 & 당부하기

예문듣기

🎧 52-1.mp3

494	다시 한 번 말씀드리자면 우리는 이 상황을 간과할 수 없습니다.	I would like to tell you one more time that we cannot overlook this situation. · overlook 간과하다
495	한 가지 변하지 않는 것이 있다면 바로 변화라는 점을 강조하고 싶습니다.	I would like to emphasize that the only thing that is constant is change. · constant 변함없는
496	끝내기 전에 말씀드리고자 하는 점은 변화는 지금, 바로 지금 여러분이 만들어 내야 한다는 것입니다.	Before I finish, let me just say that the change should be made now, right now by you.
497	마지막으로 중요한 점을 말씀드리면 저는 우리의 미래가 밝다고 생각합니다.	Last but not least, I believe our future is bright.
498	마치기 전에, 이런 아동학대 피해자들을 도울 수 있는 방법을 다시 한 번 강조하고자 합니다.	Before I finish, let me stress again how you can help those victims of child abuse.
499	청중 여러분들이 인생에서 성공하고 싶으시다면 제 발표에서 설명해 드린 단계들을 기억하셔야 합니다.	What I need this audience to remember if you want to succeed in life is the steps I described in my talk.
500	끝으로 당부 드리고 싶은 말씀은 우리 회사는 IT 산업 성장에 기여하기 위해 최선을 다한다는 것입니다.	My parting wish for you is that our company does its best to contribute to the growth of the IT industry. · contribute to ~에 기여하다
501	제 주장의 전반적인 의미를 명심해 주시기 바랍니다.	Please keep the overall implications of my points in mind. · implication 함축, 암시
502	이 프레젠테이션은 제 개인적인 견해를 바탕으로 한 것임을 잊지 마시기 바랍니다.	Please bear in mind that this has been based on a personal view of mine.
503	제가 오늘 여러분께 말씀드린 내용을 실생활에서 꼭 실천해야 한다는 것을 기억해 주시기 바랍니다.	Please keep in mind that you should practice in real life what I have told you about today.
504	이 캠페인에 모든 노력을 쏟아부으시라고 제안 드리고 싶습니다.	I would like to propose that you put all of your efforts into this campaign.
505	그러므로 저는 여러분이 이 거래의 이점을 활용하셔서 오늘 계약을 하시길 당부 드리고 싶습니다.	So what I need to draw from this audience is to take advantage of this deal and sign up today.

506	우리 회사의 변화를 주도하는 데 참여하시라고 부탁 드립니다.	I ask you to take part in leading the change in our company.
507	끝으로 당부드리고 싶은 말은 저희 회사는 낮은 가격을 위해 품질을 포기하지는 않는다는 것입니다. 저희는 저가로 고품질을 제공할 수 있습니다.	My parting wish for you is that our company does not sacrifice quality for low prices; we are able to offer high quality at a low price.
508	끝으로 중요한 말을 하자면 저는 여러분에게 생각할 거리를 드리고 싶습니다.	Last but not least, I would like to give you something to think about.
509	코리아 주식회사를 귀사의 의류공급업체로 고려해 주시기 바랍니다.	We hope that you will consider Korea Corporation as your clothing supplier.

53

프레젠테이션 결론

결론짓기 & 제안하기

예문듣기

🎧 53-1.mp3

510	유일한 한 가지 결론이 있습니다.	There is only one conclusion.
511	제 결론의 핵심은 다음과 같습니다.	The key points of my conclusion are as follows.
512	결론적으로, 정책은 다가올 여러 해의 경향을 반영해야 합니다.	In conclusion, the policy must reflect the trend for many years to come.
513	마치기 전에 다음과 같은 해결 방법을 제안해 드리고 싶습니다.	Before I finish, I would like to propose the following solution.
514	몇 가지 제안을 드리면서 제 이야기를 마치고자 합니다.	I would like to end my speech with a few suggestions.
515	그러므로 전사적으로 경영혁신운동을 전개해야만 합니다.	Therefore, we should implement this management innovation movement company wide.
516	우리의 안보 수준을 강화해야 한다는 것을 제안하겠습니다.	I would suggest that we beef up our security level.　• beef up 강화하다
517	더 많은 돈이 연구개발에 투자되어야 한다고 제안하고 싶습니다.	I'd like to propose that more money should be invested in R&D.
518	지금 제 프레젠테이션에서 보시는 것처럼 저희는 경쟁력 있는 패키지를 제안해 드립니다.	So, as you can see from my presentation, we offer a competitive package.
519	조직에서 리더가 될지 부하 직원이 될지는 여러분이 결정하시기 바랍니다.	I would like to urge you to make your choices on whether to be leaders or followers in your organization.
520	이로써 시작했던 원점으로 다시 돌아가게 됩니다. 현 회계시스템은 회계사들의 요구사항을 처리해 줘야 합니다.	This brings me back to where I started. The current account system needs to address the needs of the accountants.

54

프레젠테이션 결론

인용구 · 일화 인용하기

예문듣기

🔊 54-1.mp3

521	제 프레젠테이션을 요약해 줄 이야기로 마칠까 합니다.	Let me close now with a story that sums up my presentation.
522	제가 말씀드린 내용을 아주 잘 요약해 주는 인용구로 마칠까 합니다.	Let me close now with a quote that pretty much summarizes what I have been talking about. • quote 인용문, 인용어구
523	이 업종에 종사하는 우리 모두에게 적용되는 이야기로 마치겠습니다.	I would conclude with a story that applies to all of us in this industry.
524	우리 회사를 설립하셨던 고(故) 정 회장님에 관한 일화를 말씀드리며 마칠까 합니다.	Let me wrap up with an anecdote about the late Chairman Chung who founded our company. • anecdote 일화
525	새롭고 흥미진진한 인생을 시작하는 여러분이기에 이 이야기를 하며 마칠까 합니다.	Let me wrap up with this story as you embark on a new and exciting stage of your lives.
526	여러분이 좋아하시는 캐치프레이즈로 마칠까 합니다.	I would conclude with a catch phrase that all of you like.
527	여러분이 관심 있어 할 만한 이야기로 마치겠습니다.	I would like to leave you with a story that I believe you will find interesting.
528	놀랍게도 제 요지는 이 어린이 동화에서 찾아볼 수 있습니다.	Surprisingly, my point can be found in this children's story.
529	자, 오늘 제 질문은 "재정 상황을 개선할 최상의 정책은 무엇입니까?"입니다. 앞서 언급한 바와 같이 그 해답은 고품질입니다.	So, my question today is, "What is the best policy to improve our financial situation? As I mentioned before, the answer is high quality.
530	마치면서 한 가지 질문을 드리고 싶습니다.	In closing, I would like to pose one question. • pose (질문 등을) 제기하다
531	저는 여러분 각각이 이 질문에 대해 생각해 보실 것을 요청 드립니다.	I ask each of you to think about this question.
532	생각해보실 것을 제시해 드리면서 마칠까 합니다. 업계의 리더가 된다는 것은 무엇을 의미하는 것일까요?	I will leave you with something to think about. What does it mean to be the market leader?

55

프레젠테이션 끝마치기

예문듣기

🎧 55-1.mp3

533	이것으로 제 프레젠테이션을 마치겠습니다.	That ends my talk. / So that's all I have to say. / That covers my presentation. / That completes my presentation. / That brings us to the end of my presentation.
534	오늘 제가 말씀드리고 싶었던 부분은 여기까지입니다.	That covers all I wanted to say[deliver] today.
535	오늘 다뤄야 할 주제를 모두 다뤘습니다.	I have covered all the topics that needed to be covered for today.
536	이것으로 우리의 수익 신장에 관한 프레젠테이션을 마치겠습니다.	So that concludes my presentation on improving our bottom line.
537	이것으로 소프트웨어 관리의 필요성에 대한 발표를 마치겠습니다.	So that concludes my speech on why we need to manage software.
538	오늘 이렇게 여러분 모두와 함께할 수 있어서 정말 영광이었습니다.	This truly is an honor for me to be here with you all today.
539	집중해 주셔서 감사합니다.	Thank you for your attention.
540	시간 내 주셔서 감사합니다.	Thank you for your time.
541	바쁘신 와중에 시간 내 주셔서 감사합니다.	Thank you for taking the time out of your busy schedule.
542	와주셔서 감사합니다. 제가 여러분들에게 다가오는 해에 매출을 증진시킬 수 있는 몇 가지 방법을 보여드렸길 바랍니다. 그리고 내년 컨퍼런스에서 다시 뵙기를 고대하겠습니다.	Thank you for coming. I hope that I've shown you some ways to increase sales in this coming year, and I look forward to seeing you again at next year's conference.
543	이 주제에 대해 여러분과 함께 협력하는 것을 기대하겠습니다.	I am looking forward to working with all of you on this topic.
544	오늘 이 자리에 설 기회를 주셔서 다시 한 번 감사드립니다. 이 자리에 다시 와서 정말 기뻤습니다.	Thank you again for the opportunity to be here today. It has been a great pleasure to be back here.
545	돌아가시는 길 편히 가시기를 바랍니다.	I hope that you have a great trip back home.

열넷째 마디

·

질의응답

프레젠테이션을 마친 후에는 대부분 질의응답 시간을 갖게 됩니다. 질의응답 시간을 시작할 때, 좋은 질문을 받거나 까다로운 질문을 받았을 때, 질문을 이해하지 못해서 확인이 필요할 때 등 각 경우에 사용할 수 있는 표현들을 수록했습니다. 질의응답 시간에 당황하지 않도록 주요 표현을 숙지해 두고 질문에 성의 있게 대답해 주세요.

56

질의응답

질문 받기

예문듣기

🎧 56-1.mp3

546	질문 있으세요?	Any questions?
547	어떠한 질문이든 기꺼이 답변해 드리도록 하겠습니다.	I'd be glad to try and answer any questions. / I'd be happy to take your questions now.
548	어떤 질문이든 기꺼이 남아서 답변해 드리겠습니다.	I'd be happy to stay and answer any questions you may have.
549	뭐든 명확하지 않은 부분이 있으면 질문해 주세요.	If there is anything you are not clear about, please ask.
550	뭐든 명확하지 않은 부분이 있으시면 마음껏 질문하세요.	If there is anything you are not clear about, please feel free to ask.
551	질문사항이 있다면 기꺼이 답변해 드리겠습니다.	If you have any questions, I will be happy to answer them.
552	질문이 있으시면 최대한 답변해 드리겠습니다	If you have any questions, I'll do my best to answer them.
553	이제 질문이 있으시면 받도록 하겠습니다.	I will now take any questions you may have.
554	의문사항이 있으시면 이메일로 연락 주세요.	If there is anything you are not clear about, please contact me via email.
555	제가 방금 언급한 내용에 대해 질문 있으십니까?	Are there any questions about the points that I just mentioned?
556	질문을 받도록 하죠.	Let's throw it open to questions. ❗ 여기서 it은 '발언권', '발표'라는 뜻으로서 질문으로 넘어가겠다는 표현입니다. • throw open (문 등을) 열어젖히다, 공개하다
557	이제 여러분의 질문을 받도록 하겠습니다.	I would like to open the floor for any questions that you may have.
558	이제 질문을 받겠습니다.	Now I'm going to open up the floor for questions.

559	질문을 위해 발언권을 부여해 드리죠.	Let me open up the floor for any questions.
560	한 번에 한 분씩만 질문해 주세요.	Please, one at a time.
561	한 번에 하나씩만 질문을 받겠습니다.	I will take one question at a time.
562	이 분 질문을 먼저 받고 다음에 그쪽 분 질문을 받도록 하겠습니다.	Why don't you go ahead with your question and then I'll take yours next?
563	여러분의 의견을 듣겠습니다.	I'd like to invite your comments.
564	의견이 있으시면 말씀해주시기 바랍니다.	I'd like to invite you to offer me any comments that you may have.
565	제 프레젠테이션을 마무리하기 전에 우리의 관리 프로그램에 대해 질문 있으십니까?	Before I wrap up my presentation, are there any questions about our management programs?
566	오늘 다룬 주제에 대해 뭐든 질문이 있으시면 저에게 연락을 주십시오. 제 자세한 연락처는 소책자의 마지막 페이지에 있습니다.	If you have any questions on any of the topics covered today, please contact me. My contact details are on the last page of the booklet.

57

질의응답

질문 확인하기

예문듣기

🎧 57-1.mp3

567	질문 마지막 부분을 잘 듣지 못했습니다.	I didn't catch the last part of your question.
568	제대로 알아듣지 못했습니다.	I didn't quite catch that.
569	죄송합니다. 질문을 완전히 이해하지 못했습니다. 다시 한 번 말씀해 주시겠습니까?	I am sorry. I didn't completely understand the question. Could you repeat that again? / Sorry, I didn't catch that. Could you go over that again?
570	질문을 좀 더 구체적으로 해 주시겠습니까?	Could you be a little more specific with your questions?
571	질문하시고자 하는 것이 정확히 무엇이죠?	What exactly is it that you are asking?
572	말씀을 이해하지 못했습니다. 정확히 무슨 뜻입니까?	I don't quite follow you. What exactly do you mean?
573	무슨 말씀을 하시는지 잘 모르겠네요. 다시 한 번 말씀해 주시겠습니까?	I'm not sure what you're getting at. Could you say that again?
574	미안합니다만 집중하지 못했습니다. 뭐라고 하셨죠?	I'm sorry. I was not paying attention. What was that again?
575	더 천천히 말씀해 주시겠습니까?	Could you speak more slowly? / Could you speak a little more slowly, please?
576	죄송합니다. 좀 더 천천히 다시 한 번 말씀해 주시겠습니까?	I'm sorry. Could you repeat that a bit more slowly?
577	죄송합니다. 잘 들리지가 않네요. 조금만 더 크게 말씀해 주시겠어요?	I'm sorry. I couldn't hear you clearly. Could you speak a little louder, please?
578	'유기적 경영'이라는 것이 무슨 말씀이신지요?	What do you mean by "organic management"?
579	고등교육에서는 이 교수법이 효과가 없을 것이라는 뜻입니까?	Do you mean this teaching method might not work in higher education?

270

580	제가 제대로 이해했는지 확실치는 않지만, 저희의 네트워크 시스템이 전부 업그레이드되어야 한다는 것입니까?	I'm not sure whether I understand you correctly, but are you saying that all our network systems should be upgraded?
581	제가 제대로 이해한 것이라면, 기술이 우리를 보다 인간적으로 만들어 준다는 말씀이시죠?	If I understand you correctly, are you saying technology makes us more human?
582	제가 이해한 것이 맞다면, 지금 이 제품에 대한 원가 분석에 대해 물으시는 것이지요?	If I understand you correctly, are you asking about the cost breakdown of this product?
583	저희가 그들의 주식을 팔 능력이 있는가에 대한 질문을 하시는 것이죠? 맞나요?	You are asking me about our ability to sell their stock, is that right?
584	고품질 상품에 문제가 있다는 말씀이십니까?	Do you mean there's the problem of high-quality product?
585	이것이 진정 비용 효율적이냐가 질문의 요지 맞습니까?	So, what you are asking is, is this really cost effective?
586	저성장 문제를 제기하신 것으로 봐도 되겠습니까?	Would it be correct to say that you are addressing the low growth problem?

58

좋은 질문을 받았을 때

예문듣기

🎧 58-1.mp3

587	아주 좋은 질문이네요.	That's a very good question.
588	매우 중요한 질문입니다.	That's a very important question.
589	그 점을 제기해 주셔서 기쁩니다.	I'm glad you raised that point.
590	흥미로운 질문이군요.	That's an interesting question.
591	제게 보충 설명할 기회를 주는 좋은 질문입니다.	That question's a good one, because it allows me to give some extra explanations.
592	제가 추가 예시를 드릴 수 있기 때문에 그것은 좋은 질문이네요.	That question is a good one because it allows me to give some extra examples.

59

질의응답

까다로운 질문을 받았을 때

🔊 59-1.mp3

593	지금은 그 정보를 밝힐 수가 없습니다.	I can't reveal that information at this time.
594	죄송합니다만, 그건 기밀 정보입니다.	I'm sorry, but that is confidential information. • confidential 기밀의
595	그건 제 분야가 아닌 것 같군요.	I'm afraid that's not my field.
596	그 질문에 대한 명확한 답이 지금은 없습니다만, 이메일을 통해 더 논의해 보겠습니다.	I do not have a definite answer to that question now, but I'd be happy to discuss this further via email.
597	그 점은 나중에 얘기해도 좋을 것 같군요.	Perhaps we could deal with that later.
598	김 선생님이 그 질문에 답해주실 거라고 확신합니다.	I'm sure Mr. Kim can answer that question. ❗ 같은 자리에 있는 다른 전문가 또는 담당자에게 답변의 기회를 건네는 것도 좋은 방법입니다.
599	저는 그 질문에 답변할 적임자가 아니라고 생각합니다. 아마도 스미스 씨께서 답변 가능할 것 같습니다.	I don't think I'm the right person to answer that question. Perhaps Mr. Smith can help with that.
600	선생님은 어떻게 생각하십니까?	What do you think?
601	어떻게 해야 한다고 보십니까?	How do you think that should be done?
602	그것은 저에게도 크게 고민되는 부분입니다. 이에 대한 선생님의 의견은 어떻습니까?	That has been a major concern for me as well. What is your opinion on this?
603	이 질문에 대해 의견을 가지고 계신 분이 있습니까?	Does anyone have any thoughts on this question? ❗ 청중에게 되묻는 방법은 자연스럽게 답을 회피하면서 청중의 토론을 장려하는 분위기로 만들어 줍니다.
604	매우 좋은 질문입니다만, 아쉽게도 저는 그에 대한 해답이 없습니다. 혹시 여러분 중에 그에 대한 의견을 가지고 계신 분이 있습니까?	That is a good question. Unfortunately, I don't have the answer. Does anyone in the audience have an opinion on that?
605	여기 계신 분 중 그와 관련된 경험이 있으신 분이 계십니까?	Does anyone in the audience have an experience related to that?

까다로운 질문을 받았을 때

606	죄송합니다만 그 점에 대해서는 저도 모릅니다. 다음에 알려 드려야겠네요.	I am sorry, but I don't know the answer to that one. I will have to get back to you on that.
607	죄송합니다만, 지금 당장은 그 정보를 가지고 있지 않습니다.	I am sorry, but I don't have that information off hand. • off hand 준비 없이, 즉석에서
608	프레젠테이션이 끝난 후에 저에게 오셔서 말씀해 주시겠습니까?	Why don't you come talk to me after the presentation?
609	솔직히 말씀드리자면 그 질문에 대한 답은 모릅니다만, 추후에 알아보도록 하겠습니다.	I honestly don't know the answer to that question, but I can find out for you.
610	그 부분은 파악하지 못했습니다.	I wasn't aware of that.
611	지금 당장은 이것이 제가 그에 대해 말할 수 있는 전부입니다만, 더 자세히 논의하고 싶으시다면 프레젠테이션이 끝난 후에 말씀 나누도록 하죠.	That's all I really have to say about that right now, but if you wish to go into more detail, we can talk after the presentation.
612	이 주제에 관해 너무 많은 시간을 소비하고 싶지는 않습니다.	I don't want to spend too much time on this topic.
613	그런 특정 주제에 관한 세부적인 사항은 제공해 드릴 수 없을 것 같습니다.	I am afraid that I can't provide you with any details on that particular subject.
614	유감스럽게도 대답해 드릴 수가 없습니다.	I am afraid I can't really answer that.
615	아마도 그 점은 나중에 다룰 수 있을 겁니다.	Perhaps we could deal with that later.
616	아쉽게도 지금은 시간이 없군요, 아마 그 문제는 다음에 이야기할 기회가 있을 겁니다.	I am afraid that's all we have time for now. Perhaps we could talk about it later.
617	확실하지는 않지만, 그럴 가능성도 있습니다.	I am not sure, but it might be a possibility.
618	죄송합니다. 그 정보는 알려 드릴 수가 없습니다.	I am sorry. I'm not permitted to give out that information.
619	그 점에 대해서는 논의할 수 없을 것 같습니다.	I am afraid I can't discuss that.
620	저희도 추가 정보를 기다리고 있기 때문에 지금은 그에 대한 답변을 드릴 수가 없습니다.	We are awaiting further information before we can answer that.
621	죄송합니다만, 지금 시점에서는 그 이상의 정보를 드릴 수가 없습니다.	I am sorry, but we're unable to offer any further information at this point.
622	이 시점에서는 그에 대한 언급을 할 수가 없습니다.	I'm unable to comment on that at the moment.

질의응답 종료하기

🎧 60-1.mp3

623	명확한 답이 되었는지요?	Have I made that clear?
624	이제 명확합니까?	Is that clear now?
625	제 답변이 만족스러우신가요?	Does my answer satisfy you?
626	질문에 답이 되었나요?	Does that answer your question?
627	질문에 답이 되었기를 바랍니다.	I hope I've answered your question.
628	이제 다음으로 넘어가도 될까요?	Can we move on?
629	됐습니까?	Is that ok?
630	다른 질문이 없으시다면 여기서 마무리할까요?	If there are no other questions, why don't we wrap it up here?
631	더 이상 질문이 없으시다면 여기까지 하는 것이 좋겠습니다.	If there are no further questions, perhaps we should stop here.
632	더 이상 질문이 없으시면 여기서 마치죠.	If there are no more questions, let us finish up here.
633	다 다루어 드린 것 같군요. 감사합니다.	It looks like I've covered everything. Thank you very much.
634	질문이 있으시면 이메일 주세요. 감사합니다.	You can email me if you have any questions. Thank you.
635	시간이 다 된 것 같으니, 질문이 더 있으신 분은 회의가 끝난 후에 저에게 오셔서 말씀해 주세요.	I think we're out of time, but if anyone has any further questions, please come talk to me after the meeting.

비즈니스 영어회화
무작정 따라하기

—

전화, 회의, 협상, 출장, 접대까지!
커뮤니케이션 전문가에게 배우는
비즈니스 영어회화 특급 전략!

이지윤 저 | 316쪽 | 16,000원
부록 : 저자 음성강의 및 영어 mp3 무료 제공,
비즈니스 회화훈련 워크북

첫걸음 | 초급 | 중급 | 고급

영문 이메일, SNS, 보고서까지!
비즈니스 영작문 특급 전략!
이지윤 저 | 276쪽 | 15,000원
첫걸음 | 초급 | 중급 | 고급

능률을 높이고 연봉이 오르는
영어 프레젠테이션 특급 전략!
이지윤 저 | 276쪽 | 14,000원
첫걸음 | 초급 | 중급 | 고급

이메일, 전화, PT 등 1,620개의
필수 어휘로 업무가 가벼워진다!
이지윤 저 | 492쪽 | 13,500원
첫걸음 | 초급 | 중급 | 고급

영어 프레젠테이션 무작정 따라하기

실전
프레젠테이션
사례집

이지윤 지음

길벗
이지:톡

실전 프레젠테이션 사례집 활용법

이 부록에는 실제 업무 현장에서 성공적으로 사용되었던 프레젠테이션의 전문을 실었습니다. 본책에서 프레젠테이션의 주요 패턴과 표현을 익혔다면, 이제 실제 프레젠테이션 전문을 통해 실전 감각을 익혀보세요.
작고 가벼운 소책자의 장점을 활용하여 출퇴근할 때나 PT를 준비하는 근무시간 틈틈이 펼쳐보며 프레젠테이션의 전체 흐름을 학습하세요. 무료로 제공되는 mp3 파일을 다운로드하여 듣고 말하기 훈련도 함께 해 보세요!

이렇게 활용하세요!

프레젠테이션을 구성하고 이끌어가는 흐름을 익히는 것만으로도 성공적인 프레젠테이션을 준비할 수 있습니다.

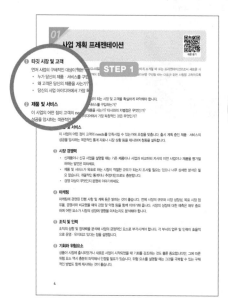

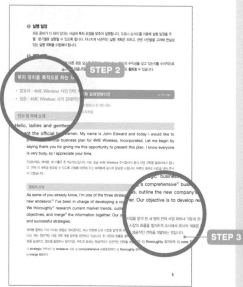

STEP 1   프레젠테이션 주제별 유의사항

프레젠테이션 주제별로 주의할 사항을 정리해 두었습니다. 프레젠테이션을 준비하기 전에 유의해야 할 부분들을 미리 점검하세요.

STEP 2   프레젠테이션의 흐름과 구성을 파악할 수 있는 단락 제목

하나의 프레젠테이션을 구성하기 위한 요소들을 확인해 봅니다. 프레젠테이션을 준비할 때 '발표자 소개'나 '목적 제시'와 같이 필요한 단락만 찾아 편리하게 참고할 수 있습니다.

STEP 3   해석과 주요 어휘

영어 문장을 읽고 잘 이해되지 않는 부분은 하단의 해석 부분을 참고합니다. 주요 어휘를 따로 정리하여 학습의 편리성을 높였습니다.

실전 프레젠테이션 사례집 차례

실전 프레젠테이션 무작정 따라하기

사례집에 수록된 모든 예문은 QR 코드를
스캔하여 바로 청취할 수 있습니다.

예문 듣기

01

사업 계획 프레젠테이션

예문 듣기

사업 계획 프레젠테이션이란 신규 사업을 투자자 및 외부 관계자, 직원들에게 소개할 때 하는 프레젠테이션으로서 새로운 사업의 유용성 및 수익성을 부각시켜야 합니다. 따라서 사업 계획 프레젠테이션을 구성할 때는 다음과 같은 사항을 고려하도록 합니다.

❶ 타깃 시장 및 고객

먼저 사업의 구체적인 대상이 되는 시장 및 고객을 확실하게 파악해야 합니다.

- 누가 당신의 제품·서비스를 구입하는가?
- 왜 고객은 당신의 제품을 사는가? 타사와의 차별점은 무엇인가?
- 당신의 사업 아이디어에서 가장 독창적인 것은 무엇인가?

❷ 제품 및 서비스

이 사업의 어떤 점이 고객의 needs를 만족시킬 수 있는가에 초점을 맞춥니다. 출시 계획 중인 제품·서비스의 성공을 암시하는 객관적인 통계 자료나 시장 상황 등을 제시하여 청중을 설득합니다.

❸ 시장 경쟁력

- 신제품이나 신규 사업을 설명할 때는 기존 제품이나 사업과 비교하되 자사의 이전 사업이나 제품을 평가절하하는 발언은 피하세요.
- 제품 및 서비스가 목표로 하는 시장이 적절한 규모가 되는지 조사할 필요는 있으나 너무 상세한 분석은 필요 없습니다. 개괄적인 통계치나 추정치만으로도 충분합니다.
- 경쟁 대상이 무엇인지 분명히 이야기하세요.

❹ 마케팅

마케팅에 관련된 진행 사항 및 계획 등은 밝히는 것이 좋습니다. 전체 시장의 규모와 시장 성장성, 목표 시장 점유율, 경쟁사와 비교했을 때의 강점 및 약점 등을 함께 이야기해 줍니다. 시장의 성장에 대한 예측은 매우 중요하며 어떤 요소가 시장의 성장에 영향을 미치는지도 분석해야 합니다.

❺ 조직 및 인력

조직의 성향 및 잠재력을 분석해 사업의 긍정적인 요소로 부각시켜야 합니다. 각 부서의 업무 및 인력이 효율적으로 운영·유지되고 있다는 점을 설명합니다.

❻ 기회와 위험요소

상품이 시장에 출시되었거나 새로운 사업이 시작되었을 때 기회를 강조하는 것도 물론 중요합니다만, 그에 따른 위험 요소 역시 충분히 파악해서 인정할 필요가 있습니다. 위험 요소를 설명할 때는 그것을 극복할 수 있는 구체적인 방법도 함께 제시하는 것이 좋습니다.

❼ 실행 일정

모든 준비가 다 되어 있다는 사실에 특히 초점을 맞추어 설명합니다. 도표나 순서도를 이용해 실행 일정을 주·월·분기별로 설명할 수 있도록 합니다. 지나치게 낙관적인 실행 계획은 피하고, 관련 사안들을 고려해 현실성 있는 실행 계획을 수립해야 합니다.

❽ 재무 계획

재무 계획은 사업 계획서의 다른 모든 요소를 통합해 사업이 어느 정도의 수익성을 갖고 있는지를 수치적으로 나타냅니다. 사업 추진에 필요한 자금 조달 규모를 예측하는 기본 자료로도 활용될 수 있습니다.

투자 유치를 목적으로 하는 사업 계획 프레젠테이션   pt-01.mp3

- 발표자 : 4ME Wireless 사의 전략 사업 파트너 존 에드워드
- 청중 : 4ME Wireless 사의 잠재적인 투자자들

인사 및 주제 소개

Hello, ladies and gentlemen. My name is John Edward and today I would like to present the official business plan for 4ME Wireless, Incorporated. Let me begin by saying thank you for giving me this opportunity to present this plan. I know everyone is very busy, so I appreciate your time.

안녕하세요, 여러분. 제 이름은 존 에드워드입니다. 저는 오늘 4ME Wireless 주식회사의 공식 사업 계획을 발표하려고 합니다. 먼저 이 계획을 발표할 수 있도록 기회를 마련해 주신 여러분께 감사의 말씀을 드립니다. 바쁘신 중에도 시간을 내어 주셔서 고맙습니다.

발표자 소개

As some of you already know, I'm one of the three strategic[1] business partners in this new endeavor.[2] I've been in charge of developing a comprehensive[3] business plan. We thoroughly[4] research current market trends, outline the new company's core[5] objectives, and merge[6] the information together. Our objective is to develop realistic and successful strategies.

여러분 중에는 이미 아시는 분들도 계시겠지만, 저는 이번에 신규 사업을 맡게 된 세 명의 전략 사업 파트너 가운데 한 사람입니다. 저는 전반적인 사업 계획 개발 업무를 담당하고 있습니다. 현 시장의 흐름을 철저하게 조사해서 회사의 새로운 핵심 목표를 설정하고, 정보를 통합하는 일이지요. 우리의 목표는 현실적이고 성공적인 전략을 개발하는 것입니다.

1) strategic 전략적인 2) endeavor 시도 3) comprehensive 포괄[통합]적인 4) thoroughly 철저하게 5) core 핵심의, 중심적인
6) merge 통합하다

The objective of this presentation is to convince[7] you, our most important potential investors,[8] to be a shareholder in our company. First, your investment will bring our business plan to life; it will make 4ME Wireless a living, breathing, successful company. And second, your investment will ensure you an amazing return, up to 120 percent of your initial cash outlay.[9]

본 프레젠테이션의 목적은 저희 회사의 가장 중요한 잠재 투자자이신 여러분에게 저희 회사의 주주가 되어 달라고 설득하는 것입니다. 무엇보다도 여러분의 투자는 저희의 사업 계획을 현실화시켜 4ME Wireless를 살아 숨쉬는 성공적인 기업으로 만들 것입니다. 그리고 또한 초기 투자 금액의 최고 120%에 이르는 놀라운 수익을 여러분에게 보장할 것입니다.

7) convince 확신시키다, 설득하다 8) potential investor 잠재 투자자 9) cash outlay 현금 지출·투자

There are three parts to my presentation. I will begin by giving you an overview of our vision with a mission statement.[10] Next, I'll talk about our SWOT analysis; that is, our strengths, weaknesses, opportunities, and threats. Last, I'll summarize our key business strategies. This presentation should only last about 15 minutes, and then we'll have the rest of the hour free for questions. So, without further ado,[11] I'll open by talking about our vision.

제 프레젠테이션은 세 부분으로 이루어져 있습니다. 먼저 사명 선언과 함께 저희 회사의 비전을 개괄적으로 설명해 드릴 것입니다. 그리고 다음에는 SWOT 분석에 대해 말씀드릴 것입니다. SWOT은 저희의 강점(Strengths)과 약점(Weaknesses), 기회(Opportunities), 위험(Threats) 요소를 의미합니다. 마지막으로는 저희의 주요 사업 전략을 요약해 드릴 것입니다. 본 프레젠테이션은 약 15분 정도만 소요될 예정이며 나머지 시간에는 질문을 받도록 하겠습니다. 그럼 이제 곧바로 저희의 비전에 대한 말씀부터 드리면서 프레젠테이션을 시작하겠습니다.

10) mission statement (회사의) 사명 선언 11) without further ado 더 이상 지체하지 않고

When I think about innovation, I am reminded of Alexander Graham Bell, the inventor of the telephone. I'm sure he never imagined that his invention of sending a voice signal[12] long distance over a wire would result in hundreds of thousands[13] of voice and data signals streaming[14] through the air connecting the world together. Well, folks,[15] let's further[16] his innovation with 4ME Wireless.

저는 혁신에 대해 생각할 때 전화기를 발명한 알렉산더 그레이엄 벨이 떠오릅니다. 벨은 전선을 이용해 음성 신호를 멀리 전달하는 자신의 발명이 훗날 공기 속을 흘러 다니며 전 세계를 하나로 연결해 주는 수많은 음성과 데이터 신호가 될 줄은 상상도 못했을 것입니다. 여러분, 4ME Wireless와 함께 벨이 이루어 낸 혁신을 계속해 나갑시다.

12) voice signal 음성 신호 13) hundreds of thousands of 무수히 많은 14) stream 흐르다 15) folks (친밀감을 가진 호칭으로) 여러분 16) further 촉진하다, 추진하다

4ME Wireless is operating in Sydney, Australia. There are approximately 140 employees concentrating their efforts in R&D, marketing, support, and administration. 4ME Wireless offer value services to a large customer base throughout 3 different market segments in Australia. Our large R&D investment will ensure that our services are technically advanced and offer many benefits far better than what our competitors are offering. 4ME will continue to expand through growth and acquisitions[17] in related technology and market segments.[18] 4ME will have annualized sales[19] of USD $10 million the first year of business, and sales will reach up to $48 million by the fifth year of operation.

4ME Wireless는 현재 호주 시드니에서 운영되고 있습니다. 약 140명의 직원이 연구 개발, 마케팅, 고객 지원, 행정 업무에 전력을 다하고 있지요. 4ME Wireless는 호주에서 서로 다른 3개의 사업 분야에서 대규모의 고객층에게 가치 서비스를 제공하고 있습니다. 저희는 대규모 연구 개발 투자를 통해 기술적으로 향상된 서비스를 제공하고, 경쟁사보다 더 많은 혜택을 안겨 드릴 것으로 확신하고 있습니다. 4ME는 관련 기술과 사업 분야에서 성장과 획득을 통해 발전해 나갈 것입니다. 사업을 개시한 첫 해에는 연 매출 1천만 달러, 그리고 5년 내에 4천 8백만 달러까지 매출을 끌어 올릴 예정입니다.

17) acquisition 획득 18) market segment 시장층, 사업 분야 19) annualized sales 연간 매출

Our mission statement reads as follows: 4ME Wireless designs, develops, and markets[20] advanced systems for wireless data transfer.[21] Our network is distinguished from our competitors by an innovated transistor enabling high speed, high bandwidth[22] data transfer that is the most reliable on the market. 4ME is customer focused. Sales are made either directly or through major distributors in the domestic market, and our emphasis is on free, 24 hour customer service.

저희의 사명 선언은 다음과 같습니다. 4ME Wireless는 무선 데이터 통신용 고급 시스템을 설계하고 개발해서 판매합니다. 저희 네트워크는 빠른 속도와 높은 대역폭으로 시장에서 가장 신뢰할 수 있는 혁신적인 데이터 통신 트랜지스터로서 경쟁사들에 비해 탁월합니다. 4ME는 고객 중심입니다. 판매는 고객에게 직접 하거나 국내 시장의 주요 유통망을 통해 이루어지며 24시간 무료 고객 서비스에 중점을 두고 있습니다.

20) market 팔다 21) wireless data transfer 무선 데이터 통신 22) bandwidth 대역폭

Let's move on to our SWOT analysis. As most of you already know, our key strengths involve our R&D commitment[23] and our strong management team. We are located in a major city and have a staff of the industry's best researchers. Perhaps most importantly, our initial products can evolve into a range of offerings.[24] 4ME has the flexibility[25] to expand into a variety of different technologies. Weaknesses include our insufficient[26] cash resources, and a lack of awareness among our consumers. Also, we feel we have an overdependence[27] on a few key staff members. Opportunities are that first, our main business is ready for rapid growth and second, that our new technology has the potential to be used in a number of additional untapped[28] market segments. As for threats, no business is immune.[29] Ours include the current economic slowdown,[30] which may potentially affect demand. Also, we're worried that the main market segment growth could attract major[31] competition. However, we feel our innovated technology cannot be duplicated[32] easily.

이제 SWOT 분석으로 넘어가겠습니다. 여러분들 대다수가 이미 알고 계시는 것처럼 저희의 강점은 집중적인 연구 개발과 강력한 운영진에 있습니다. 저희는 주요 도시에 위치해 있으며 업계 최고의 연구진을 보유하고 있습니다. 무엇보다 가장 중요한 점은 저희의 시초 상품들이 다양한 제품들로 응용 개발될 수 있다는 사실일 것입니다. 4ME는 다양한 기술로 확장할 수 있는 탄력성이 있습니다. 저희의 약점으로는 현금이 충분하지 못하다는 것과 소비자 사이의 인식 부족을 꼽을 수 있습니다. 그리고 일부 핵심적인 직원들에게 과도하게 의존하고 있다는 측면도 그렇습니다. 저희의 기회는 다음과 같습니다. 먼저 저희의 주력 사업은 빠르게 성장할 준비가 되어 있다는 점입니다. 그리고 저희의 신기술은 수많은 미개척 사업 분야에 사용될 수 있는 가능성을 가지고 있습니다. 위험 요소는 사업에서 피할 수 없는 것입니다. 저희의 위험 요소는 수요에 영향을 미칠 수도 있는 현재의 경기 침체입니다. 또한 저희가 주력하는 사업 분야의 성장이 치열한 경쟁을 유발할 수도 있다는 문제에 대해서도 걱정하고 있습니다. 그러나 저희의 혁신 기술은 그렇게 쉽게 모방할 수 있는 것이 아니라고 생각합니다.

23) commitment 헌신, 전념 24) a range of offerings 다양한 제품들 25) flexibility 탄력성 26) insufficient 부족한 27) overdependence 과도한 의존 28) untapped 이용되지 않은, 미개발의 29) immune 당할 염려가 없는, 면한 30) slowdown 경기 후퇴 31) major 중요한, 굉장한, 대단한 32) duplicate 복사하다, 복제하다

본론 4: 사업 전략

Moving on,[33] let's look at our key business strategies. First, we will pursue[34] partnerships[35] with major technology centers and service distributors.[36] Second, we will raise additional venture capital.[37] Third, we will recruit[38] professional consultants on intellectual property rights[39] and accounting practices.[40] We will also concentrate more on human resources, and expand our benefits package[41] to attract and retain[42] highly qualified[43] employees. Lastly, we will also investigate[44] and potentially develop overseas market entry plans.[45]

다음으로는 저희의 핵심적인 사업 전략을 살펴보도록 하겠습니다. 첫째, 저희는 주요 기술 센터 및 서비스업체와 협력 관계를 추구할 것입니다. 둘째, 벤처 자본을 추가로 확보할 것입니다. 셋째, 저희 회사는 지적 재산권과 회계 업무를 담당할 전문 컨설턴트를 채용할 것입니다. 또한 인적 자원에 좀 더 집중하고 복지 제도를 확대해 우수한 직원을 채용·보유할 것입니다. 마지막으로 저희는 또한 해외 시장 진출 계획을 조사해 본 후 잠재적으로 개발할 예정입니다.

33) moving on 다음으로 넘어가서 34) pursue 추구하다 35) partnership 제휴, 협력 36) distributor 배급업체, 도매업체 37) venture capital 위험성은 크지만 높은 기대 수익이 예상되는 사업에 투자되는 자금 38) recruit 고용하다 39) property right 재산권 40) practice 업무 41) benefits package (회사의) 복지 후생 제도 42) retain 고용하다, 보유하다 43) highly qualified 질 높은, 우수한 44) investigate 연구하다, 조사하다 45) market entry plan 시장 진입 계획

So, just to summarize, 4ME Wireless is a highly profitable[46] business. Our vision and our mission are clear. With our new technology, we will be the market leader in high speed wireless data transfer. As the SWOT analysis shows, our strengths far outweigh our weaknesses, opportunities far stronger than our threats. Our key success strategies will drive[47] 4ME Wireless to the forefront[48] of our market segments. With your investment, this dream can become a reality.

요약해 드리면 4ME Wireless는 고수익 사업입니다. 저희의 비전과 사명은 분명합니다. 저희의 신기술을 통해 저희는 고속 무선 데이터 통신 분야의 시장 선두주자가 될 것입니다. SWOT 분석에서 보신 바와 같이 저희의 강점은 약점을 훨씬 능가하며, 저희의 기회는 저희가 가지고 있는 위험 요소보다 더 강합니다. 저희의 핵심 성공 전략을 통해 4ME Wireless는 업계의 선두주자가 될 것입니다. 여러분의 투자로 이 꿈은 현실이 될 수 있습니다.

46) profitable 이익이 되는 47) drive 이끌다 48) forefront 선두

Thank you for your time and attention. I'd like to open the floor now for questions.

시간을 내 관심 가져 주셔서 감사드립니다. 그럼 이제 여러분에게 질문하실 수 있는 시간을 드리겠습니다.

memo

마케팅 계획 프레젠테이션

예문 듣기

마케팅 계획은 주로 업무 내용을 보고하는 형태로 기획되며 사내에서 동료나 상사를 대상으로 하는 경우가 많습니다. 마케팅 관리 프레젠테이션에서는 주로 조직의 목적에 맞도록 수요를 관리하는 방법 및 전략을 설명합니다. 다양한 수치와 통계 자료를 활용할 수 있으며 특히 해당 자료들은 프레젠테이션의 결론을 내릴 때 중요한 근거로 이용할 수 있습니다. 아울러 고객과의 지속적인 관계를 유지하기 위해 노력하고 있다는 점을 부각시키는 방향으로 전체 내용을 정리하는 것이 좋습니다. 그렇다면 전략적이고 경쟁력 있는 마케팅 계획이란 무엇일까요?

- 기업의 목표와 자원을 적극 활용하여 변화하는 시장에서 기회를 누릴 수 있어야 합니다.
- 급변하는 시장에 발맞추어 블루오션을 창조함으로써 기업의 경쟁력을 강화해야 합니다.
- 기업의 목표 달성에 필요한 여러 가지 사업이나 상품, 즉 기업의 자원을 효과적으로 통합해야 합니다.

마케팅 계획 프레젠테이션을 구성할 때는 다음과 같은 사항을 고려해야 합니다.

❶ 기업의 목표

먼저 기업의 목표, 즉 사명을 명확히 제시해 주세요. 기업의 목표란 단순하게 말하면 기업이 달성하고자 하는 성과라고 할 수도 있습니다. 이때 과거의 성과나 목표에 안주하려는 자세는 지양하고 미래 지향적인 태도로 현실적인 목표 달성에 초점을 맞추어야 합니다. 그러나 명확한 목표 설정과 함께 고려해야 할 것이 있습니다. 바로 고객입니다. 기업은 고객과 상생관계에 있으므로 기업의 목표가 성취되기 위해서는 다름아닌 고객을 성공적으로 설득해야 한다는 점을 인식하고 고객층에 대한 분석 역시 빠뜨리면 안 됩니다.

❷ 목표의 계층화

일단 기업의 목표가 명확하게 규정되었다면 그 다음에는 사업부의 목표, 각 부서의 목표와 같은 식으로 큰 부분에서 작은 부분으로 목표를 계층화합니다. 이때 각 부문별 목표는 구체적이고 실현 가능한 항목들로 설정해야 합니다. 목표를 계층화한 다음에는 일관성 있게 각각에 맞는 추가 설명을 덧붙입니다.

❸ 사업 포트폴리오 및 경쟁 전략

본론에 해당하는 부분으로서 사업 포트폴리오 구성 및 사업 단위별 경쟁 전략을 마련해야 합니다. 현재의 포트폴리오를 철저히 분석해 핵심 사업의 시장 점유율, 시장 성장성 등을 구체적으로 비교·제시하세요. 시장 성장성에는 사업의 확대, 유지, 수확(결과), 정리, 철수 등의 전략이 모두 포함되어야 합니다. 또한 시장 침투와 경쟁력 향상, 시장 및 상품 개발, 상품 다각화 전략 등의 성장 전략 개발에 대한 구체적인 설명도 필요합니다. 여기에 덧붙여 전략 목표를 위해 각 팀이나 부서들이 해야 할 일과 부서 간의 유대 관계를 도모할 수 있는 기능적인 전략 계획 등도 함께 제시해 주면 좋습니다.

- 발표자: Spinnaker Consulting의 선임 마케팅 전략 전문가 재닛 우
- 청중: Spinnaker Consulting의 마케팅 이사장, 마케팅 과장, 영업 과장, 해외 영업 부장들

자기 소개 및 담당 업무 설명

Good afternoon, everyone. Thank you for participating in this meeting today. I'm sure most of you already know me, but just in case,[1] I am Janet Wu, Marketing Strategy Specialist here at Spinnaker Consulting. My staff and I are responsible for analyzing market research and developing comprehensive marketing strategies based on the results of that research.

안녕하세요, 여러분. 오늘 이 회의에 참가해 주셔서 감사합니다. 여러분 대부분이 이미 저를 아시겠지만 혹시 모르니 제 소개를 드리겠습니다. 저는 스피네이커 컨설팅의 마케팅 전략 전문가 재닛 우입니다. 저와 저희 부서는 시장 조사를 분석하고 그 연구 결과를 바탕으로 포괄적인 마케팅 전략을 개발하는 업무를 맡고 있습니다.

1) just in case 만일의 경우를 대비하여

프레젠테이션의 목적

Today I'd like to propose 2017's overseas marketing strategy. This strategy was developed recently in response to[2] a request from Jane Simmons, Supervisor[3] of the Overseas Sales Department.[4] The goal of this presentation is to gain approval and ongoing support[5] for our overseas marketing activities for fiscal year[6] 2017, which will boost[7] overseas sales revenue[8] by 15 percent.

오늘 저는 2017년 해외 마케팅 전략을 제안하려고 합니다. 이 전략은 해외영업부 제인 시몬스 부장님의 요청으로 최근에 개발된 것입니다. 본 프레젠테이션의 목적은 2017 회계연도의 해외 마케팅 활동을 위한 여러분의 동의와 지속적인 지원을 얻어 해외 매출 수익을 15% 증대시키는 것입니다.

2) in response to ~에 응하여 3) supervisor 책임자, 감독자 4) Overseas Sales Department 해외 영업부 5) ongoing support 지속적인 지원 6) fiscal year 회계연도 7) boost 증가시키다 8) revenue 수익

본론 내용 소개

Let me start off[9] by giving you a brief summary of my presentation. You will benefit by understanding the purpose of our marketing strategy and the value our clients will receive. This also includes a description of our target market, niche,[10] identity,[11] and our budget. Then we'll move on to our strategy, and a monthly breakdown[12] of our action plan. I'm quite positive that once you hear the plan, you will have no doubts about[13] our ability to generate the necessary raise in revenue.

먼저 프레젠테이션의 내용을 간단히 요약해 드리면서 발표를 시작할까 합니다. 여러분은 마케팅 전략의 목적이나 고객에게 돌아가는 가치를 이해함으로써 도움을 받으실 겁니다. 또한 본 프레젠테이션은 저희의 타깃시장과 틈새시장, 정체성, 예산 등에 관한 설명도 아우를 것입니다. 그 다음에는 전략으로 넘어가 월간 활동 계획을 말씀드릴 것입니다. 일단 이 계획을 들으시면 필요한 매출을 늘리는 우리의 능력에 관해 확신하실 것으로 자신합니다.

9) start off (순조롭게) 시작하다 10) niche 틈새시장 11) identity (회사 · 대학 등의) 독자성, 사풍(社風) 12) monthly breakdown 월간 내역 13) have no doubts about ~을 확신하다

본론 1: 목적 및 전략

Let's get the ball rolling,[14] shall we? As most of you already know, the purpose of our marketing program is to make Spinnaker Consulting the market leader in selling consulting services to the world's major boat manufacturers and boating suppliers. Our strategy to achieve this is as follows[15]: to position Spinnaker Consulting as the industry expert[16] in helping clients accelerate[17] manufacturing operations, improve sales processes, and boost product profitability.[18] Our niche is to provide practical and action-oriented[19] advice that guarantees[20] improvement in profitability for clients.

그럼 이제 시작할까요? 여러분 대부분이 아시다시피 저희 마케팅 프로그램의 목적은 스피네이커 컨설팅을 세계 유수의 보트 제조업체 및 공급사를 대상으로 하는 컨설팅 서비스 사업 부문에 있어 시장 선두기업으로 만드는 것입니다. 이를 달성하기 위한 저희의 전략은 다음과 같습니다. 스피네이커 컨설팅의 위상을, 고객사가 제조 작업 속도를 높이고 판매 과정을 개선하여 상품 수익성을 증대시킬 수 있도록 돕는 업계 전문가의 위치로 끌어올리는 것입니다. 저희의 틈새시장은 고객사에게 수익 향상을 보장하는 실질적이고 실천적인 조언을 제공하는 것입니다.

14) get the ball rolling ~을 시작하다 15) as follows 다음과 같은 16) industry expert 업계 전문가 17) accelerate 증대하다 18) product profitability 상품 수익성 19) action-oriented 실천적인, 행동 지향적인 20) guarantee 보증하다

본론 2: 마케팅 방법

This year's marketing tools include first, our fabulous[21] Web site that promotes Spinnaker Consulting and provides resources for our clients. Second, a free monthly electronic newsletter, [22] Zine, that all of you should be familiar with. This newsletter reports on topics of interest to existing[23] and potential clients. Third, presentations by our consultants at trade shows.[24] Fourth, direct mailing[25] to follow up on[26] contacts made at the trade shows. Fifth, publishing articles four times a year in industry trade journals. Sixth, supporting sponsorship each year, for which we will seek free publicity. Seventh, offering seminars on profit improvement strategies for boat manufacturers, and last but not least, providing seminars promoted on our Web site. We already know that our team is creative, collaborative,[27] highly competent,[28] results-oriented, and easy to work with. And I hope all our potential customers realize this as well.

올해의 마케팅 도구들에는 첫째, 스피네이커를 홍보하고 고객에게 자료를 제공하는 저희의 멋진 웹사이트가 있습니다. 두 번째는 여러분이 잘 알고 계시는 무료 월간 온라인 소식지 '진'입니다. 이 소식지는 기존 고객과 잠재 고객의 관심을 끄는 기사를

제공하고 있지요. 세 번째는 무역 박람회에서 진행될 저희 컨설턴트들의 프레젠테이션입니다. 네 번째는 무역 박람회에서 얻은 연락처들을 관리하기 위해 DM을 발송하는 것입니다. 다섯 번째는 1년에 4회 업계 관련 잡지에 기사를 내보내는 것입니다. 여섯 번째는 매년 후원을 통해 무료로 홍보 효과를 노리는 것입니다. 일곱 번째는 보트 제조업자들에게 수익 개선 전략에 관한 세미나를 제공하는 것이고, 마지막으로는 저희 웹사이트에서 홍보하는 세미나를 여는 것입니다. 우리 모두는 이미 저희 팀이 창의적이고 협조적이며 경쟁력이 뛰어나고, 결과 지향적이며 함께 일하기 쉽다는 것을 알고 있습니다. 저는 저희의 모든 잠재 고객들 역시 그 사실을 알 수 있게 되기를 바랍니다.

21) fabulous 멋진 22) electronic newsletter 온라인 소식지 23) existing 기존의 24) trade show 무역 박람회 25) direct mail 회사나 백화점이 직접 소비자에게 우송하는 광고 인쇄물 (= DM) 26) follow up on 사후 관리를 하다, 적절한 처리를 하다 27) collaborative 협조적인, 협력적인 28) highly competent 매우 경쟁력 있는, 실력이 뛰어난

본론 3: 세부적인 마케팅 일정

Are there any questions so far about the overview? Good. Okay, let's move on to the breakdown[29] of the actual plan. Our newsletter, Zine, will be published every month, January through December. In addition to the monthly newsletter, in January, we will hold a profit improvement seminar in Dover, England. The UK currently[30] has the second largest boat market in Europe, so we believe our plans will be well-directed.[31] In March, we will attend and speak at China's International Boat Show. We were able to determine from our research that China's last IBS held in 2015 boosted the overseas sales revenues[32] of participants by an average of 8 percent. In May and June, we will host more seminars. In July and August, we will begin promoting our networking events. We will end the year with one last seminar, Advertising Profit Improvements. Okay, so that's the plan. Now, it should be noted that this strategy was developed with overseas sales revenue boosts in mind. Our concentration is on the overseas market, and this strategy does not include any domestic marketing or sales activities. The domestic marketing plan is currently being developed and will be proposed to you at the end of this month.

지금까지 살펴본 개요에 대해 질문 있으십니까? 좋습니다. 그럼 실제 계획의 세부분석으로 넘어가도록 하겠습니다. 저희 소식지 '진'은 1월부터 12월까지 매월 발행될 것입니다. 이 월간 소식지와 함께 1월에는 수익 개선 세미나를 영국 도버에서 개최할 예정입니다. 현재 영국은 유럽에서 두 번째로 큰 보트 시장입니다. 따라서 저희의 계획은 매우 적절하다고 봅니다. 3월에는 중국 국제 보트쇼에 참가해 발표할 예정입니다. 저희는 2015년에 개최된 중국의 최근 IBS가 참가 회사의 해외 영업 수익을 평균 8% 증가시켰다는 자체적인 조사 결과에 근거해 대회 참가를 결정할 수 있었습니다. 5월과 6월에는 좀 더 많은 세미나를 개최할 예정이며, 7월과 8월에는 저희의 네트워킹 이벤트 홍보를 시작할 것입니다. 저희는 광고 수익 개선이라는 마지막 세미나를 끝으로 올해를 마감할 예정입니다. 이상이 저희의 계획입니다. 단, 이 전략은 해외 영업 수익 증대를 염두에 두고 개발되었다는 점을 유념해 주시기 바랍니다. 저희의 주 관심사는 해외 시장에 있으며 본 전략은 어떠한 국내 마케팅이나 영업 활동도 포함하고 있지 않습니다. 국내 마케팅 계획은 현재 개발 중에 있으며 이번 달 말경 보고 드릴 예정입니다.

29) breakdown 분석, 내역 30) currently 현재 31) well-directed 적절한 방향의 32) revenue 수익

So, let me just summarize what we've covered[33] so far. Our position is to be the industry expert in helping clients accelerate manufacturing operations and boost product profitability. How do we do this? We will target high ranking executives in the operations, sales, and manufacturing departments and provide them with practical, action-oriented advice. This year, I propose that we boost sales in the overseas market by doing the following.

그럼 지금까지 말씀드린 내용을 요약해 드리겠습니다. 저희의 위상은 업계 전문가로서 고객의 제조 작업 속도를 높이고 상품 수익성을 증대하도록 돕는 것입니다. 그렇다면 이를 위해 우리는 어떻게 해야 할까요? 바로 운영, 영업, 생산부문의 고위급 임원들을 대상으로 실질적이며 실천적인 조언을 제공할 것입니다. 올해, 저는 다음과 같은 정책들을 통해 해외 시장에서의 매출을 증대시킬 것을 제안합니다.

33) cover (연구 · 주제를) 다루다

First, we should continue to enhance and provide our Internet services and monthly newsletter. In addition, I propose that we give high quality presentations at trade shows, follow up with contacts made at the trade shows, publish articles four times a year in industry trade journals, and conduct profit improvement seminars. We are ready to jump into this plan, once approval has been given.

먼저 저희의 인터넷 서비스와 월간 소식지를 지속적으로 발전시키고 제공해야 합니다. 그리고 무역박람회에서 양질의 프레젠테이션을 제공하고, 박람회에서 수집된 연락처들에 대한 사후 관리가 뒤따라야 할 것입니다. 또한 업계 관련 잡지에 연 4회 기사를 내보내고 수익 개선 세미나를 주최해야 할 것입니다. 저희는 일단 승인이 나면 이 계획에 착수할 준비가 되어 있습니다.

I will now take any questions that you all might have regarding this plan, or any other matter of concern. Thank you for your time.

지금부터 이 계획에 관한 여러분의 질문 및 기타 관심 사항에 관한 질문을 받도록 하겠습니다. 시간 내 주셔서 감사합니다.

03 예산 관련 프레젠테이션

예문 듣기

예산 관련 프레젠테이션에는 많은 정보, 특히 숫자나 예상 견적들이 그래프와 도표 등의 다양한 형태로 나옵니다. 따라서 발표자는 수치와 시각자료, 도표 등을 청중이 이해하기 쉽게 정리해야 합니다.

예산 관련 프레젠테이션을 할 때는 특정한 논리 전개 유형에 따라 진행하는 경우가 많습니다. 임원들이 미리 지정해 놓은 예산 계획에 따라 세부사항을 맞추어 가는 식이지요. 이렇게 기업의 임원진이 외부 전문가의 힘을 빌려 계획이나 방침을 정한 뒤 그 실행을 하부 조직에게 지시하는 것을 톱다운(top-down) 방식이라고 합니다. 하지만 예산 과정을 항상 이런 톱다운 방식에 맞출 필요는 없습니다. 프레젠테이션의 서론 부분에서는 톱다운 방식으로 미리 결정된 시나리오를 따라가다가, 중간 부분에서는 하부 조직에서 기획한 의견이나 전략 등을 임원진의 결정에 도입시키는 보텀업(bottom-up) 방식을 병행할 수도 있습니다.

예산 관련 프레젠테이션의 종류는 크게 다음과 같은 세 가지 경우로 나눌 수 있습니다.

❶ 예산이 재편성되었을 때

예산에 변동 사항이 있거나 예산을 다시 할당할 때는 특정 부서나 직원들에게 피해가 가지 않는다는 것을 강조하는 것이 좋습니다. 회사의 이익만을 위해 특정 예산이 배제되거나 취소되었다는 느낌을 주어서는 안 됩니다. 따라서 재편성이 되었을 경우 손해를 보거나 피해를 당하는 부서나 직원들이 생기지 않도록 사전에 방지하고 충분히 설명할 필요가 있습니다. 신규 사업의 도입 등으로 예산이 재편성되었을 경우에는 신규 사업이 수익 창출 면에서 훨씬 효과적이고 모두에게 유리하다는 점에 초점을 맞추어야 합니다.

❷ 예산이 삭감되었을 때

경기 불황이나 수출 감소 등의 어려움으로 예산 삭감이 있을 경우, 위기 상황이라고 해서 자세한 설명 없이 지나쳐서는 안 됩니다. 회사 재정에 민감할 수밖에 없는 직원들은 예산 삭감의 원인에 대한 정확한 규명 없이 기계적으로 지시 받는 것에 거부감을 느끼기 쉽습니다. 그리고 외부 관계자 및 잠재 투자자들에게는 예산 삭감의 단기적·중장기적 예상 수익을 감안해 오해의 여지가 없도록 투명하게 위기 극복의 방법 및 절차를 설명해야 합니다. 임원들의 결정을 표명하는 톱다운 전략과 직원들의 의견을 존중하는 보텀업 전략을 효율적으로 병행해서 제시하세요.

❸ 예산이 증가했을 때

예산 증가의 원인이 수출 증가이건 매출 급증이건 간에 그 기쁨을 모두 함께 나눈다는 태도로 프레젠테이션을 진행합니다. 임원진뿐만 아니라 모든 직원들의 노력 때문이었다는 점을 특히 강조할 필요가 있습니다. 예산 증가의 원인을 밝히고, 어느 분야에 얼마만큼의 금액이 투자될 것인지를 알립니다. 또 어떤 자료나 예상에 근거해 최종 예산액을 산출했는지도 설명해 줍니다. 증가된 예산이 어떻게 효율적으로 사용될 것인지 구체적인 사업, 예산 계획, 신규 사업 투자 방향, 직원 보수 체계 개선 등을 중심으로 설명하면 좋습니다.

- 발표자: 켄터키 대학 재정부장 팀 깁슨
- 청중: 학부 관계자 및 임직원

가벼운 농담으로 시작하기

Good morning, ladies and gentlemen. I hope all of you are doing well today. Welcome to the 2016-2017 Annual Operating Budget meeting. As many of you know, I am Tim Gibbons, Director of Finance here at the University of Kentucky. Most people don't want my job because I'm the guy in charge of handing out[1] the money, or in the case of the last few months, taking the money away.[2] But please know, I don't like our current situation any more than you do, so I fully understand that some of you want to throw tomatoes at me today. (laugh)

여러분, 안녕하십니까? 오늘도 좋은 하루 되시기 바랍니다. 2016-2017 연간 운영 예산 회의에 참석하신 것을 환영합니다. 많은 분들이 아시다시피 저는 켄터키 대학의 재무부장 팀 깁슨입니다. 대부분의 사람들은 제가 하는 일을 원하지 않는데요. 왜냐하면 제가 바로 돈을 나누어 주기도 하고, 지난 몇 달간의 경우처럼 돈을 뺏기도 하는 일을 맡고 있기 때문입니다. 그러나 저 역시 여러분만큼이나 우리가 처한 이 상황을 싫어하고 있다는 것은 제발 알아 주시기 바랍니다. 그래서 오늘 여러분 중에 제게 토마토를 던지고 싶은 분이 있다는 것도 충분히 이해합니다. (웃음)

1) hand out 나누어 주다, 분배하다 2) take away 가져가다

프레젠테이션의 목적 및 진행 방법 안내

But I'm hoping to actually accomplish two things with this meeting. First, to give you some realistic expectations about the 2016-2017 fiscal year operating budget, and second, to give you an understanding as to why we are facing these budget cuts. I'll begin by talking about the challenges we are facing, as well as some of the accomplishments we have seen in the past year. Then, I'll move on to talking about our 2016-2017 budget goals. Next, we'll get down to the nitty-gritty[3] and talk about where the money's gonna go. I will be as brief and to the point[4] as possible. But I still hope that this presentation doesn't make anyone doze off.[5] You know, there's a reason we hold financial presentations in the morning instead of in the afternoon after lunch. Please, feel free to ask questions at any point within the discussion.

하지만 저는 진심으로 오늘 이 회의를 통해 두 가지 목적을 이룰 수 있기를 바랍니다. 첫째는 여러분에게 저희의 2016-2017 회계연도의 운영 예산에 관한 현실적인 예상을 말씀드리고, 둘째는 왜 우리가 이런 예산 삭감에 부딪치게 되었는지에 대해 설명해드리는 것입니다. 저는 먼저 지난해 저희가 이룩한 성과와 아울러 현재 직면하고 있는 어려움에 관한 이야기부터 시작해 나갈까 합니다. 다음에는 저희의 2016-2017년도의 예산 목표액에 대해 설명드린 뒤, 과연 돈이 어디에 쓰여질 것인가 하는 핵심적인 문제에 관해 말씀드리겠습니다. 가능한 한 짧고 간략하게 설명드릴 것이오니 발표 중간에 조는 분은 없으시길 바람

니다. 아시다시피 저희가 재무 프레젠테이션을 오후에 안 하고 오전에 하는 데는 이유가 있는 거니까요. 질문이 있으시면 논의 중 언제라도 부담 없이 해 주시기 바랍니다.

3) get down to the nitty-gritty (문제의) 핵심을 찌르다 4) to the point 요점적인 5) doze off 깜박 졸다

본론 1: 예산 삭감의 배경

So, with that, I'll begin. I've placed some positive words at the beginning of this presentation, but I must admit that we are facing difficult times. As you can see on this slide, we've got enrollment[6] increases compared with a reduction in our state funds. In addition, we have no state budget, and recently Lexington Community College,[7] which used to be a great source of revenue for us, transferred to the Kentucky Community and Technical College. So as you can see, we've got some challenges.

자, 그럼 시작하겠습니다. 서두를 다소 긍정적인 표현으로 시작했지만 저희가 힘든 시기에 직면해 있다는 사실은 인정해야 합니다. 이 슬라이드에서 보시다시피 저희는 주정부 보조금이 감소한 데 비해 등록률은 증가했습니다. 아울러 현재 저희는 책정받아 놓은 주정부 예산도 없으며 저희의 주된 수익원이었던 렉싱턴 전문대학은 최근 켄터키 기술 전문대로 이전했습니다. 짐작하시겠지만 그래서 저희는 난관에 봉착하게 되었습니다.

6) enrollment 등록 7) community college (지방 자치 단체에 의해 운영되는) 지역 전문 대학

본론 2: 지난 회계연도의 성과 발표

Now I don't want to be too negative, so I'd also like to outline some of our accomplishments. Last year, we had an increase in endowment.[8] We acquired more endowed chairs[9] and professorships.[10] We increased research grants[11] and research contracts, and had nine programs of ours reach Top 20 status. I think that's pretty impressive, don't you think? But unfortunately, that doesn't change our situation. Please refer to the graph on slide number five. This graph shows the general funding[12] of the state of Kentucky. Represented on the graph are profits[13] and expenditures. It doesn't take a rocket scientist[14] to see that our state is spending more money than it's receiving.

자, 너무 부정적인 면만 보여 드리고 싶지는 않기 때문에 저희의 성과도 간단히 정리해 볼까 합니다. 지난해 저희가 받은 기부금은 증가했습니다. 그 금액으로 석좌 교수직과 교수직을 늘렸지요. 연구 보조금을 늘리고 연구 계약 건수도 늘렸습니다. 저희 프로그램 중 9개는 상위 20위권 안에 들었습니다. 굉장하지 않습니까! 하지만 불행히도 그런 사실들이 저희의 현 상황을 바꾸지는 못합니다. 5번 슬라이드에 있는 그래프를 봐 주시기 바랍니다. 이 그래프는 켄터키 주의 전체적인 자금 지원 상황을 보여 주고 있는데요. 그래프에서 보이는 것은 수령액과 지출한 금액입니다. 저희 주가 수입보다 지출이 더 많다는 것을 금방 이해하실 수 있을 것입니다.

8) endowment 기부(금) 9) endowed chair 석좌 교수 10) professorship 교수직 11) grant (연구비 · 장학금 등 특정 목적을 위한) 보조금 12) funding 자금 제공 13) profits 수익금 14) It doesn't take a rocket scientist (이해)하기 쉬운 것이다

But, if you take a look at slide number 6, you'll see that Kentucky continually provides more of its funds on universities and higher education than other states. The objective for telling you this is that, while we are undergoing strict budget cuts, the state is doing everything in its power [15] to make sure we get funds. You've heard the old saying, "You can't squeeze[16] blood from a turnip." Well, if we were to ask the government to give us more money, we should keep this adage[17] in mind. This means, we're on our own.

하지만 6번 슬라이드를 보시면 켄터키 주가 다른 주들보다는 더 많은 기금을 지속적으로 대학 및 고등교육기관에 지원한다는 사실을 알 수 있을 겁니다. 이런 말씀을 드리는 이유는 우리가 뼈를 깎는 예산 삭감을 하는 동안, 주정부 역시 그들이 할 수 있는 한 최선을 다해 저희가 자금 지원을 받을 수 있도록 노력하고 있다는 것입니다. 누울 자리를 보고 다리를 뻗으라는 속담을 들어보셨을 겁니다. 정부에게 더 많은 금전적 지원을 요구하려면 바로 이 속담을 먼저 생각해 봐야 합니다. 즉, 우리 스스로 해결해야 할 문제라는 것입니다.

15) in one's power 힘닿는 대로 16) squeeze 짜내다 17) adage 속담, 격언

Let's move on and highlight some of our objectives for fiscal year 2016-2017. Of course, we want to continue to enroll, retain and graduate more students. Ultimately,[18] we want to continue to progress towards becoming one of America's Top 20 public universities.[19] We plan to do this, first by funding a salary increase for faculty[20] and staff; second, by minimizing health care insurance cost increases to our employees; and third, by providing more scholarships and funding future programs for students.

그럼 이제 다음으로 넘어가서 저희의 2016-2017 회계연도의 목표에 초점을 맞추어 보도록 하겠습니다. 물론 저희는 좀 더 많은 학생들을 입학시키고 가르쳐 졸업시키고 싶습니다. 궁극적으로는 미국에서 상위 20위 안에 드는 공립 대학이 되기 위해 지속적으로 발전하기를 원합니다. 저희는 이 목표를 달성하기 위해 첫째, 교수진과 교직원의 급여를 늘리고 둘째, 직원들의 건강보험료 인상을 최소화할 것이며 셋째, 학생들에게 더 많은 장학금을 주고 학생들을 위한 미래의 프로그램을 재정적으로 지원할 것입니다.

18) ultimately 궁극적으로 19) public university 공립대학 20) faculty 교수단

So let's get there[21] together. What do you say? Even though our budget will total[22] $1.479 billion in FY[23] 2017, most university budget decisions are based on a small portion of the budget, which totals $451.5 million. This represents only 30 percent of the total budget. So here's where our problems lie. If you take a look at slide number 13, you'll see that we still need approximately $29 million more in this partial budget.

이 목표들을 함께 달성해 나가는 게 어떻습니까? 2017년 회계연도의 대학 예산은 총 14억 7,900만 달러지만, 대학의 예산 결정은 예산의 작은 부분인 약 4억 5천 150만 달러를 기준으로 하고 있습니다. 이 금액은 총 예산의 30%에 불과합니다. 바

로 여기에 저희의 문제가 있습니다. 13번 슬라이드를 보시면 이런 부분 예산액으로 아직도 약 2천 9백만 달러가 더 필요하다는 것을 알 수 있으실 것입니다.

The question is: where do we find the $29 million? Well, we've thought long and hard and generated, well, fifteen different scenarios and finally landed on[24] this one on slide 14. We found an extra $17 million of net[25] recurring,[26] additional revenues to help cover our needs. But unfortunately, we had to reallocate[27] $6 million recurring. To keep the recurring reallocation down, we are going to use $6.2 million of temporary[28] reserve funds[29] to cover the rest.

문제는 저희가 어디에서 이 2천 9백만 달러를 마련하느냐 하는 것입니다. 저희는 오랜 기간 숙고한 끝에 15개의 서로 다른 시나리오를 만들어 본 뒤 최종적으로 여기 이 14번 슬라이드의 시나리오를 선택하기로 결정했습니다. 저희는 필요한 예산을 처리할 수 있는 추가 수익금으로 1천 7백만 달러의 순순환 자금을 확보했습니다. 그러나 유감스럽게도 그 중 6백만 달러를 순환 자금으로 다시 할당해야만 했습니다. 저희는 순환 자금의 이런 재할당을 줄이기 위해 6백 2십만 달러의 임시 예비비로 나머지 부족한 부분을 채워 넣을 것입니다.

Does anyone have any questions about the numbers? Okay, good. To summarize, next year will be more difficult, but I have faith[30] that with a little hard work and perseverance,[31] we will prevail.[32] It is important that we continue to uphold[33] our high standards of education and student services, even while incurring[34] these strict cost cuts. What I want to stress is that, President Todd and I are committed to meeting these challenges head-on,[35] and we believe that we have the best faculty and staff to do this with us.

수치에 대해 질문 없으십니까? 좋습니다. 요약해서 말씀드리면 내년은 분명히 힘들 것입니다. 하지만 조금 더 열심히 노력하고 인내한다면 그 고비를 넘길 수 있으리라고 저는 믿습니다. 이런 심각한 재정 삭감에도 불구하고 저희의 높은 교육수준과 학생 서비스를 지속적으로 유지해 나가는 것은 매우 중요합니다. 제가 강조하고 싶은 것은 토드 총장님과 저는 이 도전을 정면돌파하는 데 최선을 다할 것이라는 사실입니다. 그리고 저희는 이 도전을 함께 헤쳐나갈 수 있는 최고의 교수진 및 교직원 여러분이 있다는 것을 믿습니다.

I'd like to close with a quote[36] from our beloved president, Mr. Todd. "This fall, children across Kentucky will enroll in kindergarten and begin their journey to college. Thousands of them will become University of Kentucky's class of 2030. The work we do today and tomorrow will determine whether we will be one of America's outstanding universities when that moment comes. We will not stand still.[37] The stakes[38] are too high but our dreams can't be discouraged. We are moving forward." Thank you again for your time.

끝으로 저희 친애하는 토드 총장님의 말씀을 인용하면서 발표를 마칠까 합니다. "이번 가을, 켄터키 주 전역의 아이들이 유치원에 들어가서 대학으로 가는 여정을 시작할 것입니다. 그들 중 상당수는 켄터기 대학의 2030년도 신입생이 될 것입니다. 오늘과 내일 우리가 하는 일은 그 순간이 왔을 때 우리가 미국의 유수한 대학 중 하나가 될 것인지를 결정할 것입니다. 우리는 멈추지 않을 것입니다. 위험도는 굉장히 높지만 그렇다고 저희의 꿈을 포기할 수는 없습니다. 우리는 전진하고 있습니다." 시간을 내주신 데 대해 다시 한 번 감사드립니다.

36) quote 인용구 37) stand still 가만히[정체되어] 있다 38) stakes 위험도, (내기 등에 건) 돈

memo

회사 소개 프레젠테이션

사업 영역을 확장해 합작 사업을 하거나 새로운 투자자를 통해 사세를 확장할 때, 또는 신규 사업을 준비해 새롭게 시장에 진입할 때 회사 소개 프레젠테이션을 하는 경우가 많습니다. 발표자는 프레젠테이션을 준비할 때 보통 경영 현황 중심으로 생각하기 쉽지만 그 외에도 전략적으로 다루어야 할 내용들이 몇 가지 있습니다.

대부분의 프레젠테이션이 그렇듯이 회사 소개 프레젠테이션을 할 때도 역시 청중이 누구인지, 무엇을 알고 싶어 하는지를 먼저 분명히 파악할 필요가 있습니다. 그 다음에는 회사를 알리려는 목적이 무엇인지, 즉 투자자를 유치하기 위한 것인지 단순히 상품을 홍보하기 위한 것인지를 분명히 하고 그에 따라 세부적인 전략을 결정해야 합니다. 회사를 소개할 때는 그 회사를 잘 모르는 사람들을 대상으로 한다는 전제 하에서 이루어지기 때문에 회사를 알릴 수 있는 가장 기본적인 것에서부터 구체적인 사항까지 전반적으로 다뤄 주어야 합니다. 회사 소개를 할 때는 다음과 같은 점을 잊지 말고 참고하세요.

❶ 회사의 연혁 및 설립 이념

회사의 역사를 소개합니다. 회사의 설립 동기와 주요 성장 동력, 대표자의 약력과 경영 철학 등을 기본적으로 파악하고 있어야 합니다. 그러나 구태의연하게 회사 연혁을 그대로 베껴 읽는 프레젠테이션을 원하는 사람은 아무도 없습니다. 회사의 특정 사업 중에서도 설립 동기가 될 만한 에피소드, 성장의 계기가 된 일화 등을 될 수 있으면 재미있게 설명해 주세요. 대표자의 약력이나 경영 철학 등은 너무 권위적이지 않도록 회사의 비전을 보여 줄 수 있는 내용에 한해서 선택적으로 소개하는 것이 좋습니다.

❷ 주력 사업

지난 몇 년간 회사의 주력 사업이 어느 분야였는지를 설명합니다. 또한 앞으로 바뀌게 될 주력 사업이 어느 분야일 것인지 미리 알려 주는 것도 효과적입니다. 회사의 주력 사업이 설립 이래 지금까지 한결같았다면 해당 주력 사업의 성장 동력이나 핵심 사업에 대해 설명해 줍니다. 주력 사업이 바뀐 경우에는 새로운 주력 사업의 수익률 및 잠재적인 가치 등을 각종 자료를 통해 설득력 있게 제시합니다.

❸ 성공 사례와 핵심 상품

회사의 업적이나 성공 사례는 너무 과장하거나 겸손해 하지 않는 태도로 솔직하고 자신감 있게 설명하는 것이 좋습니다. 이때 기사나 통계 자료를 적극적으로 활용하는 것도 좋은 방법입니다. 핵심 상품은 지난 몇 년간 실적이 좋고 시장에서도 잘 알려진 히트 상품들을 몇 개 선정하여, 회사의 기반이 단단하며 획기적인 기술 개발을 바탕으로 한 상품화 능력이 있다는 점을 강조해야 합니다. 또한 꾸준한 상품 가치 개발과 연구를 위해 기술 개발이나 기술 도입 분야에서도 끊임없이 연구한다는 면모를 보여 주면서 신뢰감을 얻는 게 중요합니다.

❹ 수출 무역 (국제 비즈니스)

청중이 외국 투자자이거나 공동 사업을 함께할 외국 기업일 때는 회사의 국제적인 시장성 및 경쟁력을 강조할 필요가 있습니다. 그리고 수출 무역의 로드맵(road map: 어떤 일의 기준과 목표를 만들어 놓은 것이나 현황을 설명할 때는 당연히 미국 달러를 기준으로 해야겠지요. 각종 연구 결과와 통계 자료 및 시장성 예측 전망 같은 자료들 역시 가능하다면 국제적으로 통용되는 이론을 참고해서 작성하는 것이 더욱 효과적입니다. 특히 한국적인 경제 관념에서 해석하기보다는 해외 시장이라는 특수성을 감안해 현지화된 개념 및 시장성에 중점을 두는 자세가 필요합니다.

- 발표자: 레드 일렉트리시아 벤처 부서의 총괄 이사장 페라 로페즈
- 청중: 공동 사업을 추진하려는 회사의 임원 및 컨설턴트

개회 인사 및 자기 소개

Good morning, ladies and gentlemen. Welcome to the business presentation of Red Electricia. It's my pleasure to be able to speak here in front of you all today. So let's get the show on the road.[1] Let me just start off by introducing myself. I'm Ferra Lopez, Chief Director[2] of our Ventures division. I'm responsible for building and maintaining joint venture[3] relationships.

안녕하십니까, 여러분. 레드 일렉트리시아의 사업 발표회에 오신 것을 환영합니다. 오늘 이렇게 여러분 앞에서 발표를 할 수 있게 되어 기쁘게 생각하며, 이제부터 발표회를 시작하도록 하겠습니다. 먼저 제 소개를 드리면 저는 벤처 부서의 총괄 이사장 페라 로페즈이며, 공동 사업 관계를 구축하고 유지하는 업무를 담당하고 있습니다.

1) get the show on the road (발표를) 시작하다 2) chief director 총괄 이사장 3) joint venture 공동 사업

회사 소개 및 프레젠테이션의 목적 제시

Today, I'm going to give you a brief but thorough[4] introduction of Red Electricia. The important message I would like to deliver throughout this presentation is that our company is the industry leader in the field of power transmission.[5] We have put major efforts in advanced technology, diversification,[6] R&D, the environment, and international development. The bottom line[7] of this presentation is to simply introduce Red Electricia to our potential joint venture partners and to encourage discussion about possible business opportunities in the future. Please hold questions until the end of this presentation, which should only last about 10 minutes.

저는 오늘 여러분에게 레드 일렉트리시아에 관해 간략하지만 빠짐없이 소개해드릴 것입니다. 본 프레젠테이션을 통해 제가 전하고 싶은 중요한 점은 바로 저희 회사가 송전 분야에서 업계 선두주자라는 사실입니다. 저희는 첨단 기술과 사업 다각화, 연구 개발, 환경, 국제 개발 분야에서 지대한 노력을 해 왔습니다. 본 프레젠테이션의 핵심은 저희의 잠재적인 공동 사업 파트너에게 레드 일렉트리시아를 소개하고, 장래 실현 가능한 사업 기회에 관한 논의를 도모하는 것입니다. 프레젠테이션은 10분 정도면 끝날 것입니다. 질문은 그 이후에 받도록 하겠습니다.

4) thorough 완전한, 철저한 5) power transmission 송전(送電) 6) diversification (사업의) 다각화 7) bottom line 핵심, 요점

본론 1: 회사의 업적

Give some thought to[8] the rapidly changing market of power systems. Think about the world trend to separate activities. That is, to distinguish power transmission from power generation and power distribution.[9] Well, that's exactly what Red Electricia has done. And this action marked a big change in the Spanish power sector and has served as[10] a model for other countries in the deregulation[11] of their systems. We are a pioneer company and our dedication to providing market dealers with a reliable power transmission grid[12] has given us great success since our creation in 1985.

급변하는 전력 시스템 시장에 관해 한번 생각해 보시기 바랍니다. 사업 영역이 세분화되고 있는 전 세계적 추세를 생각해 보십시오. 송전 사업을 발전 사업과 배전 사업에서 분리하는 것. 네, 이것이 바로 레드 일렉트리시아의 업적입니다. 이것을 계기로 스페인 전력 부문에 큰 변화가 있었으며, 다른 나라에도 기존 시스템의 규제 완화에 있어서 하나의 모델이 되었습니다. 저희는 이 분야의 선구적인 기업으로서 믿을 수 있는 송전망(送電網)을 시장 거래자들에게 제공하는 데 전념함으로써 1985년 회사 설립 이후부터 큰 성공을 거둬 왔습니다.

8) give some thought to ~에 관해 한번 생각해 보다 9) power distribution 배전(配電) 10) serve as ~로 역할하다 11) deregulation 규제 완화[철폐] 12) grid (가스·전기·수도 등의) 배관망, 시설망

본론 2: 주요 사업 및 구체적인 성공 사례

We develop, own, and maintain a large percentage of[13] the high voltage power transmission grid[14] in Spain, and we allow free access to[15] our grid by third party[16] companies and customers. We operate this system with the objective of balancing supply and demand. As you can see here, we assume[17] many responsibilities, including a guarantee[18] of overall performance and short term international power exchanges.

저희는 스페인 대부분의 고압 전류 송전망을 개발 및 소유, 운영하고 있습니다. 그리고 이 송전망은 제3의 기업과 소비자들이 자유롭게 사용하도록 하고 있습니다. 저희는 수요와 공급의 균형을 맞춘다는 목표 아래 이 시스템을 운영하고 있습니다. 여기에서 보시다시피 저희는 많은 책임을 지고 있는데 그 가운데는 전반적인 성능 보장과 단기적인 국제 전력 교류가 포함되어 있습니다.

13) a large percentage of 대부분의 14) high voltage power transmission grid 고압 전류 송전망 15) allow free access to ~을 자유롭게 사용하도록 하다 16) third party 해당 기업이나 계열사와는 직접적인 관련이 없는 제3의 기업이나 고객 17) assume (역할·임무 등을) 맡다 18) guarantee 보장

본론 3: 해외 사업의 시장성 강조

Moving on, special mention should be made about our effort in diversification[19] and expansion into international markets. We have been successful at building and operating grids in other countries as well as Spain. We own one of the most important fiber optic[20] networks in Spain, which allows us reliable communications and maintenance of our remote[21] power grids. Red Electricia's business areas include consulting services given to various projects in South America, North Africa and the Ukraine. Also included are the successful design, construction, operation and maintenance of the transmission grid in Southern Peru. New business regulations[22] are underway[23] in many Latin American countries, opening the door to[24] potential consulting services, direct investment, and management contracts.

다음으로, 사업 다각화와 국제 시장을 겨냥한 저희의 사업 확장 노력을 특별히 언급해야겠습니다. 저희는 스페인뿐만 아니라 타국가의 송신망 구축과 운영에도 성공을 거두었습니다. 저희는 스페인의 가장 중요한 광섬유 네트워크 중 하나를 소유하고 있으며, 이 네트워크는 저희 원격 송신망들과의 안정적인 통신 및 유지 관리를 가능하게 합니다. 레드 일렉트리시아의 사업 영역에는 남미와 북아프리카, 우크라이나에서 시행된 다양한 프로젝트에 대한 컨설팅 서비스가 포함되어 있습니다. 또한 저희는 페루 남부의 송전망을 성공적으로 디자인하고 건설했으며, 현재 운영 및 관리하고 있습니다. 그리고 새로운 사업 규정이 여러 라틴 아메리카 국가에서 시행 중이어서 잠재적인 컨설팅 서비스 및 직접 투자와 관리 계약의 기회가 열려 있는 상태입니다.

19) diversification 다양성 20) fiber optic 광섬유 21) remote 멀리 떨어진 22) regulation 규칙, 규정 23) underway 시행 중인 24) open the door to ~에게 기회를 주다

본론 4: 특이 사항 소개

As you can see on the handout I distributed, Red Electricia has paid special attention to the environment, and we were the first company to adopt[25] an Environmental Code of Conduct[26] in 1992. We received a special environmental certificate[27] for all transmission activities.

제가 나눠 드린 자료에서 보시다시피 레드 일렉트리시아는 특히 환경 문제에 많은 관심을 가지고 있으며, 1992년 환경 행동 규범을 채택한 첫 번째 회사였습니다. 저희는 모든 송전 업무를 시행함에 있어 전문적인 친환경 인증서를 획득했습니다.

25) adopt 채택하다 26) Code of Conduct 행동 규범 27) certificate 증명서

본론 5: 연구 개발의 가치 및 전망

Here you can see that our main R&D activities are related to the improvement of power system operation, high speed transmission via[28] fiber optic cable, and the study and design of superconducting[29] equipment. For Red Electricia, research and technological development are the basis of leadership in the areas of operation and maintenance and in other activities. We plan to continue our success for decades, if not centuries, to come.

여기 보시면 저희의 주된 연구 개발 활동이 전력 시스템 운영 개선, 광케이블을 통한 고속 송전, 그리고 초전도 장비의 연구 및 설계와 관련 있다는 것을 알 수 있으실 것입니다. 레드 일렉트리시아에게 연구와 기술 개발은 운영 및 유지 관리 분야와 기타 사업에 있어서 리더십의 근간입니다. 저희는 현재의 이 성공을 이어가기 위해 비록 수백 년은 아니더라도 몇 십 년 앞을 내다보고 계획하고 있습니다.

28) via ~을 통한 29) superconducting 초전도의

So, I'd like to summarize some of the key points that I made during this presentation. Red Electricia is one of the world's leading companies in the field of power system operations and power transmission. We have served as[30] a model for many countries in localizing our services and in restructuring[31] our power sectors. Today we are recognized worldwide as a first rate[32] company which provides services to the power sector and of course to our individual consumers in a safe and reliable manner. Red Electricia uses the most advanced technology available in the market, and it makes significant investments in R&D activities. Our know-how in the power sector has been applied in international organizations and programs. Red Electricia offers its services and products to the domestic and international markets to broaden its business horizon[33] in areas related to its particular fields of expertise.[34] We are confident in being the top-tier[35] firm with the greatest experience and expertise.

그럼 지금까지 말씀드린 내용 가운데 핵심적인 요점 몇 가지를 간략하게 정리해 드리겠습니다. 레드 일렉트리시아는 전력 시스템 운영과 송전 사업 분야에서 세계적인 선도 기업 중 하나입니다. 그리고 많은 국가에서 서비스의 지역화와 전력 부문의 구조 혁신 분야에서 하나의 모델이 되었습니다. 오늘날 저희 회사는 안전하고 신뢰할 수 있는 방법으로 전력 부문 및 소비자 개개인에게 서비스를 제공하는 일류 기업으로 세계적으로 인정을 받고 있습니다. 레드 일렉트리시아는 시장에서 통용될 수 있는 최첨단 기술을 사용하고 있으며 연구 개발 활동에 상당한 투자를 하고 있습니다. 전력 부문에서 저희의 노하우는 국제적인 기구와 프로그램에서 응용되어 왔습니다. 레드 일렉트리시아는 자사의 서비스와 상품을 국내외 시장에 제공함으로써 저희의 전문적인 기술이 요구되는 관련 분야에서 사업의 범위를 확장해 나가고 있습니다. 저희는 세계적으로 뛰어난 경험과 전문 기술을 가진 일류 기업임을 확신합니다.

30) serve as ~의 역할을 하다 31) restructure 구조를 조정하다 32) first rate 일류의 33) horizon 지평선 34) expertise 전문 기술 35) top-tier 일류의

Thank you for your time. I hope this presentation gave everyone a basic understanding of Red Electricia's core competencies. Now, I'd like to open up the floor for questions and following discussion regarding potential joint venture activities.

시간 내주셔서 감사합니다. 본 프레젠테이션을 통해 여러분 모두가 레드 일렉트리시아의 핵심 역량에 대해 기본적인 이해를 갖추게 되셨기를 바랍니다. 그럼 이제 질문을 받고 앞으로 있을 수 있는 공동 사업에 관해 논의해 보도록 하겠습니다.

연설문 형식 프레젠테이션

예문 듣기

연설문 형식의 프레젠테이션은 청중과의 대화나 토론이 큰 비중을 차지하지 않는다는 점에서 기존 프레젠테이션과 구별될 수 있습니다. 기존 프레젠테이션이 주로 근거를 바탕으로 설명하거나 논리를 전개하는 반면, 연설문 형식의 프레젠테이션은 그보다는 청중의 감성에 직접적으로 호소하기 때문이지요. 근거를 바탕으로 이성적으로 구성되는 연설은 보통 공격, 비난, 논쟁, 선동 등의 능동적인 목표를 염두에 두고 준비하는 경우입니다. 이와는 반대로 청중의 감성에 초점을 맞추어 구성되는 연설은 상대를 설득하거나 감정에 호소하고 자기 주장을 방어하는 연설에서 많이 사용됩니다.

❶ 연설문 형식의 프레젠테이션 준비 방법

- 첫째로는 원고를 준비해서 처음부터 끝까지 읽어 가는 방법이 있습니다. 비교적 짧은 연설일 때 유용하게 쓰이며 내용을 실수 없이 전달하기에 무난한 방법입니다. 연설에 익숙하지 않은 초보자들에게는 안전한 방법이지만 즉흥적인 상황에 대처하기 힘들고 유동성이 부족하기 때문에 현장에서는 설득력이 떨어질 수 있습니다. 특히 영어로 연설을 준비하다 보면 이렇게 원고를 바탕으로 읽어 나가는 방법을 택하기 쉬운데 설득력 있는 메시지를 전하기에는 부족한 면이 있습니다.

- 둘째로는 준비한 원고를 보고 읽는 것이 아니라 통째로 암기하는 방법이 있습니다. 그냥 원고를 읽어 내려가는 것보다 전달 효과는 뛰어나지만 만에 하나 실수라도 해서 원고가 기억나지 않는다면 치명적일 수 있습니다. 암기를 하되 중요한 부분은 간단하게 메모를 해서 잊지 않도록 하는 것이 좋습니다.

- 셋째로는 원고를 준비하지 않고 현장에서 즉흥적으로 하는 방법이 있습니다. 그러나 즉흥적인 연설은 전문가가 아닌 이상 요구하지도 않고 또 기회도 많지 않습니다. 원고를 준비하지 않고 즉흥적으로 연설하기 위해서는 해당 분야에 대한 풍부한 지식과 숙련된 기교가 필요합니다. 즉흥적인 연설은 자연스럽기는 하지만 내용이 충실하지 않고 비전문적인 느낌을 줄 수 있기 때문에 공식적인 자리에서는 삼가는 것이 좋습니다.

- 마지막으로는 프레젠테이션의 요점들을 간단히 메모로 정리해 내용을 요약한 후 메모를 참고하면서 연설하는 방법이 있습니다. 장시간의 강의나 설명회 등에서 많이 볼 수 있습니다.

❷ 연설문의 목적에 따른 프레젠테이션 유형

일반적으로 연설문 형식의 프레젠테이션은 강의식의 교육 연설, 공격적인 연설, 그리고 사상이나 의견으로 설득시키는 유형 등 그 목적에 따라 몇 가지로 나누어 볼 수 있습니다.

- 강의식의 교육 연설은 사실을 바탕으로 근거를 제시하고 의견을 뒷받침한다는 면에서는 기존 프레젠테이션과 비슷합니다. 그러나 발표자가 내용을 소화해서 핵심적인 사항들을 정리해 주는 프레젠테이션과는 달리 교육 연설은 자료나 근거의 분석 및 정리에 비교적 충실하며 진행 역시 세부적으로 이루어집니다. 감정에 호소하는 경우는 극히 드물고 이성적으로 지식을 전달하는 데 초점을 둡니다. 대학교에서 세미나 등을 통해 논문을 발표하는 경우나 강연 등이 여기에 포함됩니다.

- 공격적인 연설은 상대에 대한 비판이 이루어지는 연설로 주로 정치적인 연설인 경우가 많습니다. 이론과 상황 전개가 논리적이기보다는 선동이나 선전, 비판 등에 중심을 두기 때문에 다분히 과장되기도 합니다. 청중 역시 이런 연설에 100% 찬성하는 경우는 드물기 때문에 논쟁의 여지가 있습니다.

- 사상이나 의견을 설득시키기 위한 연설은 특정한 결정을 내리기 전에 상대를 설득하기 위해 하는 연설로 학계나 기업에서 많이 쓰이고 있습니다. 감정에 연연하지 않도록 주의하면서 타당한 근거를 들어 전달 효과를 극대화시키는 것이 중요합니다.

- 발표자: 유타대학 경제학부 지역 개발 분야 부학장 로저스 박사
- 청중: 대학 내 학생, 교직원 및 부서 담당자

발표자 소개

Good afternoon, ladies and gentlemen. We welcome all of you to this seminar. Today's speaker is a leading researcher and activist for rural[1] economic development in the Department of Economics at Utah State University. He has been involved in rural development for almost 20 years. He has been involved in a number of successful development projects, resulting in hundreds of thousands of dollars in profitable industries[2] that have helped aid and maintain Utah's most precious rural communities. Without further ado,[3] please give a warm welcome[4] to the Vice President of the Rural Economic Development Committee[5] at Utah University's Economics Department, Dr. David L. Rogers.

여러분, 안녕하십니까. 세미나에 참여하신 모든 분들을 환영합니다. 오늘 발표자는 유타 주립대학 경제학부에 계신 농촌 경제 개발 분야의 탁월한 연구자이자 운동가이십니다. 이분은 농촌 개발 분야에 20여 년간 종사하셨으며, 다수의 개발 계획을 성공적으로 끝마치신 결과 유타주의 가장 귀중한 농촌 지역 공동체의 원조와 유지를 돕는 수익 사업에 수십만 달러의 이익을 가져다 주셨습니다. 그럼, 소개는 이쯤에서 접고 유타대학 경제학부의 농촌 경제 개발 위원회 부학장이신 로저스 박사님을 따뜻한 환영의 박수로 맞아 주시길 바랍니다.

1) rural 지방의, 농촌의 2) profitable industry 수익 사업 3) without further ado 더 이상 지체하지 않고 4) give a warm welcome ~를 반갑게 맞이하다 5) committee 위원회

발표자 인사

Thank you, thank you. Thanks, Lucy, for such a pleasant introduction and thanks to you all for such a warm welcome. It is my pleasure to be here today at the 10th annual Rural Economic Development Symposium, and I am delighted to be able to speak to you today about our newest project, the Internet Based Tourism for economic profit in rural areas. As I look in the audience today, I see many different people from many different backgrounds. And I am convinced that this idea of using Web Based Tourism to generate[6] economic dollars is applicable[7] in every rural area around the world.

감사합니다. 저를 멋지게 소개해 준 루시와 환영해 주신 여러분 모두에게 감사드립니다. 제10회 농촌 경제 개발 심포지엄에 참석하게 된 것을 기쁘게 생각하며, 아울러 여러분에게 오늘 저희의 새로운 프로젝트인 농촌의 경제적 수익을 위한 온라인 관광 사업에 관해 말씀드릴 수 있게 되어 매우 기쁩니다. 오늘 여기 앉아 계신 여러분들을 보니 서로 다른 배경을 가진 분들이 많이 계시는군요. 저는 경제적인 소득을 창출하기 위해 온라인 관광 사업을 이용한다는 이 아이디어가 세계의 모든 지역에 적용될 수 있을 것이라고 확신합니다.

6) generate 산출하다 7) applicable 적용[응용]할 수 있는

The bottom line[8] of today's presentation is to outline the problems and then to explore the methods for overcoming these problems to develop a comprehensive,[9] online web based tourism industry. Due to our time constraints,[10] I'm going to skip[11] a few things in this presentation, but you may find the entire notes of my presentation at the Utah State University Department of Economics website. As you know, we have about 10 minutes scheduled for this presentation, and then 20 minutes for the question and answer session.

오늘 프레젠테이션의 핵심은 종합적인 온라인 관광 사업을 전개해 나가는 데 있어 문제점을 살펴보고 이 문제점을 극복할 수 있는 방법을 찾아 보는 것입니다. 시간 상의 제약으로 본 프레젠테이션의 일부는 생략하고 넘어가겠습니다. 관심 있으신 분들은 유타 대학 경제학부 웹사이트에 제 발표의 전문이 나와 있으니 참조하시기 바랍니다. 잘 아시겠지만 본 발표 시간은 약 10분 정도로 예정되어 있으며 그 후에 20분 동안 질의응답 시간을 갖도록 하겠습니다.

8) bottom line 핵심 9) comprehensive 포괄적인, 종합적인 10) constraint 제약, 제한 11) skip 넘어가다, 생략하다, 빠트리다

So, without further delay, let me jump right into what we are trying to accomplish with our Web Based Tourism project. Our first main goal is simply to enhance the development of technology in rural areas. To that end,[12] we will also bring attention to telecommunications[13] and its benefits in the community. Our second goal is to increase human capital[14] through training and skill building. And goal number 3 is to improve collaboration[15] between rural communities.[16]

그럼 곧바로 요점으로 들어가 저희가 온라인 관광 사업 계획을 통해 이루려고 하는 것이 무엇인지부터 말씀드리겠습니다. 저희의 첫 번째 목표는 농촌 지역의 기술 개발을 향상시키는 것입니다. 그럼으로써 전자 통신과 지역 사회에서 그것의 혜택으로 관심을 유도하는 것입니다. 두 번째 목표는 교육과 실력 향상을 통해 인적 자본을 늘리는 것입니다. 그리고 세 번째 목표는 농촌 지역 간의 협력을 증진하는 것입니다.

12) to that end 그럼으로써, 그로 인해 13) telecommunication 전자[전기] 통신 14) human capital 인적 자본 15) collaboration 협력 16) rural community 농촌

Now, let's move on to the next point and talk about the limiting factors[17] to rural telecommunications. First, there's a lack of demand for infrastructure,[18] thus, a very big need for high speed data transmission.[19] Second, there's an inadequate supply of human capital. The available resources usually have a deficiency[20] in the operation and maintenance of high speed systems. And third, there is a lack of awareness of the benefits of telecommunications in business operations. To overcome these challenges, it is essential to develop both the infrastructure and the human capital. In addition, it's important to explore the potential demand for expanded technological services, finances, and future partnerships.

그럼 다음 포인트로 넘어가서 농촌의 전자 통신을 활성화하는 데 있어 부딪치게 되는 제한 요소에 대해 말씀드리겠습니다. 첫째, 전자 통신에 필요한 인프라의 수요가 부족하기 때문에 고속 자료 전송 시스템이 절실하게 필요한 상황입니다. 둘째, 인적 자본의 공급이 충분하지 않습니다. 이용 가능한 자원은 대부분 고속 시스템을 운영하고 유지할 능력이 부족합니다. 셋째, 비즈니스에서 전자 통신의 이득에 대한 인식 부족을 들 수 있습니다. 이러한 어려움을 극복하기 위해서는 인프라와 인적 자원을 개발하는 것이 절대적으로 필요합니다. 아울러 폭넓은 기술 서비스와 자금, 그리고 미래의 파트너십에 대한 잠재적 수요를 모색하는 것이 중요합니다.

17) limiting factor 제한 요소, 한계점 18) infrastructure 기본 시설, 인프라 19) transmission 전송 20) deficiency 부족, 결핍

본론 3: 기술적인 어려움을 극복하는 방법

Let's talk about the methods for overcoming the technological challenges related to infrastructure. Firstly and most importantly, we must create the demand. This is, of course, easier said than done. How do we do it? Well, first, we must find a partner, some local business that is technology-savvy[21] and has an interest in developing technologically. Better yet,[22] we should find a business that would profit if the community developed technologically, like the local Internet Service Provider. After finding an energetic and enthusiastic partner, then we must cultivate[23] the local demand.

그렇다면 이제 인프라와 관련된 이러한 기술적 어려움을 극복하는 방법에 대해 얘기해 보겠습니다. 우선 가장 중요한 것은 수요를 창출하는 것입니다. 물론 이게 말처럼 쉬운 일은 아닙니다. 그럼 어떻게 해야 할까요? 먼저 기술적으로 뛰어나고 기술 개발에 관심이 있는 지방 기업을 협력업체로 구해야 합니다. 아니 그보다는 지역 인터넷 서비스 제공업체처럼 지역 사회가 기술적으로 발전하면 이득을 볼 수 있는 기업을 찾는다면 더욱 좋겠습니다. 의욕적이고 열정적인 업체를 찾은 다음에는 지역의 수요를 키워나가야 합니다.

21) savvy ~에 정통한 22) better yet 아니 그보다는 23) cultivate 양성하다

본론 4: 인적 자본 문제를 극복하는 방법

Now, let's talk about overcoming the human capital challenges. First, we must understand that workers need cross functional[24] skills. They need to be able to organize data, they need complex problem solving, information gathering, and idea generation skills. This was one of the most difficult parts of this project. We tried hard to find solutions. We found that those farm owners and agriculture managers have developed their own skills out of necessity.[25]

이제 인적 자본 문제를 극복하는 방법에 대해서 살펴봅시다. 먼저 직원들은 다기능적인 기술이 필요하다는 것을 이해해야만 합니다. 그들은 자료를 정리할 수 있어야 하며 복잡한 문제 해결 및 정보 수집, 아이디어 창출 기술이 필요합니다. 이 점이 바로 저희 프로젝트의 가장 어려운 부분 중 하나였습니다. 저희는 해결 방안을 찾으려 노력했지요. 그 결과 저희는 농장주들과 농업 매니저들이 그들의 기술을 필요에 의해 개발해 나갔다는 것을 알아냈습니다.

24) cross functional 다기능적인 25) out of necessity 필요에 의해

Now I want to address the ways in which telecommunications and web based tourism can benefit a rural community. Of course, we focused on the economic benefit, but I'm sure there are many social benefits as well. The development of telecommunications helps to stabilize[26] and diversify[27] the economy. It creates local jobs and business opportunities, and brings new money into the local economy.

이제 전자 통신과 온라인 관광 사업이 농촌 사회에 이익이 될 수 있는 방법에 대해 말씀드리고자 합니다. 물론 저희는 경제적 이익에 중점을 두었지만, 많은 사회적 이익도 있으리라고 확신합니다. 전자 통신 개발은 경제를 안정시키고 다양화하는 데 도움이 됩니다. 또한 지역 사회에 일자리와 사업 기회를 창출하고, 지역 경제에 새로운 자금을 제공해 줄 것입니다.

26) stabilize 안정시키다 27) diversify 다양화하다, 다각화하다

Let's jump over[28] the last part and talk about what to do after you develop the infrastructure. These are some tools you use to enhance human capital. First, regarding infrastructure, you should continue to aggregate[29] demand and definitely[30] develop a website with all the telecommunications information. Also, we wish to increase the number of users. Use the electronic network to increase interest. Create e-libraries,[31] conduct electronic surveys[32] for businesses, and last but not least,[33] demonstrate[34] the business capabilities. And once you have high demand, a high number of users and increasing interest, you can collaborate with other communities.

그럼 마지막 부분으로 넘어가서 인프라를 발전시킨 뒤에는 무엇을 해야 할지 얘기해 보도록 하겠습니다. 이것들은 인적 자원을 강화시키는 데 사용되는 도구들입니다. 먼저 인프라에 관해서는, 지속적으로 수요를 모아 모든 전자 통신 정보가 수록된 웹사이트를 확실하게 개발해야 합니다. 또한 웹사이트의 사용자 수도 늘리기를 바랍니다. 웹사이트에 대한 관심을 늘리기 위해서는 인터넷을 활용해 보세요. 전자 도서관을 만들고, 기업들을 위한 전자 여론조사를 실시하고, 그리고 마지막으로 중요한 것은 사업 능력을 입증해 보세요. 일단 수요가 많아지고 사용자가 증가하고 관심이 높아지면 다른 지역 사회와 협력할 수도 있습니다.

28) jump over 넘어가다 29) aggregate 모으다, 결집시키다 30) definitely 확실히 31) e-library 전자 도서관 32) conduct a survey 여론조사를 실시하다 33) last but not least 마지막으로 중요한 것은 34) demonstrate 증명하다, 보여 주다

So, there you have it, our model for using web based tourism in economic development. Through the creation of aggregate demand,[35] the building of infrastructure, and the development of human capital, we can bring a multitude of[36] business and economic opportunities to rural communities throughout the world. I'd like to close with one final thought. Rural communities are the first place hit by an economic downturn[37] and the last place to recover from an ailing[38] economy.

Rural communities are in need of new thinking and new strategies for enhancing their economic future. This symposium isn't just about preserving a rural way of life but about maintaining[39] and sustaining[40] people and places that have been the backbone[41] of this world since its inception.[42] With that, I'd like to say thank you and good luck.

이상은 경제 개발에 온라인 관광 사업을 이용하는 저희의 모델이었습니다. 총수요 창출과 인프라 구축, 그리고 인적 자본 개발을 통해 전 세계의 농촌 사회에 많은 사업과 경제적인 기회를 제공할 수 있습니다. 마지막으로 한 마디만 더 말씀드리고 프레젠테이션을 마칠까 합니다. 농촌 사회는 경기침체에 가장 먼저 타격을 받는 곳이자 가장 늦게 회복되는 곳입니다. 농촌 사회는 그들의 경제적 미래를 향상시키기 위해 새로운 생각과 새로운 전략을 필요로 하고 있습니다. 본 심포지엄은 단순히 농촌의 목가적인 삶의 방식을 보존하는 것에 대한 이야기가 아니라, 이 세계가 처음 시작했을 때부터 그 척추 역할을 해온 사람들과 지역을 지키고 유지하는 것에 관한 이야기입니다. 그럼 이상으로 여러분 모두에게 감사드리며 행운이 함께 하시기를 바랍니다.

35) aggregate demand (일정 기간의 상품 및 서비스의) 총수요 36) a multitude of 다수의, 많은 37) downturn (경기 등의) 침체 38) ailing 위축되는, 침체된 39) maintain 지속하다, 지지하다 40) sustain 유지하다, 부양하다 41) backbone 척추 42) inception 시초